柳宗元的懷才不遇

陳為人 著

失意中的頓悟與救贖

從諫議到寓言，走進孤高文人的心靈
探索其掙扎與慰藉

―― 人事如煙，歲月如塵 ――
將壯志藏於筆鋒，將悲喜寫於詩句
理想難敵造化弄人，滿腹才華無處施展

沉浮與不屈中的文人風骨
以孤獨為墨，以山河為紙，訴盡世事滄桑

目 錄

第十二章　柳宗元的婚姻及他的「影子夫人」　　005

第十三章　柳宗元「統合儒釋」的佛教觀　　025

第十四章　柳宗元與韓愈之間的恩怨情仇　　061

第十五章　失之東隅、收之桑榆　　101

第十六章　因為心中仍有夢　　139

第十七章　貶謫或擢拔，升降本是同一條路　　171

第十八章　同是天涯淪落人　　197

第十九章　從柳河東到柳柳州　　235

第二十章　何處青山埋忠骨　　261

尾聲　從青鋒劍到柔指繞　　289

附錄 1：柳宗元生平大事紀要　　293

附錄 2：參考書目　　299

目錄

第十二章
柳宗元的婚姻及他的「影子夫人」

柳宗元在〈寄許京兆孟容書〉一文中，無意間透露出這樣一個訊息，讓我們得以一窺柳宗元受貶謫牽連，家庭和愛情生活所遭遇的不幸：

宗元於眾黨人中，罪狀最甚。神理降罰，又不能即死。猶對人言語，求食自活，迷不知恥，日復一日。然亦有大故。自以得姓來二千五百年，代為塚嗣。今抱非常之罪，居夷獠之鄉，卑溼昏霧，恐一日填委溝壑，曠墜先緒，以是怛然痛恨，心骨沸熱。煢煢孑立，未有子息。荒陬中少士人女子，無與為婚，世亦不肯與罪大者親暱，以是嗣續之重，不絕如縷。每當春秋時饗，子立捧奠，顧盻無後繼者，惸惸然涕洟愴惕，恐此事便已，摧心傷骨，若受鋒刃。此誠丈人所共憫惜也。先墓所在城南，無異子北為主，獨託村鄰。自譴逐來，訊息存亡不一至鄉閭，主守者固以益怠。晝夜哀憤，懼便毀傷松柏，芻牧不禁，以成大戾。近世禮重拜掃，今已闕者四年矣。每遇寒食，則北身長號，以首頓地。想田野道路，士女遍滿，皁隸傭丐，皆得上父母丘墓，馬醫夏畦之鬼，無不受子孫追養者。然此已息望，又何以云哉！……立身一敗，萬事瓦裂，身殘家破，為世大僇。

柳宗元在同黨中，罪狀最嚴重。上天懲罰我，又沒讓我立即死去。還能跟人說話，求取食物，苟且偷生，迷戀而不知道羞恥，過一天是一天。

自元和元年五月十七日，母親盧氏與世長辭後，作為兒子萬念俱灰，連死的念頭都產生過。然而為什麼「不能即死，猶對人言語」、「求

005

第十二章　柳宗元的婚姻及他的「影子夫人」

食自活，迷不知恥，日復一日」呢？柳宗元向許孟容吐露了內心的苦衷：柳氏宗嗣自柳下惠得姓以來，血脈已蔓延二千五百年之久，而且代代不乏俊傑出。然而到柳宗元這一脈，「煢煢孑立，未有子息」。皇恩浩蕩，雖然未斬草除根、誅滅九族，可是自己不爭氣，眼看將面臨「斷子絕孫」。自妻子去世，自己「抱非常之罪，居夷獠之鄉」，蠻荒偏僻之地，哪能那麼容易找到門當戶對的女子婚配？再說世人多為勢利眼，看到你落魄淪喪，故舊權貴還有誰願意向你提親？眼看得柳氏到我這一代，雖然嗣續還未絕，但也已是如絲如縷，一線所牽。內心恐懼著若有一天突然死去，荒廢墜失了宗族的延續，所以悲苦痛恨，心中像開水沸騰一樣灼燙。

每逢春秋祭祀祖宗，眼見人家香火鼎盛、子孫滿堂，而我卻是「孑立捧奠，顧眄無後繼者」，就像刀剚劍戮，心上都在流血。我家祖墓在長安城南，有數頃田地，種了幾百株果樹，大多是我父親親手種植。因無人掃祭，只得託付鄉鄰。但是自遭譴逐以來已是多年，是死是活，鄉親皆無所聞，時間一久難免懈怠，恐怕墓園內早已是松柏盡損、蓬蒿滿叢，成為人們放牧之地了。家裡有御賜圖書三千卷，還在善和里舊居，宅第現在已經換了三次主人，那些圖書是存是亡，也無法知道了。

每逢寒食清明，我總是北望長泣，磕頭撞地，「晝夜哀憤」。想想無論皁隸傭丐，痴男怨女，誰人沒有為父母祖先盡孝的權力？《列子》有言：「路遇乞兒馬醫，弗敢辱也，必下車而揖之。」《孟子》也說：「脅肩諂笑，病於夏畦。」即使是馬醫、農夫這樣的鬼魂，也理應得到子孫後代的供饗，我卻落得這樣的地步，還有什麼可說的呢？！

窘在鬧市無人問，顯在深山有遠親，原本就是世事之常態。柳宗元「一失足成千古恨」，隨著永貞革新的失敗，身敗名裂，家破人亡，成了

世人千夫所指。

柳宗元原本有一椿美滿幸福的婚姻。

柳宗元在〈亡妻弘農楊氏誌〉祭文中，對自己原配夫人的身世和家族情況有一段記載：

亡妻弘農楊氏諱某。高祖皇司勳郎中諱某，司勳生殿中侍御史諱某，殿中生醴泉縣尉諱某，醴泉生今禮部郎中凝。代濟仁孝，號為德門。

夫人出生在虢州弘農（今河南靈寶縣），五世高祖楊元政曾任司勳郎中，四世祖楊志玄曾任殿中侍御史，祖父楊成名曾任醴泉縣尉，楊成名育有三子：楊憑、楊凝、楊凌。楊氏三子皆以文章聞名於世，歷中年間俱登第中進士，被世人稱之「三楊」。夫人的父親即楊憑，曾升任至禮部郎中。

柳宗元在〈與楊京兆憑書〉中這樣讚揚老丈人兄弟：「丈人以文律通流當世，叔仲鼎立，天下號為文章大家。」柳宗元在泰山大人楊憑身後，曾撰有〈祭楊詹事文〉。

柳宗元對夫人的家世如此「炫宗耀祖」，既反映出唐代重門閥出身的社會風尚，也流露著柳宗元講究門當戶對的婚配觀念，這為柳宗元夫人逝世後的重組婚姻家庭蒙上了一層陰影。

柳宗元在〈亡妻弘農楊氏誌〉一文，還記述了夫人楊氏早年的情形：

郎中娶於隴西李氏，生夫人。夫人生三年，而皇妣即世，外王父兼，居方伯連帥之任，歷刺南部。夫人自幼及笄，依於外族，所以撫愛視遇者，殆過厚焉。夫人小心敬順，居寵益畏，終始無驕盈之色，親黨難之。五歲，屬先妣之忌，飯僧於仁祠，就問其故，媵傅以告，遂號泣不食。後每及是日，必遑遑涕慕，抱終身之戚焉。

第十二章　柳宗元的婚姻及他的「影子夫人」

　　泰山大人娶的是隴西李氏大族，生下夫人。柳宗元的夫人楊氏三歲即喪母，她一直隨著外公李兼宦海漂泊。李兼多年在江南一帶任職：建中四年，為鄂嶽觀察使，貞元元年，遷江西觀察使。李兼身居要職，對幼年失去母愛的外孫女疼愛有加。但夫人楊氏卻並未恃寵驕恣，一直是溫恭素雅，平順待人，親朋好友交口稱讚。夫人5歲時母親去世那天，家中親人到祠堂中給僧人們供飯。她感覺好奇，就向大人詢問原因；保母告知此事，她哭泣著再也無法進食。以後每到這一天，她都涕淚橫流，終身悲戚。是一位經儒家精神薰陶出的淑靜孝女。

　　貞元元年（西元785年），李兼調任江西洪州刺史、江西都團練觀察使。李兼是一名儒雅之官，身邊網羅著一批才學文士。當年，權德輿、柳宗元的父親柳鎮、後來成為柳宗元岳父的楊憑等人，都集聚在李兼身旁。春暖花香、清秋皓月之際，李兼常常帶著一群文士墨客們泛舟鄱陽湖，或賞景滕王閣，少不了詠詩作賦。當時柳宗元跟隨父親身邊，柳鎮可能是故意「獻寶」，讓年方13歲的柳宗元也「湊湊熱鬧」，而柳宗元脫口而出的錦言妙句，常常語驚四座。楊憑少有才名，又是李兼的乘龍快婿，性情簡慢倨傲，一般人都不放在眼裡。但對柳宗元卻是愛賞有加。那年，女兒年方九歲，比柳宗元小四歲，他就有意將女兒許配給柳宗元。李兼對這位才華橫溢的英俊少年能成為外孫女婿也極為贊同，權德輿察顏觀色，從中積極撮合。柳鎮對這樁門當戶對的婚姻當然也十分滿意，於是當下就向楊府送上聘禮，並按照當時的禮節舉行了訂婚儀式。

　　章士釗在《柳文指要》中所說：「子厚父鎮與楊憑在鄂嶽沔都團練使李兼同事，子厚童稚，隨父在鄂，以善言辭為憑激賞，因而戲謔訂姻」，正是說得這段姻緣。柳宗元在〈祭楊憑詹事〉一文中也證實說：「某以通家承德，素奉良姻。」柳宗元在〈亡妻弘農楊氏誌〉一文中記載：「及許嫁於我，柔日既卜，乃歸於柳氏。」《禮記》言：「外事以剛日，內事以

柔日。」柔日，乙、丁、己、辛、癸是也。楊氏許配給柳宗元，按照儒家禮儀予「柔日」占卜問卦，看來兩人的生辰八字都還算吉利，於是一門親事就此敲定。

關於嫁娶的年齡，唐太宗在貞觀元年曾經頒詔：「男年二十，女年十五以上，及妻喪達制之後，孀居服紀已除，並須申以婚媾，令其好合。」當時，一般的女子，14、15歲即早婚者不少，14到18歲之間出嫁更屬正常。再不出嫁，就嫁不出去了。

訂下這樣一門如意婚事，當然不能只是一介布衣，得努力「洞房花燭夜，金榜題名時」，柳宗元17歲開始參加進士考選，但才氣與應試是兩回事，柳宗元仕途不順，連續五年鎩羽而歸，直到21歲才終於及第。準備完婚之際，偏偏其父柳鎮在這一年的5月17日去世，終年55歲。柳宗元按儒家的禮儀，當為父守孝3年。直到24歲（西元796年），才與已滿20歲的楊氏完婚。

柳宗元在〈亡妻弘農楊氏誌〉一文中，記述了夫人楊氏入門之後的情形：

> 夫人既歸，事太夫人，備敬養之道，敦睦夫黨，致肅雍之美。主中饋，佐烝嘗，怵惕之義，表於宗門。太夫人嘗曰：「自吾得新歸，增一孝女。」況又通家，愛之如己子，崔氏、裴氏姊視之如兄弟。故二族之好，異於他門。然以素被足疾，不能良行。未三歲，孕而不育，厥疾增甚。明年，以謁醫求藥之便，來歸女氏永寧里之私第。八月一日甲子，至於大疾，年始二十有三。

楊氏嫁入柳家之後，對宗元的母親非常恭敬、孝順，婆媳之間關係和睦。夫人與丈夫的親朋好友相交，也能做到「肅雍之美」；主持家中酒食供祭等事務，協助秋冬的祭祀，遵循禮制，小心謹慎、周到得體，堪稱家庭的表率。柳宗元的母親高興地誇獎說：「自從新媳婦進了家門，如

第十二章　柳宗元的婚姻及他的「影子夫人」

同增添了一個非常孝順的女兒。」加之兩家可說是世交，因此，柳宗元的母親疼愛楊氏就像自己的兒女；柳宗元的兩位姐姐（崔氏、裴氏），同樣將她看作嫡親的姐妹。所以柳、楊兩家的友好，勝過別的人家。然而，美中不足的是，柳宗元文中用了一個隱語：「素被足疾，不能良行」。《左傳》中講述過一個情節：孟縶之足，不能良行。就是說因為腿腳的毛病，行走不便。理論上一個小小的足疾，並沒有什麼大礙。可是不滿3年，就因懷孕難產，腿腳的小毛病變成了致命的大問題。嬰兒未能產下，母體也一病不起。第二年，為了求醫抓藥的方便，回到娘家永寧里調養，沒想到，就此一別成永訣，是年八月一日，竟然醫治無效而去世，終年僅23歲。

柳宗元為妻子之早逝，發出悲天愴地的痛呼：

> 嗚呼痛哉！以夫人之柔順淑茂，宜延於上壽；端明惠和，宜齒於貴位；生知孝愛之本，宜承於餘慶。是三者皆虛其應，天可問乎？衰門多舋，上天無祐，故自辛未，逮於茲歲，累服齊斬，繼纏哀酷，其間冠衣純採。期月者，三而已矣。無乃以是累夫人之壽歟？悼慟之懷，曷月而已矣。

柳宗元認為，憑著妻子的溫柔孝順、善良美麗，應該享有很長的壽命；憑著妻子的聰明正直、仁愛智慧，應當居於高貴的位置；憑著妻子從小就知道孝愛為立身之本，理應承受大家的慶賀。為什麼順理成章的三項因果邏輯都會落空，老天爺呀！你將作何回答？衰落的門戶往往多災多難，上天並不保佑我們，因此，從貞元九年開始，到今年（貞元十二年）為止，屢屢穿用喪服。儒教向有五服之喪，其中有「齊衰」與「斬衰」。孔穎達註疏云：「齊斬之情者，齊是為母，斬是為父。父母同情，故答云『之情』也。」悲哀的事情禍不單行，此伏彼起地不斷纏繞：貞元九年五月，柳宗元的父親柳鎮謝世；貞元十二年二月，柳宗元的叔

父柳鎮去世,他與叔父柳綜、柳續等扶喪歸葬長安萬年縣的少陵原;十一月,柳宗元的叔母陸氏(柳鎮的妻子)又離開人世。在這期間,幾乎一直是喪服在身,沒有換穿過亮麗的服裝。整月都如此,連續三次。難道是為此而連累、折減了妻子的壽命嗎?悲傷痛苦日子,何年何月才能停歇?

貞元十五年(西元799年)的九月五日,按照祖宗們立下的規矩,柳宗元的妻子被安葬在萬年縣棲鳳原柳家的墓地之中。柳宗元親自為夫人題寫了墓誌銘:

坤德柔順,婦道肅雍。唯若人兮,婉娩淑姿。鏘翔令容,委窮塵兮。佳城鬱鬱,閉白日兮。之死同穴,歸此室兮。

《詩經》有言:「猶執婦道,以成肅雍之德。」我的妻子品德溫柔、孝順,恪守婦道。在我眼中,唯有妳端莊美麗。美好的儀容,時時在我腦海浮現。《博物》志記載:漢滕公夏侯嬰死,公卿送葬,至東都門外,馬不行,踣地悲鳴,得石棺,有銘曰:「佳城鬱鬱,三千年,見白日,籲嗟滕公居此室。」願魂靈在鼓樂聲中安放於黃泉之下。送葬隊伍的旗幡,遮蔽了頭上的太陽。《詩經》有言:「之死矢靡它。」又曰:「死則同穴。」夫人妳先慢走,等到我死之後,再來與妳相會,安葬在同一個墓穴之中。

妻子的早逝成為柳宗元心中永久的痛。美國有一篇小說《永久占有》,描述對前妻刻骨銘心的懷念,因而形成之後婚姻家庭的陰影。柳宗元的婚姻愛情,演繹出中國古代中唐版的愛情悲劇。

柳宗元在〈與楊京兆憑書〉一文中,向岳父傾訴了妻子去世後自己獨身無子的苦痛:

獨恨不幸獲託姻好,而早凋落,寡居十餘年。嘗有一男子,然無一日之命(指妻子楊氏孕而不育)。至今無以託嗣續,恨痛常在心目。孟子稱「不孝有三,無後為大。」今之汲汲於世者,唯懼此而已矣!天若不

第十二章　柳宗元的婚姻及他的「影子夫人」

棄先君之德，使有世嗣，或者猶望延壽命，以及大宥，得歸鄉閭，立家室，則子道畢矣。

柳宗元在〈祭楊詹事文〉文中，也如此回憶：自楊氏死後，「家缺主婦，身遷萬里，謗言未明，黜伏逾紀。」

章士釗在《柳文指要》中證實道：「子厚自二十七歲而鰥，家缺主婦，身遷萬里者，達二十年。」可見柳宗元自夫人楊氏死後，在長達二十年的歲月裡，未能找到合適的替代之人，一直是鰥夫，沒有「續弦再娶」。

然而，韓愈在〈柳子厚墓誌銘〉中，對柳宗元的後嗣有記載：「子厚有子男二人，長曰周六，始四歲，季曰周七，子厚卒乃生。女子二人，皆幼。」韓愈點明，柳宗元遺有兩個兒子，一個叫周六，柳宗元死時他才四歲。一個叫周七，是遺腹子，柳宗元死後他才生下來。另外還有女兒兩個。但是關於柳宗元的後代，歷史上再無留下記載。

如此看來，柳宗元的四個孩子，應該都是「非婚生子女」。

柳宗元在〈寄許京兆孟容書〉中，向許孟容吐露心曲：「雖不敢望歸掃塋域，退託先人之廬，以盡餘齒，姑遂少北，益輕瘴癘，就婚娶，求胤嗣，有可付託，即冥然長乎，如得甘寢，無復恨矣！」柳宗元貶謫永州後曾說過這樣的話，自感「臉殘頑鄙，不死幸甚」，所願者乃「取老農女為妻，生男育孫，以供力役」。由此可見，柳宗元表達著他強烈的願望：「就婚娶」的目的，只是為了「求胤嗣」，得以傳承血脈。即使降格以求，娶一名老農民的女兒也好，至少能有所託付。如果能夠如願，則死而可以瞑目，猶如一次甘甜的睡眠，沒有什麼遺恨了。

柳宗元在永州時，曾寫過一篇〈下殤女子墓磚記〉。未成人而死為之殤。八歲至十一為下殤，十二至十五為中殤，十六至十九為長殤。可見柳宗元此文是為一個未及十一歲而早夭的女孩所撰墓記：

下殤女子生長安善和里，其始名和娘。既得病，乃曰：「佛，我依也，願以為役。」更名佛婢。既病，求去髮為尼，號之為初心。元和五年四月三日死永州，凡十歲。其母微也，故為父子晚。性柔惠，類可以為成人者，然卒夭。

這篇含糊其辭的墓磚記，為後世的研究者提供了柳宗元婚姻家庭的重要資訊。

呂國康先生在〈柳宗元的婚姻與子女〉一文中指出：「專家們對柳的婚姻問題做了一些研究，取得了一定的進展，由於缺乏史料，他的家室之謎尚未完全解開。基本事實是，柳宗元喪妻後，雖未正式再婚，但曾與地位較低的婦人同居，生有多個子女。」呂國康先生認為「和娘生在長安善和里柳氏舊宅，其母身分較低，地位卑微，可能是侍妾或外婦⋯⋯柳謫永州時，和娘已五歲，公方認為己女，拋開顧慮，帶著她南下，所以『為父子晚』。和娘其母沒有跟隨來永州⋯⋯」

章士釗在《柳文指要》中也明確指出：「為小女子志葬，非禮所有，而子厚屈於情，卒為之，以此窺見子厚蓄妓於家，其所妓者，殆妾也。」章士釗認為，替小女孩撰寫墓誌，並非正常的禮節，柳宗元既然違禮這樣做了，可見心中的愧疚之情。由此窺見他家蓄養著妓女，實際上是他娶的小老婆。而和娘正是這位妓女所生。

貞元十六年，柳宗元夫人楊氏去世後的第二年，柳宗元與和娘之母同居，次年生下和娘。唐代等級森嚴，非常注重門第，婚姻雙方要門當戶對。唐律禁止良民與賤民通婚。良民中士族（貴族）與庶族（平民）也很少聯姻，士族與庶族間有著一道不可踰越的鴻溝。和娘之母地位低下，可能屬庶族階層，她沒有資格成為朝廷命官的正室。那時，柳宗元仕途正處於上坡時期，他也沒有勇氣衝破傳統意識的樊籠，所以柳宗元與和娘之母只是同居，而未正式續娶。

第十二章　柳宗元的婚姻及他的「影子夫人」

駱正軍在〈試析柳宗元的「影子夫人」〉一文中，對和娘母親的身分作了這樣的分析：

和娘的母親地位低微，沒有名分，足以說明，和娘並非「侍妾」所生。因為「妾」本身就是一種名分，只不過比「妻」的地位低了一等。關於「三妻六妾」的釋義提到：「夫人」級別最高，是「聘」來的，就是按照正式的婚禮程序進行，先派人到對方家裡請婚（對方往往也是名門望族），得到同意後再派專人送聘禮，然後確定迎娶的吉日。最後，女方派專人護送新娘，男方遣人迎親，非常隆重，算是「八抬大轎抬進來的」。因為講究「門當戶對」，迎娶回來的往往是國君、卿大夫的女兒，所以她生下來的兒子就是本家族的「嫡長子」。不僅由母親出身的家族決定其母親的地位是否高貴，而且母親的地位又決定了兒子的地位是否高貴。

「納」是另一種娶媳婦的辦法，一般指攻克敵國以後，敵國諸侯公卿大家族的人當了俘虜，把他們的女兒或者媳婦娶過來，就叫「納」，聽上去不是那麼尊重，沒有八抬大轎了。比如妲己、驪姬就是這樣，屬於姬妾。

「和娘之母」儘管不是「敵國大家族那些被俘虜的女兒或媳婦」，也不是柳子正式「納娶的妾」（因為沒有這方面的任何文字記載），而且又不是「接回家來生養孩子的『外婦』」，那麼，她唯一可能的身分，就是一位「丫鬟」。

……楊氏因病去世之後，柳宗元必定非常悲痛，很長一段時間都無法走出那種眷戀、失落、孤苦、悽絕的情感陰影。她的那位「貼身丫鬟」，如果同紫鵑一樣，具有無私果敢、聰慧率真的品性，勢必會繼續挑起關心、體貼、照顧柳子的重擔。俗話說：「人非草木，日久情生。」經過一年多的身心調整，柳子與愛妻楊氏的那位「貼身丫鬟」，自然而然地走到一起，於貞元十七年（西元801年）四月生下和娘，當為順理成章之事。

無論後世如何考證分析，從柳宗元含糊其詞的〈下殤女子墓磚記〉文中，和娘母女連姓氏名諱都沒有這一事實，也可見其微賤到何等地步。

　　永貞元年（西元805年）九月，柳宗元被貶永州，沒有帶和娘母女同行。元和二年春，表弟盧遵、從弟柳宗直護送柳母靈柩回長安，第二年兩人回到永州時，帶來了和娘。和娘已經八歲，長得瘦瘦小小，一副弱不禁風的模樣。民間舊俗，為了能讓孩子存活，往往寄託於佛門。柳宗元要和娘皈依佛門，和娘很懂事地說：「佛，我依也，願以為役。」龍興寺主持重巽上人為和娘更名為佛婢，並去髮為尼，號初心。初心每天青燈黃卷，在龍興寺裡齋食念佛，儼然就是一個小尼姑。

　　柳宗元原本想讓和娘皈依佛門，「類可以為成人者」，然而還是沒能挽留住幼小的生命。父女相聚僅僅三年時間，元和五年四月，十歲的女兒和娘死了。柳宗元悲痛欲絕、淚流滿面，把女兒緇褐薄棺葬在零陵東郭門外第二崗之西隅，並在墓甓上刻上銘文：

　　孰致也而生？孰召也而死？焉從而來？焉往而止？魂氣無不之也，骨肉歸復於此。

　　人生無常，怎麼說生就生，說死就死？匆匆從哪裡來，又匆匆到何處去？人活一口氣，樹活一張皮，一氣消散，骨肉何存！延陵季子曰：「骨肉歸復於土，命也。若魂氣則無不之也。」混沌鴻蒙無定則，天命古怪有玄機。也許冥冥之中，真的有一隻看不見的手在操控著命運！

　　關於柳宗元的婚姻和情感問題，歷來是後世柳宗元研究者關注的一個焦點，人們見仁見智、眾說紛紜。

　　王輝斌在〈柳宗元妻室中的幾個問題〉一文中認為：

柳宗元一生凡兩娶：貞元十二年在長安與楊氏結婚為第一次，元和六年在永州與呂氏結婚為第二次。楊氏無子；呂氏生雙胞二女及周六兄

第十二章　柳宗元的婚姻及他的「影子夫人」

弟。柳宗元的第二次結婚，具有明顯而又強烈的繼嗣意識……永州在唐代為邊遠之地，人煙稀少，瘴疫屬行，生產落後。這時，柳宗元的妻子楊氏早已去世，他膝下也沒有子女。那年冬天，他隻身帶著老母悽然地離開京師來到永州。第二年，母親也含恨離開人間，柳宗元子身一人，謫居異鄉，精神上和生活上都受到嚴重的打擊。他雖然身為朝廷命官，但是遭貶來到永州，到處受人歧視。他想在永州續弦再次成家，但當地的仕官縉紳人家都不願把女兒嫁給他，這又帶給柳宗元新的精神痛苦……封建社會的婚姻，十分講究門當戶對，柳宗元作為地方官吏，娶不到縉紳、士人之家的女子，只好在當地找了一戶農家的女子為妻，這件事足以說明他在政治上受貶、又在上層社會受人歧視的嚴重程度。

柳宗元寫過一篇〈馬室女雷五葬誌〉，文中「一語道破天機」，為後世透露出他到永州後婚姻承嗣的些許資訊：

> 馬室女雷五，父曰師儒，業進士。雷五生巧慧異甚，凡事絲繢文繡，不類人所為者，余睹之甚駭。家貧，歲不易衣，而天姿潔清修嚴，恆若簪珠璣，衣紈縠，寥然不易為塵垢雜。年十五，病死；後二日，葬永州東郭東里。以其姨母為妓於余也，將死，曰：「吾聞柳公嘗巧我慧我，今不幸死矣，安得公之文志我於墓？」其父母不敢以云，葬之日，余乃聞焉，既而閔焉。以攻石之後也，遂為砂書玄磚，追而納諸墓。

柳宗元文中提到的「馬室女雷五之姨」，大概就是王輝斌所說柳宗元的「第二次婚姻」。

元和四年深秋，柳宗元意識到回長安的希望越來越渺茫，看來只能作長期在永州安家的打算了。柳宗元在冉溪（後改為愚溪）購置田地，建造房屋，又買下鈷鉧潭西小丘。大約就是在此時，柳宗元與馬雷五之姨同居了。看來，馬雷五之姨與和娘母親一樣，也是出身寒門，並非士族家庭。所以也沒有正式續娶，公開婚姻關係。

有研究者認為，馬雷五之姨呂姓，即呂恭之從姊。其理由是，柳宗元有〈祭呂敬叔文〉，呂敬叔即呂恭，為已故衡州刺史呂溫之弟（溫有三個弟弟：恭、儉、讓）。柳在祭文中稱呂恭為「從內兄」，有研究者據此認定柳再婚之女子即為呂恭之從姊。呂氏兄弟與柳都是河東人氏，是老鄉關係。柳貶永州後，呂溫於元和三年為道州刺史，元和五年轉衡州刺史，呂恭在此期間亦南下為桂管都防禦副使，二呂供職地均與永州毗鄰，且柳宗元續弦時間與此吻合。其實，以「從內弟」為據認為馬五雷之姨為呂恭之從姊是不足為憑的。柳宗元與呂氏兄弟本來就是中表親關係，四呂之母是柳識之女，柳識是柳渾的弟弟，而柳渾是柳宗元的伯祖，從這一層關係看，柳宗元自可稱呂恭為「從內兄」，即表兄。柳宗元曾寫有〈送表弟呂讓將仕進序〉可證。還有更重要的一點，如果馬雷五之姨為呂氏兄弟的從姊妹，屬門當戶對了，但柳卻與馬雷五之姨一直只同居而未完婚，可見兩人的出身並不相同。（據張俊綸《柳宗元傳》一書）

　　柳宗元在〈馬室女雷五葬誌〉一文中，一句「以其姨母為妓於余也」，似乎不打自招，一語洩漏天機，馬雷五之姨乃是「妓」出身。此一「妓」字，不僅成為柳宗元「玩妓」的鐵證，給他身後的名譽帶來了無可挽回的貶損，也給後人研究其婚姻帶來了難以解答的疑團。

　　北宋張端義的《貴耳集》記載了唐朝時興的一種現象：「唐人尚文好狎。」唐室王朝開創了經濟盛世，政治文化也是開放型的。《新唐書·宦者列傳》載，開元天寶中，玄宗有宮女四萬多人。上行下效，州府郡縣均設官妓，兵營有營妓，達官貴人有家妓，其蓄妓數百者，史載不勝列舉。官場宴飲娛樂，迎來送往，以妓侍之。而民間則有市妓。據文獻記載，唐代金榜題名的士子有召妓侍宴的習慣。以妓為妾，是文人士大夫的時尚。劉禹錫晚年與白居易交好，詩文留有他們召妓酬應的記述。《劉禹錫集》還留存有詩〈懷妓四首〉，也透露出這方面的訊息。柳宗元的岳

第十二章　柳宗元的婚姻及他的「影子夫人」

父楊憑，為人重交往，性尚簡傲，又喜奢侈，做京兆尹時，築宅於永寧里，幽蓄妓妾。韓愈晚年也蓄妓妾享樂。

沙紅兵先生在他的〈對唐宋古文家的雙重批評標準——從韓柳歐蘇的妓妾聲色談起〉一文中認為，「柳宗元原配楊氏在柳貶謫之前就已經過世，之後一直過著『寡居』和『無主婦』的生活。但『寡居』與『無主婦』只能理解為楊氏去世後柳宗元再也沒有正式婚姻。事實上，在柳宗元的婚姻生活中，除楊氏外，根據柳宗元自己的著作，與之有關係的女性可考者即有三人。一是和娘之母，二是馬室女雷五之姨，三是周六、周七之母。可見，(這些)妓妾在柳宗元的生活中扮演著不可或缺的角色。」沙紅兵先生認為，柳宗元「玩妓……追求聲色之歡」，確鑿無疑。

駱正軍先生在〈柳宗元與「妓」〉一文中，對沙紅兵先生的觀點提出疑義：

從「馬雷五之姨母」的出身與家境來看：柳宗元在〈馬室女雷五葬誌〉中提及，「馬室女雷五，父曰師儒，業進士……家貧，歲不易衣。」馬雷五的父親是個教書之人，在一位進士家裡擔任私塾先生。她家裡非常貧困，馬室女所穿著的衣裳幾乎一年到頭都不曾更換。馬雷五家的情況如此，作為她的姨母，其出身恐怕也相差無幾，若非家境貧寒，想必不會輕易為「妓」。

「妓」有兩種含義，一是指「以賣淫為生的女子」，如：妓女、娼妓、妓院；二是「古代稱歌女，表演歌舞的女子」，如：歌妓、舞妓、歌舞妓。……古代的「妓」，一般都是指「表演音樂和歌舞的女子」。

「馬雷五之姨母」雖然因家境貧寒而為「妓」，但她應該不是那種「以賣淫為生的女子」；而且，柳宗元也斷然不會下賤到與那種「做皮肉生意的紅塵女子」往來的地步……

從「馬雷五之姨母」的身分來看。按照可考的資料記載，中國古代的

妓女大致可分為四類：宮妓、官妓、家妓和私妓。宮妓——為皇帝及皇族表演歌舞的宮女們，而後三種，南華大學社會所的張書豪先生在他的〈婚姻與娼妓〉一文中定義得非常明確：「唐代是中國封建社會的鼎盛時期，色情行業也亦然如此，因此唐代除了發達的宮妓外，社會上還形成了隸屬於各級官府的官妓，這些官妓要在其所居住之處註籍登記，並由地方長官管理，官府舉行慶典宴會時，接待賓客、應酬同僚，都要召她們前去歌舞獻藝、陪酒助興、睡覺。當地方官調動工作時，除了交接公職外，也必須把在任的官妓一同交接給繼任者。」「家妓是私家畜養的女樂、歌舞人，是主人身分地位與財富的重要表徵，也是主人的娛樂與性交工具。」「私妓的經營活動與官妓有著明顯的區別，首先經營的性質不同，官妓是由官府直接或間接經營，妓女的存在與活動都是合法的，只不過對於服務的對象有所限制罷了。而私妓則是由私人自發經營的。其次以目的而言，官妓主要是為了宮廷及地方政府舉行的各種禮節活動所服務，進而可增加國家稅收，私妓的經營者則以賺錢牟利為唯一目的。另外在經營的秩序上也有不同，官妓隸屬樂籍，朝廷頒布了一套制度化的模式加以經營，私妓則呈現自發地、分散地混亂狀態。活動方式上官妓是公開的，私妓則必須視當時政府及社會控制的能力來選擇公開、隱密或半公開。也因此私妓較能貼近我們現代賦予娼妓的意義。」

「家妓往往從十幾歲起，就在主人親自或聘請教師的指導下學習歌舞，既要接受嚴格的基本功訓練，又要進行身材、舞姿、聲樂與器樂方面的修練。有的不僅擅長演奏某種樂器，而且多才多藝，能歌善舞，琴棋書畫，全面發展。那些官僚、地主、富豪，不僅以畜妓養妾之多以炫耀自己的權勢與財富；同時，也把這些家妓蓄意打扮，錦衣美食，以誇耀其地位與奢侈豪華；並且，將她們當做一種娛樂和發洩性慾的工具，像餵狗以肉、餵貓以魚那樣對待，以達到自己享用的目的。

由上可見，「馬雷五之姨母」並非柳宗元從長安帶來的歌妓，他被貶永州之後，處境特別艱難，不可能去蓄養歌妓，以炫耀自己的權勢與財

第十二章　柳宗元的婚姻及他的「影子夫人」

富（他也沒有什麼權勢與財富可以炫耀，而是夾起尾巴做人），其身分，既不是家妓，也不是宮妓和私妓。那麼，她應該是永州府的「官妓」之一，是個「為文人墨客或軍旅人員助興，或唱歌，或跳舞，或陪酒」的藝人，曾經與柳宗元有過一些來往，而且為他留下較為深刻的印象。否則，柳宗元對馬雷五「巧慧異甚，凡事絲繢文繡，不類人所為者」的情況，不會有那麼透澈的了解，也不會在其「葬之日，余乃聞焉，既而閔焉。」柳宗元是在馬雷五下葬的那一天，才從其「姨母」那裡聽說小女孩想請他撰寫墓誌的事情，因此感到非常憐憫和惋惜。於是，立即用硃砂書寫在石碑之上，等到雕刻完工之後，立於小女孩的墓前。

「馬雷五之姨母」既然是永州府的「官妓」之一，那她是不可能嫁給柳宗元的。

駱正軍先生認為：「柳宗元身處困境，為求子嗣，擇取貧窮為妓的馬室女雷五姨母，實為無奈之舉，其內心的苦痛是可以想見的，其道德人品與那些蓄妓納妾的達官貴人是不能同日而語的。」並認為「柳宗元之不『再娶』，關鍵之處，在於其內心始終有一桿『楊氏之秤』作為衡量之標準。因此，我們完全可以說，柳子對前妻楊氏的感情，的確是深過滄海之水，純勝巫山之雲。」為此駱正軍先生寫下〈柳情深處難為水〉。

還有柳宗元研究者考證：馬雷五姨母叫雲娘，是瀟湘館的一位青樓女子，特別漂亮，會跳一種流行於瑤族地區的腰鼓舞。有人考證她是瑤族人，也有人說是苗族的。她愛慕柳宗元的才華，並大膽地向他表達了愛情。

無論這位女子是什麼出身、身分，她的出現幫助柳宗元完成了人生的重大轉折，柳宗元終於有了一個家，他在永州再也不是「客居」了。他在給堂弟的書信裡說：心甘情願做一個永州人了。

這一段時間大概是柳宗元在永州最快樂的一段時光。馬雷五之姨經

常把馬雷五帶到柳宗元的愚溪之家來玩。馬雷五當時十三、四歲,比和娘大不了多少。她「天姿潔清修嚴,恆若簪珠璣,衣紈縠,寥然不易為塵垢雜」,天生麗質,可謂「濃妝淡抹總相宜」。而且善女工,「生巧慧異甚,凡事絲纊文繡,不類人所為者,余睹之甚駭」。一日夜晚,柳宗元回到家中,看到馬雷五之姨帶著馬雷五正在一張供桌前唸唸有詞,且跪且拜,再看桌上,插竹垂綏,瓜果陳列。柳宗元好奇地問馬雷五之姨在做什麼?馬雷五之姨說,您是男人,快走開。馬雷五則大笑著告訴說,今夜是七夕,天上織女將會來到銀河邊,與牛郎見面。這時人間的女子向織女祈禱,希望予以靈巧,驅去愚拙,使女工縫製,無滯於心。柳宗元聽後,大笑說,難怪雷五之絲繡巧奪天工,原來是向織女取得真經。

元和五年,馬雷五之姨為柳宗元生下一女。元和十年,柳宗元有寄劉禹錫的詩:「小學新翻墨沼波,羨君瓊樹散枝柯。在家弄土唯嬌女,空覺庭前鳥跡多。」,據此推斷,此女當為生於五、六年前。

愚溪邊有了家,家中有主婦,又有女兒,生活安定了許多,柳宗元從頹喪中有了一絲安慰,度過了一段較為平靜的田園生活。正是這段安逸愉快的日子,成為柳宗元文學創作的大盛時期。

柳宗元的詩〈溪居〉,描寫了這段時光:

久為簪組累,幸此南夷謫。
閒依農圃鄰,偶似山林客。
曉耕翻露草,夜榜響溪石。
來往不逢人,長歌楚天碧。

「久為簪組累」,一直「走馬蘭臺類轉蓬」,好不容易「幸此南夷謫」,得到了一段「悠悠南山下」的休閒時光。「曉耕」、「夜榜」,說明柳宗元耕耘之樂,有點苦中求樂的意味。畢竟人總要活下去。

第十二章　柳宗元的婚姻及他的「影子夫人」

然而，好景不長，就在和娘死後不久，馬雷五也死了，死時年方及笄。正是應小姑娘的請求：「吾聞柳公嘗巧我慧我，今不幸死矣，安得公之文志我於墓？」柳宗元因此寫下〈馬室女雷五葬誌〉。

元和四年秋末，柳雅死了，死時才五歲。柳雅是柳宗直的女兒，宗直與盧遵在柳宗元貶謫時期，一直陪伴於柳宗元左右，不離不棄。由此可見小姪女柳雅之死，對柳宗元的打擊之大。柳宗元為柳雅撰墓誌〈小姪女子墓磚記〉。

貞元十四年，柳宗元年方三十的仲姊去世。仲姊仁孝禮順，恭和溫良，但從小體質不好，七、八歲時猶髮不及笄，體不勝帶，嫁到裴家以後又染骨髓之疾，身體更是孱弱不堪。終至早逝。仲姊生有三個兒子，二子崔六、幼子崔七皆早夭，唯長子崔五尚存。柳宗元作〈亡姊京兆府參軍裴君夫人墓誌〉

沒過幾年，嫁給崔氏的伯姊也去世，年紀也僅三十四、五歲。伯姊從小就像小大人一樣，悉心照顧弟弟、妹妹。建中之亂時，父親柳鎮從鄂州回京都，一個多月失去消息，伯姊憂勞逾月，泣而不食。又恐母親擔憂，謊言自己病了不想吃飯。直至得到父親報平安的家信，馬上喜笑顏開，母親才知道女兒所得何病。柳宗元做〈亡姊崔氏夫人墓誌蓋石文〉。

很短的一段時間內，柳宗元經歷了數次最親近之人的死亡。人的情感大概很難接受這樣近距離且密集地觀察死亡。這裡既有「同病相憐」的難過，還有「兔死狐悲」的心理陰影，是一種難以言說的折磨。

生活是如此艱難，親人又紛紛離去，柳宗元在愚溪上剛剛得來的一點快樂，漸漸化為烏有。命運一次又一次把柳宗元置於絕望之中。

對柳宗元婚姻家庭的探究，充滿辛酸和嘆息。一個學富五車、出口成章的大文學家，卻連自己骨肉血親的名字也懶得命名，連姓氏也羞於

賦予。如果出於封建傳統的重男輕女觀念，對兩個「弄瓦之喜」的女兒連名字也不必留下，那麼對「弄璋之喜」的兒子也只是隨口呼之「周六」、「周七」，這就讓人有些大惑不解了。柳宗元對自己的血脈後嗣、傳宗接代，曾是那麼急切，為什麼及至如願以償，卻是如此忽略輕視？其中有著怎樣的內心掙扎？

據駱正軍〈試析柳宗元的「影子夫人」〉一文中考證：「柳子辭世之時，他的長子周六，僅有4歲。據說是其外甥女（薛崔氏）的小孩，因為他當時沒有兒子，將其過繼到自己的名下。」我不知道駱先生的依據是什麼？是因為劉禹錫在〈柳員外文〉中有一句話，說：「誓使周六，同於己子」？我覺得，這是劉禹錫要把柳宗元之子當作自己親生子一般對待。從整個行文邏輯來看，周六應該是柳宗元的兒子。無論怎麼考證與解疑，從柳宗元的後嗣不知所終此一事實也足以見得，永貞革新失敗對柳宗元命運的播弄，達到「斷子絕孫」的悲慘結局。

柳宗元一生中，應邀或動情地撰寫過足有幾十篇碑銘祭文。然而，「百年修得同船渡，千年修得共枕眠」，對於與自己有肌膚之親、為家族留下血脈後嗣的和娘之母，對留下二男二女的馬雷五之姨，卻「吝嗇」到沒有隻言片語的文字。柳宗元對於自己的文字能傳諸後世十分有自信，他曾為山南節度使嚴礪作〈興州江運記〉，表彰他治理的功績；後嚴礪在平亂中戰功卓著，由河東節度使被擢升為東川節度使，柳宗元又撰寫了〈劍門銘（並序）〉寄給嚴礪，還附了一篇啟。柳宗元在啟中說：「今身雖敗棄，庶幾其文猶或傳於世，又焉知非因閣下之功烈，所以為不朽之一端也。敢默默而已乎？」歷史已然證明，嚴礪因柳宗元的一銘一序而後世傳名。由此可見，柳宗元並不希望和娘之母和馬雷五之姨名傳後世。

也許正如駱正軍先生的「影子夫人」之說，柳宗元對待與自己「如影隨形」的二位事實夫人，有著某種難言之隱，以至諱莫如深？！

第十二章　柳宗元的婚姻及他的「影子夫人」

第十三章
柳宗元「統合儒釋」的佛教觀

柳宗元貶謫永州期間寄居於龍興寺，寺廟的主持是重巽和尚，他是天臺九祖荊溪湛然的再傳弟子。在《柳河東集》中，柳宗元寫有多篇與重巽和尚有關的詩文：〈送巽上人赴中丞叔父召序〉、〈巽上人以竹間自採新茶見贈〉、〈巽公院五詠〉、〈巽上人修淨土院記〉等，由此可見他們之間建立起了親密的友誼。

柳宗元在〈送巽上人赴中丞叔父召序〉一文中，這樣介紹重巽和尚：「以吾所聞知，凡世之善言佛者，於吳則惠誠師，荊則海雲師，楚之南則重巽師。」柳宗元所了解，真正精通佛學的，在吳越江浙一帶是惠誠大師，在荊湘兩湖一帶是海雲大師，而論湘楚之南，則非重巽大師莫屬了。重巽佛法高深，學問淵博，而且雅善詩文，柳宗元稱之為「上人」。柳宗元在文中這樣讚譽重巽和尚：「今是上人窮其書，得其言，論其意。推而大之，逾萬言而不煩；總而括之，立片辭而不遺。與夫世之析章句，徵文字，言至虛之極則蕩而失守，辯群有之夥則泥而皆存者，其不以遠乎？」正是在與重巽和尚的親密交往中，柳宗元獲得接近佛教的契機：「世之言者罕能通其說，於零陵（即永州），吾獨有得焉。且佛之言，吾不可得而聞之矣。其存於世者，獨遺其書。不於其書而求之，則無以得其言。言且不可得，況其意乎？」

柳宗元住在龍興寺，整日與僧眾相處，餘暇時研習佛書，並透過重巽深入習得天臺宗的教義。柳宗元曾經寫過一首〈晨詣超師院讀禪經〉，描述自己習佛的生活情景：

第十三章　柳宗元「統合儒釋」的佛教觀

　　汲井漱寒齒，清心拂塵服。

　　閒持貝葉書（西域有貝多樹，其國人以其葉寫經），步出東齋讀。

　　真源了無取，妄跡世所逐。

　　遺言冀可冥，繕性何由熟。

　　道人庭宇靜，苔色連深竹。

　　日出霧露餘，青松如膏沐。

　　澹然離言說，悟悅心自足。

　　清晨汲取井水漱口，牙齒還覺寒冷，調整好心情，拂淨衣服上的風塵。

　　閒來無事，帶著貝葉經書，邁步走出東邊的齋房，潛心讀經。

　　普通人無法獲取佛學的真諦，虛幻飄渺的東西卻舉世追求。

　　期望深刻領悟佛祖的遺言，經常修繕本性也難以圓熟貫通。

　　寺廟之中格外清閒安靜，嫩綠的青苔掩映著連恆翠竹。

　　紅日出來，薄霧散去，露珠晶瑩，蒼勁的青松如同被春雨沐淨。

　　眼前的景色讓人不忍離去，因為有所感悟而心曠神靈。

　　超師院，即重巽所住的寺廟——巽公院。柳宗元把巽公院稱之為「超師院」，可見在他心目中將重巽視為佛教界的超級一流大師。柳宗元堅持每天去巽公院讀經，展現出對佛經的濃厚興趣。這段時期使柳宗元的佛教知識獲得長足的進步。柳宗元希望從重巽所傳授的佛經，求得精神的安慰與解脫；重巽也希望能把佛學知識傳授給一位文章大家，以光大天臺宗的門庭。

　　柳宗元的〈巽上人以竹間自採新茶見贈〉一詩，記述兩人「禮尚往來」的親密無間關係：

芳叢翳湘竹（芳叢，茶樹也），零露凝清華。

復此雪山客，晨朝掇靈芽（掇，採也）。

蒸煙俯石瀨（瀨，音賴。水流石上也），咫尺凌丹崖。

圓方麗奇色，圭璧無纖瑕。

呼兒爨金鼎，餘馥延幽遐。

滌慮發真照，還源蕩昏邪。

猶同甘露飯，佛事薰毗耶（《維摩詰經》：時化菩薩以滿缽飯與維摩詰，飯香普薰毗耶離城，及三千大千世界。時維摩詰語舍利弗等，諸大聲聞仁者可食如來甘露味飯。大悲所薰，無以限意食之，使不消也）。

咄此蓬瀛侶（蓬萊、方丈、瀛洲，海中三神山。蓬瀛侶，謂仙人也），無乃貴流霞。

　　春天，山上的古樹發出新葉，老竹冒出筍籜，新茶也擠出靈芽。茶葉質地的良劣，直接與茶樹的種類、採摘的時間、當地的氣候等多種因素相關。茶樹喜好陰涼溼潤，古人認為竹下茶、雨前茶最佳。富有經驗的採茶人都是選擇每年初春穀雨前後的新芽之時，若在清晨日出前帶露採摘則其品質更高。重巽所贈茶葉，正是這樣的上品。重巽親自「晨朝掇芽」，送一些給柳宗元品嘗。泠露凝清華，禮輕情意重，一葉茶尖一片心。柳宗元品嘗著重巽贈送的香茶，感到神清氣爽，飄飄然竟想起了如來佛祖和天外仙境。感動於重巽對待貶謫之人的一片深情，於是寫下〈巽上人以竹間自採新茶見贈〉一詩報以敬仰感激之情。

　　柳宗元在龍興寺還結交了覺照和尚。柳宗元移居法華寺後，以西亭為居室，寫〈永州法華寺新作西亭記〉贈給覺照和尚。

　　柳宗元在〈法華寺石門精室三十韻〉一詩中，稱覺照和尚為「石門長老」。長老是對寺廟住持或德高望重之僧的尊稱。在〈戲題石門長老東

第十三章　柳宗元「統合儒釋」的佛教觀

軒〉詩中描述他:「坐來念念非昔人,萬遍《蓮花》為誰用」,覺照和尚應也是《法華》的天臺宗傳習人。柳宗元還寫有〈贈江華長老〉一詩,詩中寫有這樣的詞句:「老僧道機熟,默語心皆寂」;「偶地即安居,滿庭芳草積」,寫老和尚的心靜如水,實際上寄寓著自己的嚮往之心。

永州位於南北交通的要道上,行腳的僧侶很多,其中不少禪客與柳宗元有往來。見於記載的如禪宗琛上人,在〈送琛上人南遊序〉中,柳宗元稱他是「觀經得《般若》之義,讀論悅『三觀』之理」,指他解悟「一心三觀」之說。《般若經》是天臺宗所奉經書;再如荊州文約,柳宗元與他「聯棟而居者有年」,此人「生證而悟入,南抵六祖初生之墟,得遺教甚悉」(劉禹錫〈贈別約師〉);還有浩初僧人,他是禪師龍安如海的弟子,柳宗元曾作〈送僧浩初序〉等等。柳宗元與佛徒禪僧相處,每天面對青燈梵卷,談禪論道,詩文唱和,真可謂「近朱者赤,近墨者黑」。在天臺宗的佛教史書《佛祖統紀》中,柳宗元被列為重巽的俗弟子,並把柳宗元的〈聖安寺無性和尚〉、〈龍興寺淨土院記〉等收入為「光教」的名文(見志磐:《佛祖統紀》卷34、卷49)。

柳宗元在永州的日子,正是身家淪落、精神上受到嚴重打擊的時候,佛教六字真經:「看透」、「放下」、「自在」的解脫意識,正適合在這種精神狀況下滋長。

柳宗元在〈永州龍興寺修淨土院記〉中,說了這樣一番話:「中州之西數萬里,有國曰身毒(音篤,天竺國一名身毒),釋迦牟尼如來示現之地。彼佛言曰:『西方過十兆佛土,有世界曰極樂,佛號無量壽如來,其國無有三惡八難,眾寶以為飾;其人無有十纏九惱,群聖以為友。有能誠心大願,歸心是土者,苟念力具足,則往生彼國,然後出三界之外。其於佛道無退轉者,其言無所欺也。』」儒家積極入世的思想,其中也包

含有安撫失意者，平衡其心態的觀念，如「窮則獨善其身，達則兼善天下」、「天下有道則見，無道則隱」，與佛家出世觀念相契合。柳宗元在般若浮圖的「極樂世界」中，獲得某種情感安慰和精神寄託。

費爾巴哈有言：「當數學上的確定性宣告終結，神學便宣告開始。」當人生中經歷了太多的意外未知和突發事件，人們無法解釋落在頭上的「命運」，便使「命運」永遠罩上了神祕的、莫測幽深的黑色袈裟。劇作家曹禺在為劇本《雷雨》作序時，不無惴惴地吐訴內心的惶懼，冥冥之中，似乎有一個不可知的、巨靈般的「命運」，俯瞰大地，君臨塵間。任何一種宗教都是在人生苦難時「乘虛而入」。

佛教史上的許多名僧大師，如道安、慧遠、玄奘、慧能等，或出身世宦門閥、富貴望族，在官場爭權奪勢、互相傾軋之中敗北，巨大的人生反差產生了絕望情緒，於是遁世避禍、皈依佛門；或家道貧寒、生活無著，飽嘗人世艱辛，不堪忍受而喪失生活的勇氣和信心，只得皈依佛門，以求得精神和肉體的解脫。

柳宗元在這一時期的許多詩文，都流露和表達著這種情緒。

柳宗元在永州龍興寺重修淨土堂時，助修了迴廊，寫下〈州龍興寺淨土院記〉一文。其中有這樣的詞語：「嗚呼！有能求無生之生者，知舟筏之存乎是。」柳宗元在迴廊牆上畫慧遠和智顗像，並書寫了《淨土十疑論》。

柳宗元在〈巽公院五詠〉裡，還有〈淨土堂〉這樣的詩句：「結習自無始，淪溺窮苦源。流形及茲世，始悟三空門。華堂開淨域，圖像煥且繁。清泠焚眾香，微妙歌法言。稽首愧導師，超遙謝塵昏。」

柳宗元有一位親戚，幼以學儒為業，後來出家當了和尚，法號文鬱，曾對柳宗元說起出家的原因是「力不任奔競，志不任煩挐，苟以其

第十三章　柳宗元「統合儒釋」的佛教觀

所好,行而求之而已爾」。

柳宗元在〈送文鬱師序〉中,表達了自己對那位親戚人生際遇的感慨:「吾思當世以文儒取名聲,為顯官,入朝受憎娼訕黜摧伏,不得守其土者,十恆八九。若師者,其可訕而黜耶?用是不復譏其行,返退而自譏。於其辭而去也,則書以畀之。」柳宗元明確表示,佛道乃是仕途險惡、世事紛爭的避難之所。

柳宗元在〈送元暠師詩〉中寫道:「侯門辭必服,忍位取悲增。去魯心猶在,從周力未能。家山餘五柳,人世遍千燈。莫讓金錢施,無生道自弘。」柳宗元雖然「去魯心猶在」、存留戀仕途之意。但自覺無力改變現實,「從周力未能」,就像當年孔夫子一樣,空懷振興周朝的大志。所以他對僧侶表述自己傾心「無生」之道的無可奈何心情。

柳宗元在〈送玄舉歸幽泉寺序〉中還寫下這樣的詞句:「佛之道,大而多容,凡有志乎物外而恥制於世者,則思入焉。故有貌而不心,名而異行,剛狷以離偶,紆舒以縱獨,其狀類不一,而皆童髮毀服以遊於世,其孰能知之!」從柳宗元的「滿紙荒唐言」中,又有誰能品味出其難言的矛盾心理?佛教徒的行徑各式各樣、五花八門,看似上了同一條船,卻是各懷心態。在柳宗元的想法中,入佛逃禪有著不得不然的悲哀,對於淨土迷信也就有著自我麻醉的意味。

柳宗元初到永州居住佛寺的這幾年,是他精神上最為痛苦的時期。在今傳《柳河東集》正集四十五卷詩文中,釋教碑占兩卷、十一篇;記寺廟、贈僧侶的文章各占一卷(前者六篇,後者九篇),一百四十多首詩裡,與僧侶贈答和宣揚禪理的多達二十多首。在唐代作家中,少有直接涉及佛教的詩文占如此大的比例。

佛教和佛典對柳宗元的創作無疑具有潛移默化的影響。如柳宗元的

〈敵戒〉:「敵存而懼,敵去而舞,廢備自盈,只益為瘉。敵存滅禍,敵去召過,有能如此,道大名播。」對照《出矅經》卷三〈無常品下〉:「有子有才,愚唯汲汲,命非我有,何有子才?愚蒙愚極,自謂我智,愚而稱智,是謂極愚。」兩者在語法、邏輯上都有著驚人的相似,其立意也「心有靈犀」地雷同。再如〈貞符〉提出「受命不於天,於其人;休符不於祥,於其仁」的論斷,與《法句經·無常品》裡的兩節文字:「若不從天人,希望求僥倖,亦不禱祠神,是為最吉祥。」、「一切為天下,建立大慈悲,修仁安眾生,是為最吉祥。」二者在觀念上也有一定的連繫。細察柳宗元文章中的思想、文字,可以看到許多佛經的「蛛絲馬跡」。

柳宗元在永州期間,對於西方淨土的信仰表現出極大的興致,與他困頓坎坷的處境有著直接的關係。飽受創傷、疲憊衰弱的身心,使人試圖自淨土的幻想中尋求解脫和安慰。適時淨土信仰正在南方盛行,柳宗元所熱衷的天臺宗便是其中代表。像柳宗元這樣思想深刻、富於理想,具有入世情懷的人,卻又迷信「作來生之計」的淨土,看似難以理解,這種感情與理智上的矛盾,對於身處苦難中的人而言,其實是順理成章、難以避免的。

柳宗元對佛教如此「一拍即合」而且「情有獨鍾」,有著家庭方面的「遺傳基因」。

柳宗元在〈永州龍興寺西軒記〉一文中說:「余知釋氏之道且久」;在〈送巽上人赴中丞叔父召序〉裡又說:「吾自幼好佛,求其道,積三十年」,柳宗元此文作於元和六年(西元811年),柳宗元那年四十歲,而已有三十年的「求其道」歷史,由此可見柳宗元自幼生活在一個佛教氣氛很濃的環境中。柳宗元的母親盧氏是一位虔誠的佛教徒,誦經拜佛是她的日常「功課」。柳宗元少年時隨父親到江西洪州,適逢馬祖道一正在洪州

第十三章　柳宗元「統合儒釋」的佛教觀

傳法，稱「洪州禪」。馬祖道一與南宗慧能嫡傳弟子青原行思並稱為「禪宗雙璧」。其時，柳宗元夫人楊氏的外祖父李兼正任江西觀察使，對馬祖道一十分禮遇，並協助其傳道活動。柳宗元的岳父楊憑也信佛教，對如海法師執弟子禮。可見柳宗元母系與佛教很有緣淵。柳宗元在長安應舉和為官期間，京城事佛空氣正濃。德宗李适崇信佛教，在朝堂上舉行「三教講論」，對佛教的發展推波助瀾。柳宗元與文暢、靈澈等出入官場的僧侶結交，十分欣賞晉、宋以來謝安石、王羲之、習鑿齒、謝靈運、鮑照等人與和尚支道林、釋道安、慧遠、慧休等的交往情誼，仰慕同時代那些「服勤聖人之教，尊禮浮屠之事」的亦儒亦佛人物。

柳宗元的佛教信仰和佛學思想的形成，除了家族方面的因素外，還有著深刻的社會原因。柳宗元所生活的時代，正是中國佛教發展的全盛時期。唐代的佛學，與漢代的經學、魏晉的玄學、宋明的理學，是中國學術史上四個著名的里程碑。

湯用彤在《隋唐佛教史稿》中，對唐朝的佛教發展趨勢有過描繪：

……及至唐時帝王公卿以及士人，雖與釋子文字之因緣猶盛（如韓文公亦作〈送浮屠序〉），而談玄之風尚早已衰減。自初唐之唐臨至晚唐之白居易，幾專言冥報淨土，求其如姚興、蕭衍、謝靈運、沈約等之能談玄理，已不可見……蓋當時士大夫根本之所以信佛者，即在作來生之計，淨土之發達以至於獨占中華釋氏信仰者蓋在於此。

當時，一方面佛教各宗派林立，都在樹立自己的教理體系，寫出堆積如山的著述，造成了中國佛教的極度繁盛之局。另一方面，唐代的士大夫熱衷於佛教，引起興趣的不再是思辨的義理，而是心靈的安慰和感情的寄託，從佛教中尋求「安身立命」。

正是在這一大背景下，唐代的文人士大夫興起一股向佛的風氣。

王維家世習佛,他的母親是曾被立為禪宗「七祖」的普寂門弟子,王維一生結交過不少禪侶,其中包括南宗禪著名禪師神會。王維流傳下許多禪意濃郁的詩作,如〈送別〉:「下馬飲君酒,問君何所之?君言不得意,歸臥南山陲。但去莫復問,白雲無盡時。」如〈酬張少府〉:「晚年唯好靜,萬事不關心。自顧無長策,空知返舊林。松風吹解帶,山月照彈琴。君問窮通理,漁歌入浦深。」更有許多詩句成為眾口流傳的禪僧偈語:「明月松間照,清泉石上流」;「行到水窮處,坐看雲起時」;「流水如有意,暮禽相與還」;「白雲回望合,青靄入看無」;「白髮終難變,黃金不可成」等等。

王維習禪有得,也寫過〈與胡居士皆病寄此詩兼示學人二首〉那樣表現禪理的詩;還寫過〈能禪師碑〉等傳述禪宗史蹟和禪觀的作品。禪融入他的生活、浸染他的感情,成為一種精神體驗和寄託,以至後世把王維稱為「詩佛」,與「詩仙」李白、「詩聖」杜甫,三足鼎立。

寫出許多現實主義作品如〈賣炭翁〉、〈長恨歌〉、〈琵琶行〉的白居易,本來是熱衷於世事之人,卻也加入了信佛的行列,令人覺得不可思議。陳寅恪曾寫過〈白居易之思想行為與佛道關係〉一文,白居易年輕的時候,宗教信仰龐雜,他曾煉丹燒藥,傾心道教。佛教中禪、律、華嚴諸宗,他都研習過,但似乎都未見精闢見解。而到了晚年,仕途失意,衰疾纏身,他便虔敬地歸心於淨土宗。他既結上生、會修彌勒淨業,又專志西方求往生,但卻沒有注意到彌勒信仰與彌陀信仰的根本區別。白居易是以信佛「作來生計」的典型文人代表。這是一種將佛教「通俗化」、「生活化」的做法,採取近乎「玩賞」、享樂的態度。

任何一個朝代的主流思想,必然是統治階級倡導的思想。唐代文人士大夫的習佛傾向,當然與皇室們的信佛有關。

第十三章　柳宗元「統合儒釋」的佛教觀

「安史之亂」以後，肅宗、代宗、德宗、憲宗各朝，佞佛成為朝野的風氣。這與大亂之後動盪的社會環境造成的精神空虛與衰敗有直接關係。唐王朝自立國伊始，就確立了「三教並立」的思想統治政策。但「安史之亂」後，迷信的色彩愈見濃厚。肅宗、代宗、德宗均受菩薩戒。宮廷中經常舉行「內道場」法會，往往齋僧數百，育經念佛，講論佛典。高僧名師出入宮廷，參與朝政；造寺、造像、禮僧、講經在社會上普遍盛行。肅宗朝身居高位的房琯、劉秩、李揖等在國難之際高談釋、老；而代宗朝的宰相，作為朝廷首輔的杜鴻漸、元載、王縉等更是虔誠的佛教信徒。官僚士大夫之間好佛習禪成風，特別是首都長安的佛教呈現出極盛的局面。

司馬光在《資治通鑑》卷224中記載：「由是中外臣民，承流向化，皆廢人事而事佛，政刑日紊矣。」

從韓愈〈論佛骨表〉一文對皇帝的冒死諍諫中，我們也能感受到當年佛教在唐朝的「尊崇」氣氛。

唐憲宗元和十四年（西元819年），長安城內發生了一件驚動朝野的大事。據《舊唐書‧韓愈傳》記載：「鳳翔法門寺有護國真身塔，塔內有釋伽文佛（即釋迦牟尼）指骨一節，……三十年一開，開則歲豐人泰。」

佛教自古就有對佛舍利骨殖的崇拜，佛經《長阿含‧遊行經》記載，釋迦牟尼逝世後，有八國共分其火化的舍利，且分別起塔供奉。唐代已經崇拜佛舍利成風。唐初法琳作《破邪論》有一說法：（佛）滅後百一十六年，有阿育王以神力分佛舍利，使於鬼神造八萬四千寶塔。今洛陽、彭城、扶風、蜀郡、始藏、臨淄等，皆有塔焉，並有神異也。法門寺在唐代享有特殊重要的地位：法門寺有護國真身塔，內有釋迦牟尼的一節中指。史載：「此骨長一寸八分，瑩淨如玉，以金廓棺盛之」。從隋唐以來，

一直受到朝廷重視，敕翰林學士張仲素撰的〈佛骨碑〉說，太宗曾為之建寺宇，施與重塔。武則天時又以金盒寶函珍藏。中宗、肅宗、德宗等歷代皇帝都對之禮敬有加。按慣例，每三十年一度，開塔迎佛骨於宮中供奉，才能保證歲豐人安，為國家和白姓帶來好運。

元和十四年有功德使上奏朝廷，說是年正為法門寺開塔之時。憲宗聞奏便下詔，「自光順門入大內，留禁中三日，乃送諸寺」，準備迎佛骨入禁中供奉三天，然後再交京城各大佛寺輪流奉侍，供人瞻仰。憲宗李純命中使杜英奇率宮人及僧眾持香花，到鳳翔法門寺迎接佛骨。

《杜陽雜編》卷下，對迎佛的盛大熱烈、同時「慘不忍睹」的場面有描述：

百官上疏諫，有言憲宗故事者。上曰：但生得見，歿而無恨也。四月八日，佛骨入長安。自開遠門安福樓，夾道佛聲振地。士女瞻禮，僧徒道從。上御安福寺親自頂禮，泣下口臆。即詔兩街供奉僧，賜金帛各有差。仍命京師耆老元和迎真體者，迎真身來，悉賜銀碗錦彩。長安豪家，競飾車服，駕肩彌路。四方挈老扶幼，來觀者莫不蔬素，以待恩福。時有軍卒，斷左臂於佛前，以手執之。一步一禮，血流灑地，至於肘行膝步，斷指截髮者不可算數。又有僧以艾覆頂上，謂之煉頂。火發，痛作，即掉其首呼叫。坊市少年擒之，不令動搖，而痛不可忍，乃號哭臥於道上，頭頂焦爛，舉止倉迫，凡見者無不大哂焉。上迎佛骨入內，道場即設金花帳，溫清床龍麟之席，鳳毛之褥，焚玉髓之香，薦瓊膏之乳，皆九年訶陵國所貢獻也。初，迎佛骨，有詔令京城及畿甸於路傍壘土為香剎，或高一二丈，迤八九尺，悉以金翠飾之。京城之內，約及萬數。是時妖言香剎搖動，有佛光慶雲現路衢，說者迭相為異。又坊市豪家，相為無遮齋大會，通衢間結綵為樓閣臺殿，或水銀以為池，金玉以為樹，競聚僧徒，廣設佛像，吹螺擊鈸，燈燭相繼……詔佛骨於

第十三章　柳宗元「統合儒釋」的佛教觀

法門。其道從威儀,十無其一,具體而已。然京城耆耋士爭為送別,執手相謂曰:六十年一度迎真身,不知再見復在何時!即俯首於前,嗚咽流涕。

六十年一個甲子,時不我待,機不再來。一時間,「王公士庶,奔走舍施,唯恐在後」,都希望獲得佛骨的保佑。就連平民百姓也有「廢業破產、燒頂灼臂而求供養者」。這類勞命傷財的崇佛盛會,達到了登峰造極的宗教狂熱程度。

韓愈時年52歲,正在長安做官,任刑部侍郎。他素不喜佛,認為這既有悖於先王之道,也不利於國計民生。於是,韓愈不惜觸怒憲宗,上疏勸諫,寫下後世廣為流傳的〈論佛骨表〉:

「臣某言:伏以佛者,夷狄之一法耳」;下臣認為,說起佛,只是蠻夷之人的一種法度罷了,從後漢時才開始流傳到中原,之前根本不存在。以前黃帝在位百年,活了一百一十歲;少昊在位八十年,活了一百歲;顓頊在位七十九年,活了九十八歲;帝嚳在位七十年,活了一百零五歲;堯在位九十八年,活了一百一十八歲;舜和禹都活了百歲。這時候天下太平,老百姓安居樂業、健康長壽,但當時中國並沒有佛教。再後來,殷湯也活了百歲,湯的孫子太戊在位七十五年,武丁在位五十九年,史書中雖然沒有說他們到底活了多久,但是算算年數,猜想都不會少過一百歲。周文王活到九十七歲,周武王活到九十三歲,周穆王在位百年。

「此時佛法亦未入中國,非因事佛而致然也」;這些時候佛教還沒有傳到中國,並不是因為推崇佛教才讓皇上長命百歲,百姓安居樂業。

佛法從漢明帝的時候才開始出現,但漢明帝在位才僅僅十八年。從那以後國家動亂,根本不能長久維繫。宋、齊、梁、陳、元魏之後,國

家對佛教越來越推崇，然而朝代維持的時間卻越來越短，更替越來越頻繁。只有梁武帝在位達四十八年，他曾前後三次將全部身家都獻給了佛法，到後來甚至連宗廟的供奉也供不起牛羊，他自己也每天只吃一頓飯，而且只能吃一些瓜果蔬菜。最後居然被侯景逼迫，餓死在臺城，國家也隨之滅亡。推崇佛教，原本是為了獲得福運，卻招來了禍害。「由此觀之，佛不足事，亦可知矣。」

唐高祖打下江山的時候，仍留有隋朝佛法，他曾與臣商議是否應該將佛法廢除。那時的大臣們「材識不遠」，無法理解先王的深謀遠慮，「古今之宜，推闡聖明，以救斯弊，其事遂止」；使得廢除佛法弊端的大業未能完成。「臣常恨焉」，我對此經常耿耿於懷！

「伏唯睿聖文武皇帝陛下，神聖英武，數千百年已來，未有倫比」；如今萬歲您英明神武，中國幾千年來沒有一人能比得上您。自您繼位，就不允許隨便把百姓度為僧人、尼姑或是道士，又不允許隨意修建寺院。我當時認為先祖的願望一定能在您這一朝實現。然而如今即使您不去實行，也不應對佛教放任不管、任其氾濫成災。我聽說皇上您命令僧人們在鳳翔迎接佛骨，修建起高樓來瞻仰，還要把它迎接到皇宮裡面，讓各個寺院傳遞著供奉。我雖然蠢笨異常，但卻敢斗膽說皇上您一定不會被佛法所迷惑，「作此崇奉，以祈福祥也」，您這樣做的目的，只不過是為國家和百姓求福瑞。如今恰逢豐年，百姓安居樂業，為了順應民心，為京城官民提供一些新奇的娛樂，讓大家高興一下罷了。像您這樣英明神武的皇帝怎麼可能真的去信奉什麼佛法呢？

「然百姓愚冥，易惑難曉」，可惜上智下愚，老百姓們頭腦蠢笨，容易受到現象的迷惑，他們很難明白事情的真相。他們看到您這樣侍奉佛法，都會認為您是真心信佛的。老百姓會說，「天子大聖，猶一心敬信；

第十三章　柳宗元「統合儒釋」的佛教觀

百姓何人,豈合更惜身命!」就連皇上這樣尊貴的人都虔誠奉佛,我們老百姓輕微卑賤,怎能不犧牲身家性命、將一切奉獻給佛法呢?於是百十人聚成一夥,灼烤頭頂、燒焦手指,解開衣服、散盡財物,每天效仿彼此、放棄生計、四處奔波,什麼也不管不問地一心侍奉佛法。您若不立刻禁止,還讓佛骨在寺院之間傳遞供奉,一定會有人切斷手臂、割下皮肉來供佛。這樣的行為傷風敗俗,讓天下人恥笑,這可不是兒戲啊。

佛祖本身自番外來,不僅和我們語言不通,就連衣著打扮也不同。他既說不出先王的法度,也不服從先王的條律,既不知道君臣之間的道義,也不懂得父子之間的情感。如果他還活著,奉了他們國王的命令來京城朝拜皇上,您就是在接待處見他一面,在禮賓司請他吃頓飯,賞給他一身像樣的衣裳,再命人保護他順利離開我們國家,不可能讓他在國內迷惑老百姓的。更別提現在佛祖早就死了,剩下的只是腐朽的骨頭,這種汙穢又不吉祥的東西,怎麼能帶到皇宮裡來呢?

孔子說過:「對鬼神要敬而遠之。」以前的諸侯們回朝憑弔的時候,都會讓巫師用桃木法器驅除掉身上的穢氣,然後才去憑弔。現今您卻無緣無故地把汙穢的東西拿過來,並親自去觀看,且沒有用巫師和法器幫您清掃穢氣。大臣們都不說這樣做不對,御史們也都視而不見,可我覺得這實在是太可恥了!微臣乞求您能把這幾根佛骨交給衙門,用火燒、水澆,斬草除根,使人們不再迷惑,讓子孫後代不再迷信,讓天下人都知道您這麼做是天經地義的,「豈不盛哉!豈不快哉」!佛祖如果真的在天有靈,能夠造出什麼禍端的話,有什麼壞事降臨,都加在我一個人身上吧!蒼天作證,我絕對不會抱怨後悔。

「無任感激懇悃之至,謹奉表以聞」,我激動到不能自已了,只能寫

這樣的一封奏章來讓您知道我的想法。

由於唐朝採用一種寬容的國策，社會上佛、道、儒三家並立相容。而其中佛教由於玄奘的西天取經，成為一時顯學，最為昌熾。寺院林立，大批僧尼遊手好閒，「不耕而食，不織而衣」，大大增加了人民的負擔，直接妨害著國計民生。

韓愈的〈華山女〉詩中，有一段專門描繪佛寺講經時的盛況：「街東街西講佛經，撞鐘吹螺鬧宮廷，廣張罪惡恣誘脅，聽眾狎恰排浮萍。」在這樣的崇佛熱潮之中，唐憲宗還要大事鋪排地迎佛骨，勢必火上澆油，引發民眾更為狂熱的崇佛浪潮。正是這樣一片崇佛、佞佛的喧囂聲中，韓愈不顧個人安危，挺身而出，冒死勸諫。

憲宗看了這篇奏章，果然「龍顏大怒」，對裴度、崔群等大臣說：「愈曰我奉佛太過，猶可容，至謂東漢奉佛以後，天子咸夭促，言何乖剌邪？愈，人臣，狂妄敢爾，固不可赦」，必欲殺之而後快。後經裴度、崔群等大臣說情，才免其死罪，貶為潮州刺史。

韓愈在〈左遷至藍關示姪孫湘〉的七律詩中，悲憤地寫道：「一封朝奏九重天，夕貶潮陽路八千。本為聖朝除弊政，敢將衰朽惜殘年。雲橫秦嶺家何在？雪擁藍關馬不前。知汝遠來應有意，好收吾骨瘴江邊。」韓愈為諫唐憲宗拒迎佛骨，幾乎付出了生命的代價。於此唐代崇佛之盛可見一斑。

魏晉以降，隨著佛、道二教的興盛，儒釋道形成了三教鼎足的格局。特別是到了唐代，佛教的發展有凌駕儒學之勢，並帶來了一系列社會、經濟與政治問題。早在佛教傳入中土之初，一些人或從中華本位文化角度出發，或從道、佛爭先後的角度出發，對佛教進行批判。柳宗元時代，韓愈是排佛派的中堅人物。柳宗元與韓愈雖是文友，在文學見

第十三章　柳宗元「統合儒釋」的佛教觀

解上有許多共同之處，但二人在對待佛教這個問題上，觀點卻截然不同。柳宗元貶謫永州之後，在佛教問題上兩人間發生過一次頗為激烈的爭論。

元和六年，有一位法號元暠的和尚，經劉禹錫的介紹，專程赴永州來拜訪柳宗元。劉禹錫為其寫了一篇〈送元暠南遊序〉，作為向柳宗元的引薦信。信中這樣介紹元暠和尚：「開士元暠，姓陶氏，本丹陽居家，世有人爵，不藉其資。於毗尼禪那，極細牢之義，於中後日，習總持之門。妙音奮迅，願力昭答，雅聞予事佛而佞，亟來相從。」劉禹錫與其相交時久，因為「予聞是說已，力不足而悲有餘，因為詩以送之」。

劉禹錫贈元暠和尚的詩這樣寫道：「寶書翻譯學初成，振錫如飛白足輕。彭澤因家凡幾世？靈山預會是前生。傳燈已悟無為理，濡露猶懷罔極情。從此多逢大居士，何人不願解珠瓔。」

劉禹錫與柳宗元可稱之為一對難兄難弟。兩人有著共同的志向，又都是因為永貞革新失敗而被貶出京城。看到劉禹錫的引薦信，柳宗元知道元暠法師居武陵多年，與劉禹錫是可以交心的朋友，便將元暠法師也視為自己的知交。「申申其言，勤勤其思，其為知而言也信矣。」兩人促膝長談，心心相印。及至分別，仍戀戀不捨地寫下〈送元暠師序〉：

> 余觀近世之為釋者，或不知其道，則去孝以為達，遺情以貴虛。今元暠衣粗而食菲，病心而墨貌。以其先人之葬未返其土，無族屬以移其哀，行求仁者，以冀終其心。勤而為逸，遠而為近，斯蓋釋之知道者歟？釋之書有〈大報恩〉七篇，咸言由孝而極其業。世之蕩誕慢 者（，縱意。《莊子》：天知予僻陋慢 ）。雖為其道而好違其書，於元暠師，吾見其不違且與儒合也。

元暠陶氏子。其上為通侯（通侯，本徹侯，避武帝諱改為通侯。陶侃事晉，封長沙郡公，是為通侯）。為高士（侃曾孫潛，東晉末棄官不

仕）。為儒先生。資其儒，故不敢忘孝；跡其高，故為釋；承其侯，故能與達者遊。其來而從吾也，觀其為人，益見劉之明且信，故又與之言，重敘其事。

從柳宗元的文章中，我們了解到：元暠是當時的「孝僧」。柳宗元透過表揚他的孝道，以說明佛道的「不違且與儒合」，並且指出認為佛教是「去孝」、「遺情」的做法是「不知其道」。儒家的政治倫理思想裡，貫穿著一個「孝」字，「百善孝為先」。佛教原本不主孝道，規定不禮國王，不拜父母。但佛教傳入中土以後，經過改造，逐漸適應了傳統儒家政治倫理思想的要求，也提倡「孝道」。如柳文中提到的〈大報恩〉七篇，「咸言由孝而極其業」。柳宗元在〈送濬上人歸淮南覲省序〉中說：「金仙氏之道（金仙為佛教之異名），蓋本於孝敬，而後積以眾德，歸於空無。其敷演教戒於中國者，離為異門，曰禪、曰法、曰律，以誘掖迷濁，世用宗奉。其有修整觀行，尊嚴法容，以儀範於後學者，以為持律之宗焉。」柳宗元認為，在提倡孝道這點上，佛教「且與儒合」。

柳宗元認為元暠法師「資其儒，故不敢忘孝；跡其高，故為釋」，感悟到元暠法師之佛道與儒學相通。「故能與達者遊」，兩人間有了諸多共鳴和共同語言。「益見劉之明且信」，可見劉禹錫有識人之明。

柳宗元的文章傳到北方，時仕洛陽都官員外郎、守東都省的韓愈看到，特別著文反駁，並託在湖南做官到東都省父的李礎帶給柳宗元。韓愈其文今已失傳，後人只能從柳宗元反駁其觀點的〈送僧浩初序〉一文中予以推測。

儒者韓退之與余善，嘗病余嗜浮圖言，訾餘與浮圖遊（訾，毀也）。近隴西李生礎自東都來，退之又寓書罪余，且曰：「見〈送元生序〉，不斥浮圖。」浮圖誠有不可斥者，往往與《易》、《論語》合，誠樂之，其於性情奭然，不與孔子異道。退之好儒未能過揚子，揚子之書於莊、墨、

第十三章　柳宗元「統合儒釋」的佛教觀

申、韓皆有取焉。浮圖者，反不及莊、墨、申、韓之怪僻險賊耶？曰：「以其夷也。」果不通道而斥焉以夷，則將友惡來、盜蹠，而賤季札、由余乎？非所謂去名求實者矣。吾之所取者與《易》、《論語》合，雖聖人復生不可得而斥也。

　　柳宗元信佛，著重於佛教義理。他把作為外殼的宗教迷信與內在實質的教理區別對待。正因對佛教義理有著深切的領會，因此，他不同意韓愈「人其人，火其書，廬其居」的做法。韓愈認為，習佛信佛之人，可以與其人做朋友，但對其學說應該不留情地付之一炬，把其書房乾脆拆毀。韓愈的這種偏激極端立場，連同樣大力闢佛的宋代歐陽修也不能認同，認為不必「火其書而廬其居」，而只需「修其本（指禮義）以勝之」，意思是只要在理論上駁倒它就可以了。

　　柳宗元在〈送琛上人南遊序〉中說了這樣一番話：當今談論佛禪的人，有些流蕩謬誤，相互再三引用，妄自取捨空談，而只圖簡略方便，也不管是否顛倒真實，既把自己陷於錯亂之中，又坑害了他人……我的朋友琛上人則不一樣，他在觀看經文時，得到了《般若經》的真義，閱讀慧文法師的《大智度論》時，解悟了「一心三觀」之說，並且晝夜修習而以身踐行。對於前來求取佛法真義的人，則為其詳細講解。跟從他修習而且受到點化的人，都知道佛法為什麼廣大，菩薩大士為什麼雄偉，修行的人為什麼講究「空」，放蕩不羈的人為什麼會受到制約規束。

　　在〈送僧浩初序〉這篇文章中，柳宗元比較全面地闡述了他對佛教的態度。針對韓愈的指責，他認為，佛教義理往往與儒家的基本精神相合，不能因為它是「夷」法而加以摒斥。在這一點上，柳宗元主張兼收並蓄，勇於吸收外來的優秀文化成果，「取其韞玉」，表現出開放的文化態度。

　　從柳宗元〈送僧浩初序〉一文中，窺一斑可見全豹，可以看出柳宗元

研習佛法的真正用意，乃是試圖走出一條「統合儒釋」的創新路子。柳宗元對待佛教，是以儒學為價值標準，取其「有益於世」者，援佛以濟儒。柳宗元一系列文章中，反覆強調佛理「不與孔子異道」，「往往與《易》、《論語》合」，佛教義理中包含著與「聖人之道」相通、有益於世的內容，不應輕易加以否定。

柳宗元在〈送僧浩初序〉中說：「且幾為其道者，不受官，不爭能，樂山水而嗜閒安者為多。吾病世之逐逐然唯印組為務以相軋也，則舍是其焉從？」柳宗元認為，佛家的「不受官，不爭能」，合乎儒家的生活態度。佛教大師的恬退閒安，與當時官場中爭肆奔競、貪戀祿位的風氣形成鮮明的對比。傳統儒家倡導「安貧樂道」，佛學與之相通。

柳宗元又認為，佛家「合所謂生而靜者」，也與儒家的性善說相符合。

《禮記‧樂記》說：「人生而靜，天之性也。感物而動，物之欲也。物至知知，然後好惡形焉。好惡無節於內，知誘於外，不能反躬，天理滅矣。」柳宗元認為儒家的這種「主靜」說，經過歷代偽儒們的異端篡亂，已失去了原旨，「孔子無大位，沒以餘言持世，更楊、墨、黃、老益雜，其術分裂。」而直到佛教學說出現，才恢復了儒家「主靜」說的本源，「吾浮圖說後出，推離還原，合所謂生而靜者。……其道以無為為有，以空洞為實，以廣大不蕩為歸。其教人，始以性善，終以性善，不假耕鋤，本其靜矣。」在這一點上，柳宗元把儒、佛之道調合在一起，認為佛學的性善論貫徹始終，正與孟子「性」說相通。

孫昌武先生在《柳宗元評傳》一書中，對柳宗元的這一觀點提出質疑：「『性善』論是儒家特別是思、孟學派的主張。本來儒家的『性善』說與佛教的『性淨』說是有著根本不同的兩個概念，儒家的『性善』說有一定的倫理內容，而佛教的『性淨』是指基於『般若空』觀的自性清靜。顯

第十三章　柳宗元「統合儒釋」的佛教觀

然柳宗元對佛經有所誤讀，或者說是一種『曲解』。他把佛教的觀念根據自己的理解，納入到儒家的倫理軌道上。」孫昌武先生的批判，倒是從另一角度說明了柳宗元對佛教的獨特理解和解讀。

柳宗元認為，佛教的戒律與儒學的禮義相通。唐德宗時，懷海禪師居於江西百丈山，創禪院制度，為禪師立下了行為戒律。其中首先講報恩、尊祖，用儒家的忠、孝觀念補充了佛教戒律的內容。柳宗元將儒學的禮義與佛教的戒律等同起來，認為二者同樣具有「持世」的作用。

在〈南嶽大明寺律和尚碑〉中，他認為：儒以禮立仁義，無之則壞；佛以律持定慧，去之則喪，是故離禮於仁義者不可與言儒，異律於定慧者不可與言佛。因此，佛教戒律與儒家禮義在功能上相通，正是著眼於現實目的的詮釋。柳宗元將仁義與戒律並列，認為它們同樣具有規範秩序的意義。他反對當時禪門的狂放之風，而經常肯定持律。

而令柳宗元特別推崇佛教的重點是，他認為佛理合於中道。「中道」或「大中之道」，是柳宗元「聖人之道」政治思想的主要內容。柳宗元認為，佛教中天臺宗的「中觀思想」，體現了儒家「中道」原則。章士釗曾指出：「大中者，為子厚說教之關國語，儒釋相通，斯為奧祕。」印度中觀學派的大師龍樹提出「三諦中道」的教觀，認為「常是一邊，斷滅是一邊，離是二邊行中道，是為般若波羅密」(《大智度論》卷43〈釋集散品第九下〉)。他反對「常見」即因果相合一的見解，也反對「斷滅見」即否定因果關係的見解，他認為萬法本是因緣而生，本無自性，因而是「空」；但又承認它們具有如幻如化的相狀，是為「有」；而真「空」、假「有」皆不出法性，不待造作，是為「中道」。所以他又提出「不生不滅，不常不斷，不一不異，不來不出」的「八不」中道。這一觀點在佛教教理的發展上，挽救了過於談空的「般若空」觀，表現出回歸現實的努力。

柳宗元參透了「三是偈」說：「諸法無非因緣所生，而此因緣，有不定有，空不足空，空、有不二，名為中道。」（志磐《佛祖統紀》卷6）「從假入空，從空入假，中道第一義」的觀點，把「三諦」整合起來。現實世界裡的自他、男女、父子、老少、生死、美醜、善惡、貧富等等諸般事相，都是二相相依相關的存在。作為「假有」的事相，本性是「不二」、「空」，這就是「由假入空」；但此「空」亦非實體，「入空」不應存「空見」，「空」也是真而非真的，這就是「由空入假」；這樣，觀「假」為空，觀「空」亦假，破「假」用空，破「空」用假，即空、即假、即中，是為「平等觀」、「中道第一義」。這種理論強調現實的品格，將佛教教義根本的、絕對的「空」，落實於現世人生。而這正是吸引中土士大夫的思想特點。什麼是「守中之道」？《道德經》第五章：「天地之間，其猶橐籥乎。虛而不屈，動而愈出。多言數窮，不如守中。」持「中道」或曰「中觀」，即是掌握辯證關係，不持偏激，不走極端，保持平衡。

柳宗元在〈岳州聖定寺無性和尚碑〉中說：「佛道愈遠，異端竟起，唯天臺大師為得其說。和尚紹承本統，以順中道，凡受教者不失其宗。生物流動，趨向混亂，唯極樂正路為得其歸。」在〈南嶽雲峰和尚碑〉中也說：「師之道，尊嚴有耀，恭天了之治，維大中以告，後學是效。」「大中」思想本為儒家所固有，而佛教能暗契此說，故柳宗元大加讚揚。

柳宗元不僅對天臺宗的「中道」理論深研細鑽，而且完全消化並付諸於自己的言行。他有不少詩文涉及「空、色與有、無」的天臺教義，如：「小劫不逾瞬，大千若在掌。體空得化元，觀有遺細想。」（〈法華寺石門精室三十韻〉）「寂滅本非斷，文字安可離。趣中即空假，名相誰與期。」（〈曲講堂〉）「涉有本非取，照空不待析。心境本同如，鳥飛無遺跡。」（〈禪堂〉）「嘗聞色空喻，造物誰為工。」（〈芙蓉亭〉）「諒無要津用，

第十三章　柳宗元「統合儒釋」的佛教觀

棲息有餘蔭。」(〈苦竹橋〉)等等。從上所引,可見他對「中道」說的解悟,完全達到了爛熟於心、信手拈來的化境。(以上論述,參閱了駱正軍〈柳宗元的佛教觀〉,載《文藝報》2006 年第 59 期)

柳宗元看出佛教「三諦圓融」和「一心三觀」之說與儒學「中庸之道」的核心相通。

柳宗元按照自己對佛、儒二教的領會,提出「統合儒釋,宣滌疑滯」的觀點,倡導「真乘法印,與儒典並用」,試圖透過有選擇地容納佛學思想,藉助佛學理論來「推離還源,豐佐吾道」,豐富儒學思想。柳宗元站在儒家立場,對佛教思想進行選擇、吸收和統合,力圖調合「入世」與「出世」的矛盾,將佛教引向「佐教化」、「佐世」的功用。柳宗元的觀點,對此後的宋明理學產生了重大影響。

柳宗元對於佛教危害國計民生、違背中土倫理的部分,也是採取批判態度。他與當時的反佛人士之觀點有一致之處(崇佛的白居易也是如此,他在〈策林〉等文中,也對佛教中某些糟粕的東西提出非議)。

柳宗元在〈送僧浩初序〉的尾聲提及:「退之所罪者其跡也,曰:『髡而緇,無夫婦父子,不為耕農、蠶桑而活乎人。』若是,雖吾亦不樂也。退之忿其外而遺其中,是知石而不知韞玉也。吾之所以嗜浮圖之言以此。與其人遊者,未必能通其言也。」柳宗元對於韓愈所譴責的佛教中「無夫婦父子,不為耕農、蠶桑而活」的現象,「吾亦不樂也」,同樣持批判態度。只不過認為韓愈矯枉過正,對佛學持全面否定的偏激立場不能苟同。

唐代自傅奕到韓愈,反佛人士所提出的重要理由,主要是佛徒不事生產,敗壞倫常,危害國家經濟和人倫秩序。柳宗元明確表示,任何一種學說都不可能十全十美,總會良莠不齊、魚龍混雜。但柳宗元認為反

佛人士所責難的並非佛教的本質，他看到佛教與道德相一致的地方。而且他認為就這方面而言，佛教比起莊、墨、申、韓各家來，甚至有著明顯的優長之處。

柳宗元認為，佛教落實到「用」的方面，強調了「空術」的倫理學意義，能夠與儒家互相調和、補充。這是柳宗元在學術史上提出的一個特殊見解，而與韓愈的看法相對立。原本他們對歷史發展觀是一致的，他們都認為孔子之後，楊、墨肆行，大經大法被破壞（筆者認為，這一觀點是「獨尊儒術」後，儒家對諸子百家的歪曲和偏見。儒家與楊、墨之爭，應該予以重新評價，此觀點在拙著《兼愛者——墨子傳》一書中有詳述，可作為參閱）。

貞元十九年，文暢法師白長安去東南，柳宗元請韓愈作序送行。韓不信佛說，礙於朋友的面子，勉為其難地作了〈送浮屠文暢師序〉。但在文章中仍闡明自己的異見。韓愈說，如給和尚寫文章，「宜當告之以二帝三王之道，日月星辰之行，天地之所以著，鬼神之所以幽，人物之所以蕃，江河之所以流，而語之。不當又為浮屠之說，而瀆告之也」（《韓昌黎集》卷 20）。

韓愈在〈與孟尚書書〉中還說了這樣一番話：「漢氏以來，群儒區區修補，白孔千瘡，隨亂隨失，其危如一髮引千鈞，綿綿延延，寖以微滅，於是時也，而唱釋、老於其間，鼓天下之眾而從之，嗚呼，其亦不仁甚矣！」韓愈認為佛教的傳入是對中華學術和倫理的破壞。

在六朝時期，外來的佛教與中土傳統還在衝突、融合的過程，兩者的矛盾有時相當激烈。即便是當時接受儒、釋並用的人，也是認為「三訓（孔、老、釋）殊路，而習善同轍」（宗炳〈明佛論〉）或者「漸、極為異。深淺不同」（顏之推〈歸心〉），即認為內、外兩教各適其用，可以並

第十三章　柳宗元「統合儒釋」的佛教觀

立,仍是「二元論」的立場。

而到柳宗元時代,新興起的佛教流派,如柳宗元所親近的天臺宗、禪宗,已融入了相當多的儒學成分。儒學也開始吸收佛家的內容。在許多習佛的文人頭腦裡,二者已不存在矛盾,而是水乳交融為一體了。六朝貴族文人所熱衷的佛學教義,主要集中於信仰的論證,這也是當時盛行的倡導、講經法會的主要內容。而到了唐代,佛教的討論更著重於其現實意義,特別是它的政治和倫理價值,佛教更深入地影響社會生活的各個層面。柳宗元的信佛,便是這一演化趨勢的代表。柳宗元的見解與韓愈相反,認為佛說「合所謂生而靜者」,是對儒家傳統頹敗之勢的挽救。

貞元十八年(西元801年),柳宗元在〈送文暢上人登五臺遂遊河朔序〉一文中,首次提出「統合儒釋」的觀點。柳宗元在〈送元十八山人南遊序〉一文中,更為系統詳盡地闡述了自己「統合儒釋」的佛教觀。元十八即元集虛,柳宗元在永州的時候,元集虛專程前來會見。柳宗元對他的學問道德非常欣賞,熱情挽留他住了大約三十天。白居易在元和十二年所作〈遊大林寺序〉,提到「河南元集虛」即為此「山人」。韓愈〈贈別元十八協律六首〉中說:「英英桂林伯,實維文武特。遠勞從事賢,來吊逐臣色。」「桂林伯」指桂管觀察使裴行立,元集虛「南遊」到他那裡為從事,桂管觀察使裴行立派他到潮州慰問。詩中又說:「吾友柳子厚,其人藝且賢。吾未識子時,已覽贈子篇。」所指就是柳宗元贈他的序。

後來元集虛要到南方去雲遊,柳宗元寫了這篇序言為其送別:

「太史公嘗言,世之學孔氏者,則黜老子,學老子者,則黜孔氏,道不同不相為謀」;司馬遷曾說:世上學習儒家學說的人,就貶斥老子,學習老子學說的人,就貶斥儒家學說,觀點思想不同就難以相互切磋。我

看老子的學說，也是儒家學說的不同流派，不應該互相指責對抗。何況楊朱、墨翟、申不害、商鞅以及主張法制、連橫合縱學說的，他們互相譏謗、牴觸而不相融合的地方，能夠說得完嗎？但是這些不同的學說都可以治理國家。「太史公沒，其後有釋氏，固學者之所怪駭舛逆其尤者也。」司馬遷去世後，佛教傳入中土，這是學者們感到最為怪異困惑的學說。

如今有一位河南人元生，「其人閎曠而質直」，他為人寬厚曠達而且樸實正直；「物無以挫其志」，世間的萬事萬物都不會使他的志向受到絲毫挫折；「其為學恢博而貫統」，他治學淵博閎闊而且融會貫通；「數無以躓其道」，個人命運也不會阻礙其學術追求。他將過去產生過歧義的學說加以集中，逐一比較，將有異議的去除，留下相同的，融會為一體，和聖人之道基本上符合，發揮了各種學說的長處，而將其謬誤之處剔除，使其和孔子的學說殊途同歸，都可以符合孔子學說的旨趣。「其器足以守之」，他的才幹足以讓自己的學問堅持不懈；「其氣足以行之」，他的氣魄也足夠讓自己的學問得到推廣。他並沒有拿自己的學術去追隨世俗的眼光，而是遵循老子的教導「天門開闔，能為雌乎？」以古代那些外表柔弱而內心堅強，「守其雌」不與別人爭奪名利的人為楷模。

這次元生來永州，因為我處境窮困不堪，憂愁煩悶，而又曾經喜歡他寫的文章，便留他住了三十六天，他向我陳述了自己學說的觀點，隨時對我指點迷津，我才有機會了解其為人。現在他又要離開我去南方了，經過營道，遊覽九疑山，沿著瀟江而下，遍覽廣西、廣東等地，一直到大海之濱。我不知道他什麼時候會回來，「黃鵠一去，青冥無極，安得不馮豐隆，訴蜚廉」，黃鶴高飛天際，浩瀚藍天一望無際，我又怎麼能不向雲神和風神求助，「以寄聲於寥廓」，將我對友人的這份思念傳布到廣闊的藍天白雲中去呢？

第十三章　柳宗元「統合儒釋」的佛教觀

　　柳宗元研究學會會長孫昌武教授在《柳宗元評傳》中認為：「柳宗元往往並列儒與佛，表明他還不能嚴格區別思想學說與宗教信仰的界限，把佛道當作諸子學說中的一家。認為：一般宗教都有著複雜的教理內容，但其核心是信仰；而宗教信仰主要建立在心理的、感情的基礎之上，具有蒙昧主義和獨斷主義的性質，宗教的教理只是作為信仰的論證。不過，論證宗教教理的宗教思想，主要是宗教哲學，卻又具有思想、學術上的價值。佛教在幾個世界性的大宗教裡，可以說是教理論證最為充分的宗教，其宗教哲學確實具有豐富的、有價值的內容。柳宗元作為富於理性的思想家，面對佛教的複雜內容，特別注重教理的有價值的方面，以致把它們孤立出來，等同於一般的學術，而忽視了其非理性的、蒙昧的信仰一面的危害。這是他對宗教的認識方法上的重大失誤。

　　孫昌武先生的評價，使我想到老子的一番話：「道可道，非常道。名可名，非常名。無名天地之始。有名萬物之母。故常無欲以觀其妙。常有欲以觀其徼。此兩者同出而異名，同謂之玄。玄之又玄，眾妙之門。」其實，我們對一種新觀念，何必一定要劃分「思想學說」與「宗教信仰」兩者之間的界限？「思想學說」與「宗教信仰」之間的相互轉換，我們這一代人在經歷了「個人崇拜」的社會現狀之後，對此點恐怕已不再難以理解。

　　對於儒家，它是一種思想學說還是宗教信仰？對於佛教，你說它是宗教信仰還是思想學說？實際上，佛教在中土的傳播過程中，已經出現了「你中有我，我中有你」的犬牙交錯、水乳交融。

　　東漢末期蒼梧郡（今廣西蒼梧）人牟融（西元170至238年），是一名學富五車的飽學之士，後人尊稱其「牟子」。他原是一介儒生，據《牟子理惑論·序傳》載：「既修經傳諸子，書無大小，靡不好之。雖不樂兵法，

然猶讀焉。雖讀神仙不死之書，抑而不信，以為虛誕。」正是牟融這種博學雜讀的治學態度，將各種知識融會貫通，產生了三教相容的思想。牟融生於東漢末年亂世，他「將母避世於交趾」。

當年的交趾是中外文化的交會之處、學術空氣活躍的地方。在交趾的不少學者，崇信神仙辟穀長生之術，牟融站在正統儒家的立場上，「常以《五經》難之」，與他們辯論。當時「道家術士莫敢對焉」。

牟融認為，精研儒家經典，言辭達辯，會被當朝委以「使命」，而社會動亂，絕非仕宦顯身之時。他以老子「天下不得臣，諸侯不得友」做為座右銘，過著隱居生活，苦研學問。「銳志於佛道，兼研《老子》」，「含玄妙為酒漿，玩《五經》為琴簧」。他的這種處世之道，引起當時儒學之士的非議，說他背離了儒學精神。對此，牟融著《牟子理惑》一書，談到佛教與儒家的關係時說：「金玉不相傷，精魄不相妨。」明確表示，他信奉佛教，並不意味著他背離了儒家。在他看來，佛教的主張和儒家倫理綱常思想不僅不相矛盾，而且在精髓上是一致的。

牟融說，佛教作為外來宗教，要為中國本土所接受，必須盡量用中國熟悉的宗教意識和文化語詞來解釋。他說：「佛者，諡號也。猶名三皇神，五帝聖也」，他把佛比作中國人熟悉的三皇五帝。對佛教宣揚的佛法無邊：「恍惚變化，分身散體，或存或亡；能小能大，能圓能方；能老能少，能隱能彰；蹈火不燒，履刃不傷；在汙不染，在禍無殃；欲行則飛，坐則揚光……」

牟融以《莊子·大宗師》比之：「古之真人，登高不慄，入水不濡，入火不熱」；用《淮南子·精神訓》解之：「居而無容，處而無所；其動無形，其靜無體；存而若亡，生而若死；出入無間，役使鬼神」等等。作著中國特色的詮釋。

第十三章　柳宗元「統合儒釋」的佛教觀

對於儒教與佛教只要稍為深入比照，就能悟出佛教「法」的精神和儒學「禮」的規範之間，有著「心有靈犀一點通」的血緣基因關係。當然這並不非一種簡單的等同。佛教中關於法的精神，乃是印度佛學與中國儒學之間的猛烈碰撞和長期交融而成的混合物。

所謂「以法為本」而達到涅槃之境的佛教精神，和以禮為本而達到「仁」之境界的儒學精神，是多麼相似？

我們只要稍加留心還可以發現，在佛教、儒教中，有許多用佛教術語所表達的儒學精神，也有許多用儒學術語表現的佛教精神。

謝選駿在《秦人與楚魂的對話》一書中，說了這樣一番話：「儒家的禮注入並融演為佛教的法，在中國文化後來的發展中，我們看到類似的逆轉：大乘教的法，透過北宋諸子的創造性的轉化，又演化為新儒學的『道』與『理』。這條曲折的精神線索，向我們展示了『禮——法——理』這個過程。它說明儒家精神的頑強性，儘管它遭到佛教的衝擊卻能再度崛起於中國，並擴展到整個東亞文化圈。作為中國文化主要象徵的儒學精神，與佛教之間的這段關係，標誌著一個文化關係的模式。」

柳宗元的「統合儒釋」，只是在前人的思想基礎上，予以昇華。不同觀念的融會，只會帶來思想的生命力，而不會窒息它。就像氧與氫的化合。

唐代的佛教形成嚴重的「宗派主義」，各宗教派系都有各自的「判教」方法，各有所依經論，各樹傳統法緒，各有教學體系和方法。一些宗派幾乎是互不相容，甚至禪宗內部，南、北二宗也形同水火，中唐以後更形成了眾多派系。然而柳宗元的佛教思想卻絲毫不為這種「宗派主義」所拘泥，同樣顯示著他在學術思想上的弘通開放性格。他沒有專門拜某一派的宗師為師，也沒有成為某位佛學大師的受戒弟子。他結交佛

門中各派人物，沒有表現門戶之見。他精心研究過諸多宗派的思想，在當時活躍的佛教諸宗派裡，理論內容淡薄、信仰色彩濃厚的密教他未曾表示興趣；華嚴宗的思想他接觸不多；另外四個重要宗派天臺宗、禪宗、淨土宗、律宗，他都認真研習過，並有相當深入的了解。當然也應該承認，佛教各宗派思想觀點的差異、對立，也造成了他佛教思想的某些矛盾和混亂。

從佛教的發展史看，中唐社會，特別是在文壇，天臺宗有著相當大的影響。天臺宗自八祖左溪玄朗（西元673年至754年）到九祖荊溪湛然（西元711至782年），在玄宗、肅宗、代宗朝呈現出「中興」之勢。九祖荊溪湛然把天臺宗的睿智與華嚴宗的嚴謹融於一體，提倡「無情有性」之說，學徒甚眾。古文運動的先驅李華、梁肅都是他的俗弟子。李華曾作天臺宗道場〈臺州乾元國清寺碑〉，又作〈故左溪玄朗碑〉；而梁肅從湛然習教規，得其心要，對天臺宗義了解甚深，今存〈天臺法門議〉、〈天臺智者大師修禪道場碑〉、〈天臺禪林寺碑〉、〈荊溪大師碑〉、〈維摩經略疏序〉等，都是闡述天臺教的重要文獻。天臺宗是中國佛教中的第一宗派，也是更進一步融合儒、釋思想的流派。李華和梁肅都是具影響力的古文大家，他們有意識地宣揚佛教，李華說：「儒墨者，般若之笙簧；詞賦者，伽陀之鼓吹。」（《全唐文》卷319〈杭州餘姚縣龍泉寺故大律帥碑〉）這些古文運動的先驅們，對儒、釋調和的立場，必然會影響到後世文壇。柳宗元無論從家世的關係，還是文學的淵源看，他都是梁肅的後輩。另外，陸質作為柳宗元一派的精神領袖，他也親近天臺宗。貞元二十年日本人入唐，留學僧最澄在臺州時，陸質正為臺州刺史，從最澄所錄資料〈天臺道邃和尚形跡〉、〈陸淳印信〉、〈最澄入唐牒〉、〈臺州刺史陸淳送最澄闍梨還日本詩〉看，可以知道陸質在臺州曾供養湛然弟子道邃，請他講「法華止觀」，對天臺宗也是十分推崇。這些都對柳宗元的佛學思想產

第十三章　柳宗元「統合儒釋」的佛教觀

生影響。（以上論述參閱了孫昌武先生《柳宗元評傳》一書第七章〈尊崇佛教「統合儒釋」〉）

柳宗元在〈永州龍興寺修淨土院記〉一文中，講到他在佛學上的師承關係：

晉時廬山遠法師，作《念佛三昧詠》，大勸於時。其後天臺顗大師著《釋淨土十疑論》，弘宣其教。周密微妙，迷者咸賴焉，蓋其留異跡而去者甚眾。

廬山遠法師即禪宗頗具盛名的慧遠法師，其所著《念佛三昧詠》及其嫡傳弟子天臺顗大師著《釋淨土十疑論》，對後世影響極大，有著眾多支持者。柳宗元自到永州後，接觸最多的佛教思想也正是天臺宗。他特別接受和發揚了天臺宗的理論。柳宗元在〈岳州聖安寺無姓和尚碑〉裡，借和尚之口說：「佛道逾遠，異端競起，唯天臺大師為得其說。」他稱讚「和尚紹承本統，以順中道，凡受教者不失其宗」。

柳宗元在信仰方面還特別傾心於淨土宗，這也與當時的社會風氣有關。

中唐時期是淨土信仰興盛的又一個高潮。

代宗永泰年間（西元 765 至 766 年）有法照，在南嶽衡山宣揚淨土，創五會念佛法；大曆五年（西元 770 年）北上五臺山，推動發展五臺山的佛教。以後在太原、長安弘教。在動亂不安年間，這種「作來生之計」的信仰容易深得人心。德宗朝的宦官竇文場曾出敕賜三原縣莊租賦之利，請法照在五臺山設萬僧供（參閱《廣清涼傳》卷中；王士詹〈五臺山設萬僧供記〉，《全唐文》卷西元 621 年）日僧圓仁記述了稍後時期的武宗會昌元年（西元 841 年）朝廷舉行淨土念佛法會的情況：

（二月八日）又敕令章敬寺鏡霜法師於諸寺傳阿彌陀淨土念佛教；二十三日起首至二十五日，於此資聖寺，傳念佛教；又巡諸寺，每寺三日，每月巡輪不絕。

（《入唐求法巡禮行記》卷三）

由此可見，中唐時期社會上下弘傳淨土念佛的氣氛。許多文人如白居易也都熱衷寫作宣揚淨土的詩文。柳宗元對西方淨土的信仰，和法照佛教有直接的關係。他後期生活的永州和柳州，都接近法照活動的南嶽衡山，他寫過一篇〈南嶽彌陀和尚碑〉，碑主承遠，正是法照之師，直接表明了法照一系的佛教對他的影響。柳宗元的這篇文章也是反映淨土教的重要資料。

此外，中唐時期佛教、禪、律交融也是一時風氣。柳宗元也結交了一些律宗教的宗師，但由於律宗教宗義與世俗關係不大，所以未能引起柳宗元的興趣。

柳宗元在〈永州龍興寺修淨土院記〉中提到：

會巽上人居其宇下，始復理焉。上人者，修最上乘，解第一義。無體空折色之跡，而造乎真源，通假有借無之名，而入於實相。境與智合，事與理並。故雖往生之因，亦相用不捨。

柳宗元稱讚重巽對天臺宗教理的理解，是「造乎真源，通假有借無之名，而入於實相。境與智合，事與理並，故雖往生之因，亦相用不捨」。按天臺教學的「三諦圓融」、「一念三千」的教理，空、有一如，萬法本是一心的變現，「有相淨土」的存在就是可以承認的。柳宗元認為「生物流動，趨向混亂，唯極樂正路為得其歸」（〈岳州聖安寺無姓和尚碑〉）。柳宗元有著「神道設教」的主張，承認和宣揚極樂世界的存在，可以產生「教化」作用。對現世有所警戒，對後世有所期待。

第十三章　柳宗元「統合儒釋」的佛教觀

柳宗元在〈曲講堂〉中講：「寂滅本非斷，文字安可離……趣中即空、假，名相與誰期」；在〈禪堂〉中講：「涉有本非取，照寂不待析。萬籟俱緣生，窅然喧中寂」。

這都表明了柳宗元鑽研天臺教理的深入及其所得重點。湛然對門人說：「道之難行也，我知之矣。古先至人，靜以觀其本，動以應乎物，二俱不住，乃蹈於大方。今之人或蕩於空，或膠於有，自病病他，道用不振，將欲取正，舍予其誰？」（《宋高僧傳》卷六〈湛然傳〉）比較柳宗元的說法，可見他正是得湛然門下所發揮的「三諦圓融」的宗義。甚至連柳宗元所用語詞也是這一宗派之言。

柳宗元不論是人生態度，還是宗教態度，都強調嚴格的修道實踐。這與他利用佛教整飭世風的觀念是一致的。

柳宗元著有〈東海若〉一文，歷來被淨土宗視為是宣揚淨土的名文。

文中講道：東海「若得二瓠」，「取海水雜糞壤蟯蛔而實之，臭不可當」。一瓠之水安於現狀，其理由是「吾之性也，亦若是而已矣。穢者自穢，不足以害吾潔；狹者自狹，不足以害吾廣；幽者自幽，不足以害吾明。而穢亦海也，狹亦海也，幽亦海也，突然而往，於然而來，孰非海者？子去矣，無亂我。」另一瓠之水卻不願與臭腐同處，急於抶石破瓠歸於清靜大海。

柳宗元把西方極樂世界看作是修練的目標，他認為「性」與「事」是一而二，二而一的，兩者應該有所區別。清靜自性在此五濁世界上受到汙染，只是渾渾噩噩、隨波逐流地生活是不行的，這些比喻讓人產生許多聯想。清者自清，濁者自濁。滄浪水清可以濯冠，滄浪水濁可以洗足。在選擇中決定了人生，成為你自己。

柳宗元的崇奉佛法並不是要「避世」，他放不下「達濟天下」的入世

情懷。他不滿於禪觀將「體」與「用」脫節,認為二者是不可分離的。正是出於此觀點,柳宗元對當時盛行的禪有諸多不滿。他的觀點在現實方面,著眼於是否有益於世用;而在形式方面,則著眼於體、用結合。他反對洪州的「作用是性」,只顧「用」而不及「體」;也反對荷澤的「本智之體」,言「體」而不及「用」。柳宗元的批判與他一貫的「輔時及物」思想是一致的。

柳宗元對於禪是從積極的方面詮釋,著眼在體、用一致並與儒家倫理相合的一面。他在〈大鑑禪師碑〉之中,展現了他的這種主張:「自有生物,則好鬥奪、相賊殺,喪其本實,悖乖淫流,莫無反於初」,佛教自身的發展說明,自達摩到大鑑的禪宗,是佛教「空術」的發展。他不認為禪、教對立。他把這「空術」分為「其道」、「其教」兩個層次。「其道」是「以無為為有,以空洞為實,以廣大不蕩為歸」。柳宗元的概括表現了其體、用一如的觀念。

蘇軾在〈書柳子厚大鑑禪師碑後〉一文中,高度評價柳宗元的〈大鑑禪師碑〉:「柳子厚南遷,始究佛法,作〈曹溪〉、〈南嶽〉諸碑,妙絕古今。而南華今無刻石者。長老重辯師儒、釋兼通,道學純備,以為自唐至今,頌述祖師者多矣,未有通亮簡正如子厚者。蓋推本其言,與孟軻氏合,其可不使學者晝見而夜誦之!故具石請予書其文。」蘇軾也是調和儒、釋的代表人物,他多次書寫柳宗元有關佛教之文,表達了他對柳宗元佛教觀點的高度認同。

慧能六祖在《壇經》中說:「心量廣大,猶如虛空……虛空能含日月星辰,大地山河,一切草木,惡人善人,惡法善法,天堂地獄,盡在空中。世人性空,亦復如是。」柳宗元所說「廣大不蕩為歸」,而「無為為有」、「空洞為實」等觀念,頗具慧能所主張的「無念為宗,無相為體,無

第十三章　柳宗元「統合儒釋」的佛教觀

住為本」之神韻。

慧能是禪宗的創始人,在思想界與孔子、老子並稱「東方三聖人」,被歐洲學界列為「世界十大思想家」之一。慧能的許多典故廣為流傳。例如他「頓悟」的那段禪宗名偈:「菩提本無樹,明鏡亦非臺,本來無一物,何處惹塵埃」;慧能遇二僧論風吹幡翻,一僧曰是「風動」,一僧曰是「幡動」,慧能則說:「不是風動,也不是幡動,仁者心動。」

慧能主張「佛在我心,淨心自悟,見性成佛」和「暗不自暗,以明故暗,以明變暗,來去相因」。慧能在佛教中國化和平民化方面功不可沒。

慧能《壇經》的中心思想是「見性成佛」,即所謂「唯傳見性法,出世破邪宗」。性,指眾生本具之成佛可能性,即「菩提自性,本來清靜,但用此心,直了成佛」及「人雖有南北,佛性本無南北」。這一思想與《涅槃經》的「一切眾生悉有佛性」一脈相承。

慧能誘導眾生修禪的實踐方法為:「無念為宗,無相為體,無住為本」。無念為宗,即「於諸境上心不染」,就是世上萬物不放在心上,看破紅塵,放下欲念;無相為體,即「於相而離相」,以把握諸法的體性,也就是「居汙泥而一塵不染」,身居物中而跳出物相;「無住為本」,即「於諸法上念念不住」,無所繫縛。這些主張與老子學說有著異曲同工之妙。

慧能認為:「不悟即佛是眾生,一念悟時眾生是佛」,「萬法盡在自心中,頓見真如本性」。同時強調:「法即無頓漸,迷悟有遲疾」;「迷聞經累劫,悟在剎那間」。指出「法即一種,見有遲疾」,「法無頓漸,人有利鈍」。認為「東方人造罪念佛求生西方,西方人造罪念佛求生何國?凡愚不了自性,不識身中淨土,願東願西,悟人在處一般」,又說「心地但無善,西方去此不遙;若懷不善之心,念佛往生難到」。同時主張「佛法在世間,不離世間覺,離世覓菩提,恰如求兔角」。指出「若欲修行,在

家亦得,不由在寺。在家能行,如東方人心善;在寺不修,如西方人心惡」。這些都是勸人積德行善,自然就近佛了。

其實,人在困頓迷惘之際,特別容易與禪宗的「萬法盡在自心中,頓見真如本性」,「佛在我心,淨心自悟,見性成佛」等智慧的禪語產生共鳴。包括那些一向不信佛的人士,也會有醍醐灌頂的「頓悟」。即使像韓愈這樣的堅定排佛者,因諫佛骨一事被貶謫潮州後,卻發生了這樣一段小故事:有一次,韓愈到靈山見到一位名僧大顛。基於當時的心情,他開門見山地問:「大師,我要處理的事情非常多,今天來這裡向您討教幾句教誨,讓我明白事情的輕重緩急。」大顛正在坐禪,聽到韓愈的問話,從定坐中醒來,一直坐著不動,沒有回答韓愈的問題。這時,大顛的侍者正好在場,他便舉手猛擊禪床三下,「咚」、「咚」、「咚」響了三聲。大顛問道:「你在做什麼呢?」侍者回答:「先以定修,後以惠撥。」大顛默默點首,仍是不作聲。韓愈趨前再問,大顛乾脆閉上了眼睛說:「何須多問,侍者已代我回答矣。」回府後,韓愈一夜難眠,清晨時突然頓悟,那位侍者回答師傅的話,不正是對自己的回答!大顛始而沉默不語,不正是侍者的「先以修定」?而侍者的擊床三下,則暗示了「後以惠撥」,特定的場景使得侍者的話「一語雙關」,與韓愈心中的疑問正好照應契合。為此,韓愈著述了〈與大顛師書〉。

盛唐之後,禪宗在士大夫之間廣泛傳播。這是所謂「心的佛教」,它把佛教的煩難修證轉化為對「自性清淨心」的體認。它拋棄了佛教傳統的繁瑣教理論證以及進行這種論證的經論著述,把習佛、習禪的方法和目標歸結為心性修養功夫。到了中唐時期,「洪州禪」興起,提倡「平常心是道」,更把早期禪宗作為追求目標的「清靜心」等同於「平常心」,結果「道不要修」,「觸處皆是」,行住坐臥、穿衣吃飯皆是道,這也導致否定了禪本身。禪成了任運隨緣的生活,成了對無為無事的人生方式的辯

第十三章　柳宗元「統合儒釋」的佛教觀

護。洪州禪代表了禪宗發展的方向，也是中晚唐禪思想的主流。這一切無疑對困境中的柳宗元形成極大的魅力。

中國文化中很看重佛經中之「涅槃」，一種了卻人間苦難，再求「新生」的理念。一種修來世的思想。郭沫若之著名詩篇〈鳳凰涅槃〉就是顯著一例。柳宗元之修佛，何嘗沒有絕望今生，以盼來世的想法？想之令人心酸！

孫昌武教授認為：「柳宗元是少數能夠深入地對當時的佛教思想從理論高度上進行探討、並有所成就的文人之中傑出的一位。他成為中國士大夫佛教信徒的一種典型，代表了一代文人佛教理解的理論高度。他的佛教思想與佛教信仰，包括其積極方面和消極方面，在唐代佛教歷史和一般文化史上都是具有重要意義、值得認真研究的現象。」

第十四章
柳宗元與韓愈之間的恩怨情仇

柳宗元與韓愈同為唐代古文運動的倡導者和領軍人物。古文是指與駢文相對立的一種文體,奇句單行,不講求對仗與聲律的散文,是一反南北朝奢靡文風而復繼秦漢兩代之神韻。柳宗元與韓愈在文學主張上是摯友,有著許多「共同語言」,文學成就各有千秋,也都因其卓越的作品,並列於「唐宋八大家」。這是兩人的共同點。

然而兩人有著更多的不同點。歐陽修在〈唐柳宗元般舟和尚碑〉一文中,有一段對柳宗元與韓愈兩人的對比評價:「子厚與退之,皆以文章知名一時,而後世稱為韓、柳者,蓋流俗之相傳也。其為道不同,猶夷夏也。」

柳宗元與韓愈在政見上頗為不同,甚至處於水火不容的政治對立面。我在講述永貞革新的第八章中,記敘了韓愈在《順宗實錄》及長詩〈永貞行〉中,採用了含沙射影、欲言又止的曲筆,以刻薄的詞句對永貞革新及革新派人士進行了冷嘲熱諷和落井下石。

關於韓、柳孰是孰非、孰優孰劣,是中國文學史上長期爭論不休的問題。

南宋學柳者多,故揚柳抑韓者亦多。清代桐城派奉韓為不祧之祖,故抑柳為甚。歐陽修說,「柳豈韓之徒哉!真韓門之罪人也」。黃震也說,即以文言,「韓文論事說理,一一明白透澈,無可指擇者,所謂貫道之器歟」;柳「則是非多謬於聖人,凡皆不根於道故也」。因此,他們都認

第十四章　柳宗元與韓愈之間的恩怨情仇

為韓柳不能並稱,「當稱韓李」,李指李雲。而晏殊、劉熙載等人則認為:「韓退之扶導聖教,剗除異端,是其所長;若其祖述墳典,憲章騷雅,上傳三古,下籠百氏,橫行闊視於綴述之場者,子厚一人而已。」嚴羽還直截了當地說:「柳子厚深得騷學,退之、李觀皆所不及。」劉克莊認為:「唐文人皆能詩,柳尤高,韓尚非本色。」從兩派言論來看,揚韓抑柳派貶斥柳宗元的主要原因,還是在於柳宗元的思想不完全合乎正統的儒家之道,以及他參加了王叔文集團的所謂「失節」。

「永貞革新」失敗後,由於政治因素的波及,柳宗元與韓愈在中唐以後,一個被無情地邊緣化,一個則得到官方的肯定和推崇,所以柳宗元的影響不如韓愈大。但一千多年來,韓柳高下之爭一直沒有停息過。柳宗元長期處於逆境,文章中充滿了批判精神;而韓愈的文章則更多了一些諛媚之氣和迎合之風。時至今天,我們有必要去除政治因素而給予公正評價。

柳宗元與韓愈兩人的關係,形成了封建王朝中文人士大夫之間既「同病相憐」又「同床異夢」,既「相濡以沫」又「文人相輕」的典型案例。

永貞元年秋,永貞革新派正是在朝得志之時,韓愈卻被朝廷貶謫為連州陽山令。史書對韓愈此次貶官的原因有多種說法,一說是因為上書論宮市,得罪了宦官集團,另有一說是因為上書論乾旱,得罪了當朝權貴李實,但根據韓愈詩文中的話語來判斷,他似乎認為更主要的原因,是受到永貞革新集團王叔文、韋執誼的排斥,其中也涉及正當紅的柳宗元和劉禹錫兩位文友。

韓愈被貶一事,關係到柳宗元與韓愈兩人的交誼,也關係到對他們的思想和為人的評價。

韓愈在流放途中,曾寫有〈赴江陵途中寄贈翰林三學士〉,其中透露

出對貶謫原因的猜測。韓愈所贈三學士為王涯、李建、李程，方崧卿題下注：「王二十補闕、李十一拾遺、李二十六員外」。

《舊唐書·王涯傳》記載：「貞元八年進士，藍田尉，召充翰林學士，拜右拾遺、左補闕。」《舊唐書·李建傳》記載：「舉進士，選授祕書省校書郎，德宗聞其名，用為右拾遺翰林學士。」《舊唐書·李程傳》記載：「進士擢第，貞元二十年為監察御史，秋召充翰林學士。順宗即位，為王叔文所排，罷學士，三遷為員外郎。」他們三人都因為與王叔文政見不合，所以順宗即位後，先後遭貶謫。

章士釗在《柳文指要》中推斷說：「順宗即位，為王叔文所排。韓在江陵與三學士詩，適逢此頃，冤氣未銷，前籌可借。故詩之長言憤激也如彼。」「韓退之江陵寄三學士詩，程與王涯之同被重視，其故了不外此。又曰：或曰退之作寄三學士詩，用意何在？詩不寄他人，而特選三學士以為標的，意又何居？曰：此目的有二，一曰復仇，一曰扳援。」

由於永貞革新猶如流星一般，輝煌稍縱即告消逝滅寂。所以，當韓愈作此詩時，永貞革新派的「二王」已經被貶並逐出京城。只不過由於當時訊息傳遞速度遲緩，韓愈並不知情。

韓愈在詩中回首自己被貶謫一事：「孤臣昔放逐」，《孟子》有言：「獨孤臣孽子，其操心也危。」韓愈借孟子之言，自稱「孤臣」，表達自己因為「位卑未敢忘憂國」，為朝廷操心而遭致貶謫。「血泣追愆尤」，文讜云：「《禮記·檀弓》曰：『泣血三年。』鄭氏云：『泣無聲，如血之出也。』張平子〈東京賦〉：『只以昭其愆尤。』注云：『愆，短。尤，過也。』」程學恂云：「開口言追愆尤，而其下絕不愆尤，正如《詩》所謂『我罪伊何』也。」韓愈心懷不甘不平，自己何罪之有？「汗漫不省識」，《淮南子·道應篇》：「吾與汗漫期於九垓之外。」注：「汗漫，不可知之也。」君心難

第十四章　柳宗元與韓愈之間的恩怨情仇

測如伴虎，誰知哪點得罪之？「恍如乘桴浮。」《論語》：「乘桴浮於海。」注：「編竹木，大者曰筏，小者曰桴。」官場險惡，如乘小筏漂浮於海，時時如臨如履、波峰浪谷，不知何時將遭致沒頂之災。

韓愈自己對為何被貶謫也是心中無數，只能「疑心生暗鬼」，枉作猜測：「或自疑上疏，上疏豈其由」？

據洪興祖《韓子年譜》記載：「貞元十九年，自博士拜監察御史。是時有詔以旱飢蠲租之半，有司徵愈急。公與張署、李方叔上疏，言關中天下根本，民急如是，請寬民徭而免田租之弊。天子惻然。卒為倖臣所譖，貶連州陽山令。倖臣，李實也。」猜測原因之一：或許是由於韓愈為饑民申告，寫下〈御史臺上論天旱人飢狀〉一文，惹得權貴們不高興，向皇帝進了讒言？

韓愈在〈赴江陵途中寄贈翰林三學士〉長詩中，描繪了災荒年間百姓的慘狀：「是年京師旱」貞元十九年，自正月至秋七月，天不降點滴之雨，「田畝少所收」，京畿諸縣，夏逢亢旱，秋又早霜，田種所收，十不存一。「上憐民無食，徵賦半已休」，皇上憐恤民情，減半免收賦稅。然而，當年為京兆尹的李實，為表現自己的政績，「敢肆誣罔，復令徵剝」，不顧災情的事實，反而謊報說「今年雖旱而穀甚好」，仍然強徵暴斂。乃至「持男易斗粟，掉臂莫肯酬」、「餓者何其稠，親逢道邊死」，為了不至於餓死，賣兒鬻女，一個男孩只換得一斗米，為了買吃的擠掉臂膀亦不顧，飢寒交迫、斃命於路旁之人時時可見。

韓愈在〈御史臺上論天旱人飢狀〉中如實呈報朝廷：「至聞有棄子逐妻以求口實，坼屋伐樹以納稅錢，寒餒道塗，斃踣溝壑。」

《全唐文》卷五百四十九，收錄有〈御史臺上論天旱人飢狀〉一文，韓愈目不忍睹，向皇帝上奏陳情：「臣竊見陛下憐念黎元，同於赤子。

至或犯法當戮，猶且寬而宥之，況此無辜之人，豈有知而不救？又京師者，四方之腹心，國家之根本，其百姓實宜倍加憂恤。今瑞雪頻降，來年必豐。急之，則得少而人傷；緩之，則事存而利遠。伏乞特敕京兆府，應今年稅錢及草粟等在百姓腹內徵未得者，並且停徵，容至來年蠶麥，庶得少有存立。臣至陋至愚，無所知識，受恩思效，有見輒言，無任懇款慚懼之至，謹錄奏聞。謹奏。」

韓愈在這番回憶中，有美化自己之嫌。京兆尹李實，是唐朝皇族宗室，又得德宗寵信，襲封為道王。韓愈勇於諍諫權貴而遭貶，無疑是可圈可點的光彩一筆。然而據後世研究者考證，韓愈呈〈御史臺上論天旱人飢狀〉是於夏天，當時權德輿、許孟容等大臣也均曾論諫天旱，而韓愈貶官則已在近半年之後。韓愈東拉西扯、張冠李戴，把彈劾李實與自己被貶謫二事，怎麼扯到了一起？

韓愈與時任京兆尹的李實未聞有過結之事，反倒是於貞元十九年初，為了升官謀求新職，還曾寫了〈上李尚書書〉一文，文中對當時權勢炙手可熱的李實，充滿恭維諂媚之語：「所見公卿大臣，不可勝數，皆能守官奉職，無過失而已；未見有赤心事上，憂國如家如閣下者」；「見有忠於君、孝於親者，雖在千百年之前，猶敬而慕之；況親逢閣下，得不候於左右以求效其懇懇？」韓愈白紙黑字書於尺牘之上，是擦也擦不掉、抹也抹不去的。

韓愈19歲起初涉科場就連續碰壁，三次科考都名落孫山。為了取得功名，他曾經四處寫文章致達官貴人，「投文干竭」以求進身。韓愈的做法在唐朝也算是一種社會風氣，柳宗元也曾寫過〈上權德輿補闕溫卷決進退啟〉，潮流裹挾之下，泥沙俱下、魚龍混雜，亦無可厚非。韓愈只是變臉太快，語詞過火了一些。

第十四章　柳宗元與韓愈之間的恩怨情仇

　　韓愈醉心於仕途，奔走於公卿豪門之間，寫下不少拍馬屁的文章。如有三篇〈上宰相書〉，為求官而唇乾舌燥，以致招世「急功近利」、「搖尾乞憐」之譏，就連一向謹慎評價前人的司馬光在〈顏樂亭頌・序〉上也說：「光謂韓子以三書抵宰相求官，〈與於襄陽書〉，求朝夕芻水僕賃之資，又好悅人以志詔而受其金。其戚戚於貧賤如此，烏知顏子之所為乎？」

　　韓愈顯然對自己「上疏豈其由」，也顯得底氣不足，所以在〈赴江陵途中寄贈三學士〉詩裡又提出另一種假設：「同官盡才俊，偏善劉與柳。或慮言語洩，傳之落冤仇。二子不宜爾，將疑斷還不……」

　　章士釗的《柳文指要》，以一己之見分析了這椿迷案：「退之長子厚不過五歲，貞元八年，退之登進士第，九年，子厚繼登，兩人因緣舊誼，同角試場，才力相距不遠，馴至同官御史，勢不可能有何惡感存在。永貞變後，退之〈寄三學士〉詩：『同官盡才俊，偏善柳與劉。或慮語言洩，傳之落冤仇。二子不宜爾，將疑斷還不。』所謂『語言洩』者，乃根上文閤門拜疏，天子動容，司空綢繆，謂即施設而來，此示退之有因言得官之象，消息一漏，同官可能立啟猜讒，從而視同冤仇，肆力排擠。又或退之疏言災荒，為李實所痛恨，而劉、柳曾為實撰文，於實有連，因而退之疑此兩友漏言於實，以致實下毒手而己左官。唯柳與劉者，品高學懋，同以天下為己任，益以情親，斷不至此，『將疑斷還不』，語意十分斬截，謂吾曾疑之，旋敢斷為決無此理也。如實言之，佐、文初政，即追回放諸名流，退之亦在列，此子厚暗相推挹於其間，不難想見。至退之之貶，及倖臣李實者從而排擠，其時子厚之黨並未當路。曩疑韓詩『或慮語言洩』，不知是何種語言？查趙紹祖《新舊唐書互證》云：『疑劉、柳漏洩，當是與宗元、禹錫言王叔文之奸，而二子漏其語於叔文，遂為其所中也。』釗案：陽山之貶，乃叔文出山一年前事，叔文當時潛伏東

宮,即其諫止太子言宮市事觀之,可見是一異常謹慎之人,即令不喜退之,亦何至出頭干預朝官之黜陟乎?此類猜測,終嫌不切實際。何況退之之黜,由忤李實而起,別見證據確鑿乎?」

當年,韓愈與柳宗元、劉禹錫皆為監察御史,「同官為僚」,韓愈「御史者雖眾,獨與柳宗元、劉禹錫友善。」也許與知心朋友暢所欲言,不慎吐露出自己心裡的真實政見,二人在無意之中,將「疾惡之言,傳及仇人,以成禍釁。」

韓愈在〈永貞行〉中亦云:「吾嘗同僚情可勝」,柳宗元和劉禹錫兩人不應該是出賣朋友的人,所以只是在心中疑惑。

嚴虞惇認為:「公與劉、柳相厚善,伾、叔文當國,劉、柳皆進用,而公僅量移江陵,意深恨之。故於《順宗實錄》深加詆訾。而〈永貞行〉及此詩,皆直訐而不諱。但因此並疑陽山之貶為出劉、柳,則冤甚矣。」韓愈因為猜疑是柳宗元或劉禹錫無意間洩露了朋友間的言談,因此而懷恨在心,寫出《順宗實錄》和〈永貞行〉這樣的詩文,對永貞革新派進行指桑罵槐地攻訐,也可見韓愈氣量胸懷之狹窄。

韓愈作為當代人撰當代史,在《順宗實錄》和〈永貞行〉中,摻雜了更多的個人感情色彩和觀念立場因素,所謂的「實錄」卻多有不實之詞。

史學家陳寅恪洞若觀火、一針見血地指出:「永貞內禪尤為唐代內廷閹寺黨派競爭與外朝士大夫關係之最著事例。」他認為作者韓愈和宦官俱文珍等關係密切,因而這一實錄中涉及宦官的文字語多袒護,故記述永貞革新,多站在宦官俱文珍等人的視角看問題。

《資治通鑑》卷236《貞元十九年》:「左補闕張正一上書,得召見。正一與吏部員外郎王仲舒、主客員外郎劉伯芻等相親善,叔文之黨疑正一言己陰事,令(韋)執誼反譖正一等於上,云其朋黨,遊宴無度。九

第十四章　柳宗元與韓愈之間的恩怨情仇

月，甲寅，正一等皆坐遠貶，人莫知其由。」

　　韓愈後來在〈故江南西道觀察使贈左散騎常侍太原王公（仲舒）墓誌銘〉裡說到這件事。謂王「為考功吏部郎也，下莫敢有欺犯之者，非其人，雖與同列，未嘗比數收拾，故遭讒而貶」（《韓昌黎集》卷三三）。這裡所說「非其人」的「同列」，就是指時任吏部郎中的韋執誼。也就是在這一年的十二月，時任監察御史的韓愈也被貶出為連州陽山（今廣東陽山縣）令，同時被貶的還有他的友人李方叔、張署。儘管革新派中的劉、柳都是韓愈的好朋友，但在政治利益的衝突中，他們卻是置身於對立的營壘。

　　後來元和元年，韓愈在江陵有〈憶昨行和張十一〉詩，與同時被貶官的張署唱和，其中說：「伾、文未揃崖州熾，雖得赦宥恆愁猜。近者三奸悉破碎，羽窟無底幽黃能。眼中了了見鄉國，知有歸日眉方開。」（《韓昌黎集》卷3）這裡的「赦宥」指永貞元年立太子大赦，當時二王和韋執誼（韓愈的所謂三奸）正當權在位，所以他感到擔憂；直到三人失勢，他才覺得北歸有望。

　　在這之前，同樣是寫給張署的〈八月十五夜贈張功曹〉詩中，講到這次施赦說：「州家申名使家抑，坎坷只得移荊蠻。」（《韓昌黎集》卷3）這裡「使家」指湖南觀察使楊憑。詩中是指當時所在的連州已把他們列入赦免的名單，上報觀察使府，但作為柳宗元岳丈的楊憑顯然是傾向「二王劉柳」革新派，因而對反對派政敵加以壓抑。

　　再連繫到他的〈祭河南張員外（署）文〉寫到：「余憨而狂，年未三紀。乘氣加人，無挾自持。彼婉孌者，實憚吾曹。側肩帖耳，有舌如刀。」（《韓昌黎集》卷22）則更清楚地看到韓愈及其友與王叔文一派在政治上的對立立場。

韓愈在〈岳陽樓別竇司直〉詩中說得更為明確:「前年出官由,此禍最無妄。公卿採虛名,擢拜職天仗。奸猜畏彈射,斥逐恣欺妄。」(《韓昌黎集》卷 2)這裡的「奸猜」顯然是指王叔文一派。韓愈雖然不懷疑柳、劉二人的人品,但還是認為自己之所以遭到貶謫排斥,是柳、劉無意間的洩漏,遭致了王叔文、王伾,韋執誼等人的忌恨,這個念頭頑固地成為韓愈心中揮之不去的陰影。韓愈等自連州量移江陵,受到荊南節度使裴均的禮遇,而裴均正是抵制「永貞革新」、逼迫唐順宗退位的三大藩帥之一。而到「永貞革新」失敗,二王、劉、柳等人被貶出,韓愈等人卻回到朝廷,對立兩派人的此伏彼起,都反映出這一歷史背景。韓愈的《順宗實錄》、〈永貞行〉等有關詩文都透露著這方面的訊息(參閱孫昌武《柳宗元評傳》)。

此外「文人相輕」,恐怕還涉及韓愈對「二王劉柳」等新進的妒忌心理。王叔文主持變革新政時期,侍御史竇群曾往拜謁,稱:「事固有不可知者!」叔文問:「何謂也?」竇群回答:「去歲李實怙恩挾貴,氣蓋一時,公當此時,逡巡路旁,乃江南一吏耳。今公一旦復據其地,安知路旁無如公者乎?」這句話旁敲側擊地暗示了地位的變化可能引起人的心理變化。

韓愈舉進士在貞元八年(西元 792 年),柳宗元、劉禹錫舉進士在貞元九年(西元 793 年)。到變革新政時期,韓愈僅官居江陵府掾曹,是個地方小官。而劉禹錫、柳宗元卻已擢拔為京官,成為政壇上叱吒風雲的人物。在這種情況下,韓愈對劉、柳等新進難免抱有「酸葡萄」的嫉妒心理。

舒蕪在為《韓愈詩選》(人民文學出版社 1984 年版)作序時寫下這樣一段對韓愈的評價:「通觀韓愈這個人,儘管是博學高才的大文學家,

第十四章　柳宗元與韓愈之間的恩怨情仇

但是氣質上有一個最大的缺點，就是躁急偏狹，無容人之度。他在仕途上，又特別熱衷利祿，無恬退之心。他的詩篇當中，經常貶低朋友，好為人師，攘斥異端，自居正學，就是偏狹的表現。他在詩中，一再公開地以富貴利祿教子，在兒子面前吹噓自己的交遊如何光顯，就是熱衷的表現。二者結合起來，更是利祿情深、恩仇念重，互為因果，愈扇愈烈。誰妨害了他的功名富貴，誰不尊重他的學問文章，他對誰就會恨之入骨，永世不忘。這樣的人的精神狀態中，自然容易充滿了怨毒之氣，怨毒之極，又自然通於殺氣。貞元十九年（西元803年），韓愈因建言被貶，這一段經歷在他的詩中再三再四地說起，對於政敵王叔文集團，包括老朋友柳宗元、劉禹錫，真是悻悻之狀如見，切齒之聲可聞。待到王叔文失敗，包括柳宗元、劉禹錫在內的八司馬一時竄逐，韓愈這時便寫出幸災樂禍、投井下石的〈永貞行〉……竟然把謀反的罪名硬加到王叔文身上，居心太露骨了，用心太可怕了……他的作品中流露出來的氣質和精神狀態上的庸俗性，總帶有獨斷和專制主義的味道。」

文人之間的恩怨情仇，真可謂「剪不斷，理還亂」，有些說不清、道不明。

唐代宗元和八年（西元813年），韓愈在擔任國子博士時，寫出了他的「成名作」〈進學解〉。此文一出，名聲大振，朝廷眾多官員認為韓愈很有史才，受當朝宰相推薦，晉升為比部郎中、史館修撰。任命詔書是由另一位大文豪白居易草擬，其中寫有這樣的讚語：「太學博士韓愈：學術精博，文力雄健；立詞措意，有班、馬之風；求之一時，甚不易得。加以性方道直，介然有守，不交勢利，自致名望。可使執簡，列為史官。記事書法，必無所苟。仍遷郎位，用示褒升。」把韓愈比作撰寫《漢書》、《史記》的大手筆班固、司馬遷，評價可謂高矣。白居易的草擬一旦成為聖旨，則成為金口玉言一言九鼎。

文人修史，按說是一件用人所長的好事，朋友們紛紛向他表示祝賀。然而，韓愈卻認為是一樁吃力不討好的苦差事，自己是被打發去坐了冷板凳。他苦澀地寫下〈答劉秀才論史書〉一文，吐露出自己內心的真實想法：

承蒙朋友見愛，宰相推薦，賦予我撰史重任，我豈能不表示感謝！然而，我愚不可及，恐怕難以勝任。「凡史氏褒貶大法，《春秋》已備」，有那樣的標竿在前，讓後任者難以為繼。「據事蹟實錄，則善惡自見。然此尚非淺陋倫惰者所能就，況褒貶耶？」撰史並非那麼容易的事情。它涉及到對敏感歷史的記述，權勢人物的褒貶，怎麼是我這樣「淺陋倫惰者」所能為？

歷史的教訓不能不吸取，古往今來，多少撰史者都沒有好下場：「孔子聖人，作《春秋》，辱於魯、衛、陳、宋、齊、楚，卒不遇而死；齊太史氏兄弟幾盡；左丘明記春秋時事以失明；司馬遷作《史記》刑誅；班固瘐死；陳壽起又廢，卒亦無所至；王隱謗退死家；習鑿齒無一足；崔浩、范曄赤誅；魏收夭絕；宋孝王誅死；足下所稱吳兢，亦不聞身貴而令其後有聞也……」韓愈列舉了前朝諸多史官罹難的往事，前車之鑑，後車之師。歷史上多少凡為史者，「不有人禍，則有天刑，豈可不畏懼而輕為之哉！」怎麼還敢輕率去做呢？

何況，歷史的真相往往雲遮霧罩，撲朔迷離，「傳聞不同，善惡隨人所見，甚者附黨，憎愛不同，巧造語言，鑿空構立善惡事蹟」，不同立場的人有著不同的看法和見解，不同黨派的人情感取向也相差千百里。更有甚者，虛構事實、偽造歷史，讓撰史者如何遵循秉筆直書的原則？如果敷衍了事「草草作傳記」，又是白紙黑字、流傳後世的東西，即便世上沒有神明，「豈可不自心慚愧」，如果世上真有神明，豈不是要降禍於人？「僕雖駑，亦粗知自愛，實不敢率爾為也」。

第十四章　柳宗元與韓愈之間的恩怨情仇

此後的事實證明，韓愈並非杞人憂天、敏感多慮。韓愈任史館修撰後，殫精竭慮費盡心力撰寫的史書《順宗實錄》，在當朝歷經波折，在其後一千多年的歷史上一直爭議不休。

湯江浩在〈順宗實錄研究獻芹〉一文中，對韓愈撰寫《順宗實錄》一書所遭遇的困境有這樣的記載：

關於《順宗實錄》撰進之時……據韓愈表狀文云，韓愈於元和八年十一月任史館修撰時，宰相李吉甫轉授前史官韋處厚所撰《先帝實錄》三卷於韓愈，稱其書「未周悉」，命韓愈重修。於是韓愈與沈傳師、宇文籍等重新蒐集資料，撰成新本《順宗皇帝實錄》五卷。李吉甫以為事關重大，仍需更加研討，故書成後留於李宅，未即進獻於上。不久，李吉甫卒，韓愈復於李宅取回《實錄》稿本細加修改，自冬及夏方始完畢，進獻於朝。憲宗與宰臣等閱後仍有不滿，即令韓愈再加修改；韓愈修正後復獻於朝，故第二次上表有云：「右臣去月二十九日進前件實錄。今月四日，宰臣宣進止，其間有錯誤，令臣改畢，卻進舊本者。臣當修撰之時，史官沈傳師等採事得於傳聞，詮次不精，致有差誤；聖明所鑑，毫髮無遺，怨臣不逮，重令刊正。今並添改訖。」表中所云「今月四日」，乃為詔命韓愈重加修改之日，非為韓愈重加修改完工並進書上表之日。兩次進書上表之間，必然經歷憲宗與宰臣審讀《實錄》、下詔命韓愈重加修改，韓愈又有改寫、新增、重錄等細節……

……《舊唐書·韓愈傳》稱「穆宗、文宗嘗詔史臣添改」《順宗實錄》；又於〈路隨傳〉云：「初韓愈撰《順宗實錄》，說禁中事頗切直，內官惡之，往往於上前言其不實，累朝有詔改修。及隨進《憲宗實錄》後，文宗復令改正永貞時事。」……

……文宗初命路隨重新改修《順宗實錄》，引發了朝臣的諸多議論，反對的呼聲很高，路隨只好推辭，並向文宗提出：「伏望條示舊記最錯誤者，宣付史官，委之修定。」文宗聽從其言，下詔曰：「其《實錄》中所

書德宗、順宗朝禁中事，尋訪根柢，蓋起謬傳，諒非信史。宜令史官詳正刊去，其他不要更修。餘依所奏。」所謂「德宗、順宗朝禁中事」，所指仍十分模糊，因為《順宗實錄》全書也不過主要記寫了從貞元二十一年正月至元和元年正月大約一週年的史事，而其主體部分又以宮廷政治為核心展開，故刪去德宗、順宗朝有關禁中事，對《實錄》的影響應該說並非細事。對於這次刪削究竟削去了多少條文字，學者們進行了深入的考索，已有不少成果。劉真倫先生藉助《冊府元龜》等文獻鉤稽出七條被刪削的文字，十分可貴。但是否僅此而已，我想劉先生也不會下此斷言。《順宗實錄》傳至北宋時又有詳、略二本之別。司馬光《通鑑考異》卷十九有云：「景祐中詔編次《崇文總目》，《順宗實錄》有七本，皆五卷，題曰：『韓愈等撰。』五本略而二本詳，編次者兩存之。其中多異同，今以詳、略為別。」又曾引述詳本有而略本無之四事。可知司馬光不僅見過詳、略二本，且曾仔細比勘過二本，故在考辨時屢有引證。但司馬光不曾論定詳本即為韓愈原本、略本即為路隨等刪削本。同樣，編次《崇文總目》者，也沒有作出論斷，而是採取了「兩存之」的辦法。歐陽修當時亦為《崇文總目》的編修官之一，他又是韓愈的推崇者，後來又主持修撰《新唐書》，他與宋祁等一定見過詳、略兩種《實錄》，但《新唐書》劉知幾等傳贊有云：「自韓愈為《順宗實錄》，議者閧然不息，卒竄定無全篇。」可知歐、宋對路隨等刪削後《實錄》的評價，認為刪削程度之嚴重乃至「卒竄定無全篇」。這一結論當然是建立在當時所見《實錄》的文字狀況之上。由上分析可知，詳、略二本在司馬光等當初即不能論斷詳本為韓愈原本、略本為路隨等刪削本，且認為「其中多異同」，二者難以簡單取捨，故兩存之；如果詳、略二本，僅為韓愈原本與路隨刪削本之別，那麼以司馬光、歐陽修、宋祁等史學、文學之眼光，當能作出明確而迅速的判斷⋯⋯

透過以上各層面的分析，可以確定朱熹指斥李漢編集不收《實錄》，致使「《實錄》竄易，不成全書」，實為過苛之辭。《順宗實錄》之竄易

第十四章　柳宗元與韓愈之間的恩怨情仇

並不是李漢之過,也不是一種民間行為,而是中唐以後宦官勢力惡性膨脹的結果。可以推定,即使李漢當初已收《實錄》入集,也必然被禁毀改竄;反過來說李漢不收入《實錄》,正為韓集的流傳避開了一段無妄之災。

從湯江浩先生對《順宗實錄》成書過程的疏理,不難看出撰史的難度,及其中因各種政治勢力的角力而暗伏的凶險。

難怪韓愈未雨綢繆,自己先見之明地打了退堂鼓:「唐有天下二百年矣,聖君賢相相踵,其餘文武士,立功名,跨越前後者,不可勝數。豈一人卒卒能紀而傳之耶?僕年志已就衰退,不可自敦率。宰相知其無他才能,不足用,哀其老窮,齟齬無所合,不欲令四海內有戚戚者,猥言之上,苟加一職榮之耳,非必督責迫蹙,令就功役也。賤不敢逆盛指,行且謀引去。」

韓愈鑒於前人教訓,一朝經蛇咬,十年怕井繩。流露出畏葸不前,準備虛謀其位,當一天和尚撞一天鐘。韓愈還推脫說:「夫聖唐巨跡,及賢士大夫事,皆磊磊軒天地,決不沉沒。今館中非無人,將必有作者勤而纂之。後生可畏,安知不在足下?」韓愈有了「嫁禍於人」,推卸到年輕後進身上的念頭。

柳宗元看到韓愈的〈答劉秀才論史書〉一文後,大驚失色,認為韓愈文中所言,與他過去對撰史的看法大相逕庭、相去甚遠。韓愈在〈答崔立之書〉中,曾表述過自己若在為政上不能有所建樹,且就退而求其次:「將耕於寬閒之野,釣於寂寞之濱,求國家之遺事,考賢人哲士之始終,作唐之一經,垂之於無窮,誅奸諛於既死,發潛德之幽光。」懷抱修一部傳之永久的《唐史》的雄心壯志。韓愈的此一心願還曾引起李翱的強烈共鳴。李翱〈答皇甫湜書〉對皇甫湜詳細闡述了自己不滿於所見國史,而「欲筆削國史,成不刊之書」,並云:「退之所謂『誅奸諛於既死,發潛德

之幽光』，是翦心也。」范仲淹在〈述夢詩序〉中也提及韓愈有著史的宏願：「韓退之欲作唐之一經，誅奸諛於既死，發潛德之幽光，豈有意於諸君子乎？」

當年鋒芒畢露的韓愈，時過境遷，經歷了官場的險風惡浪之後，變得意志消沉，不求有功，但求無過。於是，柳宗元於同月二十一日寫了〈與韓愈論史官書〉：

元和九年正月二十一日，柳宗元多有冒犯，向韓退之告罪了。

早就聽說您寫有〈與劉秀才〉書，說到撰史之事。今天終於看到書稿，心中實在不高興，信中的觀點怎麼與您往日的志向完全背道而馳？

如果像您信中所說，那麼退之一天也不應該在史館待下去。您是根據什麼而判斷出宰相的用意，認為他是隨便用史官的頭銜，為韓退之增添一份榮耀呢？如果真是如此，退之又怎麼能白白地領受宰相給你的榮耀，「冒居館下、近密地、食奉養、役使掌固、利紙筆為私書，取以供子弟費」，在史館裡掛一個空名、接近中樞機要、享受俸祿供養、使喚掌握文史資料的官員、利用公家的紙筆為私人寫文章，用所得的收入來供給子弟們作費用呢？古代有志於為政治理想奮鬥的人，不應該像這樣。

您又認為記錄史事的人「不有人禍，則有天刑」，會遭到懲罰，所以想躲避凶險，不願擔任史官職務，又更不對了。「史以名為褒貶，猶且恐懼不敢為」；史官僅僅只是用善惡褒貶來記史論人，尚且恐懼不敢做，「設使退之為御史中丞大夫，其褒貶成敗人愈益顯，其宜恐懼尤大也，則又揚揚入臺府，美食安坐」，假使讓退之做御史中丞、御史大夫，需要當庭當面或讚揚或貶斥人，那樣不是風險更大、恐懼猶甚嗎？您又如何心安理得高居臺府，吃得香坐得穩，「行呼唱於朝廷而已耶？」假設再進而重任您為宰相，需要對百官生殺予奪，提升罷黜，其樹敵將會更眾，您

075

第十四章　柳宗元與韓愈之間的恩怨情仇

又將如何應對？在其位而不謀其政，食其祿而不敬其業，這樣怎麼對得起朝廷賦予您的高官厚祿呢？

您把歷史上修史者所遇到的刑禍都歸納為是職業風險，顯然這是牽強附會：孔子之所以被困於魯、衛、陳、宋、蔡、齊、楚，是因為「其時暗，諸侯不能行」，「其不遇而死」，不是因為作《春秋》的緣故；「若周公、史佚，雖紀言書事，猶遇且顯也」。比如周公姬旦，周史官史佚，雖然著史言事，仍然得到重用且名聲顯赫。「范曄悖亂，雖不為史，其宗族亦赤」；范曄倒是不因為著史，刪眾家《後漢書》為一家之作，然而宋文帝元嘉二十二年謀反，被誅滅九族。司馬遷「觸天子喜怒」，是因為為降將李陵辯護，而受宮刑後才著《史記》；著《漢書》的班固不能約束自己手下的人，才遭致漢和帝永元初，「洛陽令種兢以事捕固」，死於獄中，也非因為著史。「崔浩沽其直以鬥暴虐」；崔浩賣弄他的正直而與凶殘的鮮卑貴族相鬥，結果全家被殺；左丘明「以疾盲」，是出於偶然的不幸。「子夏不為史亦盲」，《禮記》記載：子夏因哭其子而哭瞎了雙眼。不能以這些例子作為鑑戒。其他史官遇禍的情形，也都不是您所說的因果邏輯。「是退之宜守中道，不忘其直，無以他事自恐。退之之恐，唯在不直、不得中道，刑禍非所恐也」；因此退之應該遵守大中之道，不要忘了堅持正確的原則，不要用其他的事自己恐嚇自己。退之應該害怕的只是在於不能堅持正確的原則、沒有遵守大中之道，天刑、人禍不是你應該害怕的東西。

「凡言二百年文武士多有誠如此者」；您說兩百年來文臣武將多如過江之鯽，「我一人也，何能明？」豈是我一張嘴可以說清？「則同職者又所云若是，後來繼今者又所云若是，人人皆曰我一人，則卒誰能紀傳之耶？」假使您的同事又像您這樣說，以後繼任史官的人也像您這樣說，人人都說我單槍匹馬、勢單力薄、孤掌難鳴、獨木難撐，那最後誰能作

紀作傳、編出史書留存後世呢？

「如退之但以所聞知，孜孜不敢怠，同職者、後來繼今者，亦各以所聞知孜孜不敢怠，則庶幾不墜，使卒有明也」；如果退之把自己所知道的真相無所保留地寫出來，你的同事、後來繼任史官的人，也把各人所經歷的史實不加虛飾地寫出來，每個人從我做起，那麼歷史的真相也許就不會失傳，終究能把它寫清楚。要不然，「徒信人口語，每每異辭，日以滋久，則所云『磊磊軒天地』者決必沉沒，且亂雜無可考，非有志者所忍恣也」；任人信口雌黃，以謬傳謬，謊言說一千遍也以假亂真，那您所說頂天立地的傑出人物的事蹟一定會沉沒無聞，而且雜亂無章，叫人無從考查，這不是有抱負的人所能容忍和放任不管的。「果有志，豈當待人督責迫蹙，然後為官守耶？」果真有抱負的話，哪會要等到別人督促催逼以後，才去履行史官的職責呢？

再說，「凡鬼神事，渺茫荒惑無可準，明者所不道，退之之智而猶懼於此？」凡是鬼神一類的事情，本來就是虛無渺茫、荒誕不經，沒有什麼定準，明白道理的人是不談這些的，像退之這樣聰明的人難道還怕這些東西？「今學如退之，辭如退之，好議論如退之，慷慨自謂正直行行焉如退之，猶所云若是，則唐之史述其卒無可託乎？」如今像退之這樣有學問、像退之這樣會寫文章、像退之這樣善於發表議論、像退之這樣自己認為剛強激昂，還說出這樣的話，那編寫大唐史書的事，不就終於沒有人可以託付了嗎？

「明天子、賢宰相得史才如此，而又不果，甚可痛哉」；英明的天子和賢明的宰相得到了像您這樣會修史書的人才，卻又不能達到編出史書的目的，真是太可惜了啊！「退之宜更思，可為速為，果卒以為恐懼不敢，則一日可引去，又何以云「行且謀」也？」退之應該再好好想一想，可以做的事就馬上去做；如果終究感到恐懼不敢做，那就不應該占著茅

第十四章　柳宗元與韓愈之間的恩怨情仇

坑不拉屎,早日做出辭職離去的決定,又何必還說要走一步看一步呢?

「今人當為而不為,又誘館中他人及後生者,此大惑已。不勉己而欲勉人,難矣哉!」如今應當做的事情自己不去做,卻又推託於史館中其他人和年輕人去做,這真是太糊塗了。不激勵自己卻想激勵別人,那實在太難實現了!

柳宗元在〈與韓愈論史官書〉中,慷慨激昂地表示:「凡居其位,思直其道。道苟直,雖死不可回也;如回之,莫若亟去其位。」在其位就要謀其政,就要堅持原則,秉筆直書。「在齊太史簡,在晉董狐筆」,做史官就要勇於講真話,雖九死而不悔。如果做不到這樣,不如辭職回鄉種地去。

柳宗元在〈憂箴〉中還說了這樣一句話:「所憂在道,不在乎禍」。這就具有了「明知征途有艱險,越是艱險越向前」的勇氣和膽略。

柳宗元與韓愈一樣,早年都頗有書撰青史的凌雲壯志。柳宗元在韓愈任史館修撰後,曾寫過〈與史官韓愈致段秀實太尉逸事書〉,文中說道:「太史遷死,退之復以史道在職,宜不苟過日時。昔與退之期為史,志甚壯。今孤囚廢錮,連遭瘴癘羸頓,朝夕就死,無能為也。第不能竟其業。」

柳宗元對於韓愈任史官是抱有期望,他曾向韓愈提供自己撰寫的〈段太尉逸事狀〉,作為他修史的參考。並告訴韓愈,段太尉以笏擊賊,並非「為偶一奮,遂名無窮」,而是他長期砥礪節操,堅守正義的結果。「太尉自有難在軍中,其處心未嘗虖側,其蒞事無一不可紀」。(柳宗元撰寫〈段太尉逸事狀〉時的心思,在第二章中有詳述,此處不再贅筆。)

讀了韓愈的〈答劉秀才論史書〉,追撫昔日相期為史之壯志,再看眼前韓愈之現狀,柳宗元感到深深地失望,所以極為沉痛地寫下〈與韓愈

論史官書〉。在勸解朋友的同時也是坦言自己的志向。

對比韓愈的〈答劉秀才論史書〉和柳宗元的〈與韓愈論史官書〉，從兩人不同的史學觀中，鮮明地看出兩人性格的差異：

韓愈雖然也曾有過「初生之犢不畏虎」、「少年壯志不言愁」，也曾寫出〈御史臺上論天旱人飢狀〉、〈諫迎佛骨表〉等，勇於挑戰權貴甚至皇上的諍諫文章，但在歲月流水的磨礪下，終究變成了無稜無角的鵝卵石，更多了一些世故，更多了一些圓滑、變得更為畏葸不前、首鼠兩端。

韓愈的見風使舵表現在諸多方面，如前文所述，韓愈既寫出〈御史臺上論天旱人飢狀〉針砭時弊，又寫過〈上李尚書書〉討好權貴；〈諫迎佛骨表〉惹得龍顏大怒後，馬上又上表謝罪，折節求生。一面反對佛法，一面又贊和尚「外行骸以理自勝，不為事物侵亂」，晚年更因崇道教、餌藥石而喪命。韓愈的為文也反映出他的兩面性，既有鋒芒畢露的佳作，也有順時應景的濫觴。甚至撰文時也會歪曲史實、信口雌黃。如韓愈為鄭權出使嶺南作序，稱讚他是「家屬百口，無數畝之宅；僦屋而居，可謂貴而能貧，為仁者不富之效」。但唐史上多有記載鄭權貪財納賄的劣跡，顯然與韓愈的諛文大相逕庭。這種例子在韓愈文中並不乏見。

由於韓愈的文名日盛，不少有錢人來找他為先人寫墓誌和碑文。在《全唐文》中，韓愈留下眾多此類文章。韓愈寫墓誌和碑文的收費很高，根據韓愈自己的帳本，有一次寫一篇墓誌收費是「絹五百匹」，這是什麼概念呢？比價換算，韓愈一個月的俸祿只有 25 貫，而這次收費相當於 400 貫錢，也就是相當於一年半的薪水。正因為是收費專案，吃了人的嘴軟，拿了人的筆短，怎麼寫就完全得聽從業主的要求了，歌功頌德、樹碑立傳也就在所難免。明人董其昌曾有評價：「昌黎如何人物，書中可見，而有時乎為利害所惑。」

第十四章　柳宗元與韓愈之間的恩怨情仇

柳宗元則與韓愈形成了鮮明對比。他在仕途上應該說比韓愈更悲慘，永貞革新失敗後，兩次被貶，長達十四年之久，直致最終老死在蠻荒之貶所。然而柳宗元卻是「歷經磨難痴心不改」，始終恪守「中道」原則，堅持為官必須盡心盡職。雖然為改變自己的處境，也曾寫過一些違心之文，但始終有著一條不踰越的底線。柳宗元的文章敢於堅持正視現實，揭露藩鎮割據，宦官專權，吏治腐敗，賦稅苛重。有著「不見黃河心不死」的風骨。

文如其人，從韓愈的〈答劉秀才論史書〉和柳宗元的〈與韓愈論史官書〉文中，無疑也是其各自性格的顯露。性格決定命運，此後兩人所展現的不同人生道路，便順理成章、不言而喻了。

文人間的交往，寫下許多文壇的趣聞逸事。柳宗元與韓愈之間有著許多詩文書信的唱和往來，構成了千古流傳的文壇佳話。

元和五年十月，妻弟楊誨之為柳宗元帶來了韓愈的〈毛穎傳〉。毛穎就是毛筆，韓愈把毛筆擬人化，以寓言的形式為毛筆作傳，詼諧幽默而又淋漓盡致地抒發了內心的積鬱，同時暗含著對封建統治者箝制輿論、文人「罪在筆頭」的隱寓。以此對「因言廢人」或「因人廢言」的現狀，做出辛辣尖刻的嘲諷和鞭辟入裡的譴責。這本是一篇構思奇特、語言精警、思想深刻的好文章，但據史載，當時許多衛道人士對文章提出責難，指責該文「俳諧」，也就是今天說的「不嚴肅」。認為它玩遊戲文字，把經邦救世的文章戲謔化了。柳宗元早就聽說了對此文的種種微言非議，但一直沒有見到原文，現在算是得睹「毛穎真容」。

《全唐文》卷五百六十七載有〈毛穎傳〉全文：

毛穎是中山人，他的先祖明視，曾經輔佐禹管理東方地界的事情。為養育萬物立下了汗馬功勞，所以被封在卯地，死後成為十二生肖神其

中的一個。明視曾經說過：「我的子孫都是神明的後代，不能跟普通人一樣，應該像兔子一樣從口中生出來。」後來他的子孫果真是這樣。明視的八世孫䴎，人們傳說他在殷朝的時候，在中山居住，學會了神仙的法術，能夠躲藏在光線之中驅鬼使物，後來偷了嫦娥，騎著癩蛤蟆跑到月亮上，所以他的子孫都隱居起來不去朝廷做官。有個居住在中山東城外的子孫叫做䨲，善於奔跑，非常狡猾，他和韓盧較量高低，韓盧比不上他，韓盧對此很惱火，和宋鵲密謀殺害了他，還把他的一家老小都剁成了肉醬。

秦始皇的時候，蒙恬將軍帶兵去攻打南方的楚國，大軍駐紮在了中山，蒙恬想要搞一次大規模的圍獵，來震懾楚國。蒙恬叫來左庶長、右庶長和軍尉，用《連山》來占卜這件事的吉凶，封象顯示了天運、人事的吉利兆頭。占卜者祝賀蒙恬說：「這次田獵所要獲得的，不是長角利齒的野獸，而是身著粗布短衣的人，這些人嘴上有缺口，鬍鬚很長，長有八竅，盤腿坐在自己的腳背上。您只需要選取他們之中優秀的人，依靠他們來書寫竹簡，可能就會統一天下的文字，秦國應該就能兼併諸侯國了吧！」蒙恬聽後去田獵，抓住了毛氏家族，並從他們之中選出了最優秀的人，用車子把毛穎拉了回來，並且在章臺宮將俘虜獻給了秦始皇，令他們的族人都聚集在一起居住，管制住他們。秦始皇令蒙恬賜給毛穎一些土地，將他封在管城，人稱管城子。毛穎漸漸受到了秦始皇的親近和寵愛，並擔負起重要的工作。

毛穎博聞強記，做事聰明快捷，他把從早期的結繩記事開始，一直到現在秦朝的歷史，全部都記載下來。陰陽、占卜、看相、醫方、族氏、山經、地誌、字書、圖畫、九流、百家、天下等方面的書籍，以及佛家、老子、外國等方面的學說，他也都知道得非常詳細。對於當時的

第十四章　柳宗元與韓愈之間的恩怨情仇

各種事務他也很熟悉，政府公文以及市面上記載錢財、貨物數額的帳本，都能按照皇上的意思寫好。

如此一來，上至秦始皇、太子扶蘇、胡亥、丞相李斯、中車府令趙高，下至普通的老百姓，沒有不欣賞重視他的。他還十分善於做人，不管對方為人正直還是邪惡，做事聰明還是笨拙，他都聽任這些人的安排，即使最後被他們拋棄，也什麼都不說，始終守口如瓶。他唯一不喜歡的就是軍人，但這些人請他的時候也經常去。因此他的官位一步一步高昇，坐到了中書令的位置，和皇帝的關係也越來越好，皇帝曾經親切地稱他為「中書君」。

皇帝每天親自管理政事，批閱的公文達到一百二十斤竹簡，即便是宮人也不能站在他的身邊侍奉，只有毛穎與拿燭火照明的人能夠經常陪著他，直到皇上休息的時候才離開。毛穎與絳州人陳玄、弘農的陶泓以及會稽的褚先生關係非常好，互相誇讚推薦，他們不管是在家還是出門都在一起。皇帝召見毛穎的時候，其他三個人不等到皇帝下詔就一起去，皇帝也從來沒有因此而怪罪他們。

後來有一次毛穎覲見的時候，皇帝想要派給他任務，拂了他一下，他就取下帽子向皇帝請罪。皇帝看到他的頭髮都掉了，又看到他書畫的東西已經不能稱自己的心意，就笑嘻嘻地對他說：「中書君，你現在又老又禿，我已經很難再重用你了，以前我叫你『中書』，你現在難道不擅長書寫了嗎？」毛穎答道：「我是一個對皇上盡心盡意的臣子。」從此皇帝再也不召見他了。毛穎後來回到了自己的封地，最終死在了管城。他的後代子孫很多，散居在各地，都說自己是管城人，而只有居住在中山的子孫，能夠繼承先祖的事業。

太史公說：「毛氏的兩族人，其中姬姓的一族，是文王兒子封在毛地

的,即封在魯、衛、毛、聃四地中的一個。所以戰國時有毛公、毛遂這兩個人。只有在中山居住的那一族,查不到他們先祖的出處,子孫人數也最多。《春秋》寫的歷史,到了孔子絕筆的時候就沒有了,但這並不是毛氏族人的過失。等到蒙恬挑選除了居住在中山毛氏的佼佼者,而秦始皇給毛穎的封地,讓他的族人住在管城,中山毛氏才在這個世上有了名聲。但是姬姓的毛氏還是沒有多少人知道。毛穎一開始見到皇帝的時候是俘虜的身分,最後終於被信任並且作了高官。在秦國吞併各諸侯國的時候,他也參與其中,有很大的功勞,但秦始皇對他的賞賜不能夠匹配他做出的成績。最後反而因為自己年齡大了,就被皇帝疏遠,秦國真是少恩啊!」(譯文參閱《韓愈集》,萬卷出版公司,2008年12月版)

韓愈的〈毛穎傳〉是一篇匠心獨運、慧眼獨具的文章。寫得含蓄而撲朔迷離。時時處處讓人感到話中有話、弦外有音,言發於此而意歸於彼,言有盡而意無窮。韓愈〈毛穎傳〉的文筆隱喻尖刻,時時處處讓人感到在指桑罵槐、含沙射影,而又風過水面、了無痕跡,雲遮霧罩,讓人丈二金剛摸不著頭緒。但讀之,又能從對毛穎經歷和作派的描述中,感受到封建王朝文人士大夫的典型形象。

正是由於讀韓愈的文章「橫看成嶺側成峰,遠近高低各不同」,所以無論當代還是後世,見仁見智,有著多種解讀。

有人認為,韓愈的文章透過毛穎的遭遇,「中書君老而禿,不任吾用,吾嘗謂君中書,君今不中書耶?」因而感慨「秦之滅諸侯,穎與有功,常賞酬勞,以老見疏,秦真少恩哉」,是對於古往今來許多功臣老將面臨鳥盡弓藏、兔死狗烹的悲劇人生,抒發悲憤之情,對封建統治者的過河拆橋、薄義寡恩,作出辛辣的諷刺;有人認為,韓愈的文章透過寫毛穎的家世,講到「兔」被迫害的情形:「居東郭者曰䨲,狡而善走,與

第十四章　柳宗元與韓愈之間的恩怨情仇

韓盧爭能，盧不及，盧怒，與宋鵲謀而殺之，醢其家」，是對小人當道、讒害忠良的現實表示出極大的憤恨及譴責；還有人認為，韓愈的文章中，先考證兔子們的祖先，又考證它們的支系，並且與大禹、嫦娥等聖君和神仙牽強附會地扯在一起，是對漢魏以來的門閥制度、對喜好把古代名人牽入家譜的社會風氣作出諷刺嘲弄⋯⋯如此種種，不一而足。

然而，我總覺得這些議論評價，有些隔靴搔癢，沒有涉及要害，恐怕未必是韓愈本意。他為什麼選擇為「毛筆」作傳？為什麼在文中把「毛穎」描繪成「嘴上有缺口」（人們把搬弄是非的文人比作「三辦嘴」）；為什麼把棄而不用說成是「磨禿了筆頭」？恐怕還是對自己的身世和遭遇有感而發。託筆秦朝，實質還是喻指唐代。封建王朝中御用文人的命運，無論是受到寵信還是被冷落疏遠，無論是雷霆轟頂還是雨露潤身，都只不過是「附皮之毛」，最終都免不了落到「毛穎」之命運。

對於韓愈〈毛穎傳〉一文，後世歷來有兩種看法：一種認為是史傳體寓言，一種認為是傳奇體小說。清代顧炎武在《日知錄・古人不為人玄傳》中認為：「比於稗官之屬」。魯迅則把它歸之於「幻設為文」、「以寓言為本」。儘管看法各取角度，但魯迅與顧炎武兩人，在對文章構思奇巧，結撰新穎、行文汪洋恣肆方面，看法還是「英雄所見略同」。

〈毛穎傳〉一經問世，即遭到當時文人士大夫的非難與指責。在拘泥傳統行文八股舊習的文人士大夫看來，這種遊戲文字被視為「譏戲不近人情，此文章之甚紕繆者。」連與韓愈一向交往甚厚的朋友們，也對此文大不以為然。

曾經鼎力舉薦韓愈的恩相裴度在〈答李翱書〉中評價此文：「不以文立制，而以文為戲。」張籍則前後兩次與韓愈書信往來，敘及此文。在第一封〈上韓昌黎書〉中稱「比見執事多尚駁雜無實之說，使人陳之於前

以為歡,此有以累於令德。又商論之際,或不容人之短如任私尚勝者,亦有所累也。……且執事言論文章不謬於古人,今所為或有不出於世之守常者,竊未為得也。願執事絕博塞之好,棄無實之說,弘廣以接天下士,嗣孟軻楊雄之作,辨楊墨老釋之說,使聖人之道復見於唐,豈不尚哉!」

對此,韓愈在〈答張籍書〉中答辯道:「吾子又譏吾與人人為無實駁雜之說,此吾所以為戲耳;比之酒色,不有間乎?吾子譏之,似同浴而譏裸體也。若商論不能下氣,可似有之,當更思而悔之耳。博塞之譏,敢不承教」。張籍為此又寫下〈上韓昌黎第二書〉進一步重申:「君子發言舉足,不遠於理,未嘗聞以駁雜無實之說為戲也。執事每見其說,亦拊忭呼笑,是擾氣害性,不得其正矣。」為此,韓愈再寫〈重答張籍書〉,更是力辯其誣,且舉先賢聖哲為例,以為創作戲謔俳諧之文無損於儒道:「昔者夫子猶有所戲,《詩》不云乎:『善戲謔兮,不為虐兮。』《記》曰:『張而不弛,文武不能也』,惡害於道哉?吾子其未之思乎!」

在譏評四起之時,與韓愈持相同觀點者也大有人在。

唐代李肇《國史補》中說:「撰韓愈〈毛穎傳〉,其文尤高,不下史遷。」宋代宋祁在《宋景文公筆記》文中則認為:「韓退之〈送窮文〉、〈進學解〉、〈毛穎傳〉、〈原道〉等諸篇,皆古人意思未到,可以名家矣。」

看著對韓愈〈毛穎傳〉的殊異評價,不由得讓人想起《紅樓夢》中的一首詩:「滿紙荒唐言,一把辛酸淚。都言作者痴,誰解其中味。」

柳宗元在看到〈毛穎傳〉之前,儘管眾說紛紜,但他並未輕易置喙。後來經由楊誨之傳來〈毛穎傳〉,頓時引發了強烈共鳴,忍俊不禁失聲大笑,連稱「奇書,奇書」,頗為感慨地寫下〈讀韓愈所著毛穎傳後題〉:

從我被貶謫到永州之後,與中原地區人們的連繫基本上就中斷了。

第十四章　柳宗元與韓愈之間的恩怨情仇

有人從中原來到南方,曾偶然間談起韓愈寫的〈毛穎傳〉,「不能舉其辭,而獨大笑以為怪」;雖然不能列舉出文章的辭句,卻要大聲地恥笑,覺得很是奇怪。

我一直未曾讀到〈毛穎傳〉,直到楊誨之來到永州並帶來〈毛穎傳〉,我拿過來閱讀,「若捕龍蛇,搏虎豹,急與之角而力不敢暇」;就像是捉捕龍蛇,搏擊虎豹,一刻不停地和它比試,不敢有半點怠慢。韓愈的文章確實非同一般啊。

「世之模擬竄竊,取青媲白,肥皮厚肉,柔筋脆骨」;世間有人精於模仿、刪改、抄襲,追求工整的對仗,極盡華美的辭藻,柔軟的筋骨,認為只有這樣才是好文章,所以他們讀不懂〈毛穎傳〉,因而發出大聲恥笑,也就很容易理解了。

凡是世上恥笑〈毛穎傳〉的人,「不以其俳乎?」不都認為它是滑稽取笑的文章嗎?然而滑稽取笑類的文章並非為聖人所排斥。《詩經》中講到:「善於逗樂,不傷害人。」《史記》中的〈滑稽列傳〉,十分肯定滑稽取笑的社會功用。

「學者終日討說答問,呻吟習復,應對進退,掬溜播灑,則罷憊而廢亂」;學者們每天誦讀經典,互相討論問題,反覆地練習,文明地接待賓客,在各種應酬中運用禮節術語,本來就會覺得有些疲倦困頓,精神迷亂。

「故有『息焉遊焉』之說」;《禮記‧學記》有言,勤奮學習之餘還應該注意休息娛樂,勞逸結合。「不學操縵,不能安弦」;彈琴的時候,如果不先把調弦學會,就不能夠依弦彈曲。

「有所拘者,有所縱也。」有了限制的東西,就要同時有所放縱。

「大羹玄酒,體節之薦,味之至者」《禮記》言:「大羹不和。」大羹,

肉汁也，不加鹽梅。玄酒在室。玄酒即明水，蓋陰鑑所取之水也。《左傳》言：「享年體薦，宴有折俎。」在祭祀的時候，用不加調料的肉湯和清水，全牲和牲畜肢體的某一部分，製成進獻的物品，它的味道是最好的。

「設以奇異小蟲、水草、樝梨、橘柚，苦鹹酸辛，雖蜇吻裂鼻，縮舌澀齒，而咸有篤好之者。」擺出奇異的小蟲、水草、梨、桔、柚，酸甜苦辣，各種味道混在一起，儘管感到嘴唇很刺激，味道撲鼻，真正喜歡的人還是有的。

「文王之昌蒲菹，屈到之芝，曾晳之羊棗，然後盡天下之味以足於口。」《呂氏春秋》中記載：「文王嗜昌蒲菹，孔子聞而效之，縮頸而食之。三年，然後勝之。」周文王十分愛吃用昌蒲醃製的菜，孔子效仿文王，捏著鼻子去吃，吃久了也就習慣了。《國語》記載，楚國的屈到嗜好吃菱角，在他病危的時候，吩咐他的宗族們說：「我死後，祭祀時一定要用菱角。」《孟子》記載：孔子的弟子曾晳嗜好吃羊棗，而另一弟子曾子則不喜歡吃羊棗。每個人有不同的口味，正是因為這樣，才要用天下的各種奇怪味道來滿足不同人們的需求。寫作文章讓人欣賞難道不也是這樣嗎？韓愈所寫的這篇文章，應該會帶給讀者快樂而毫無惡意吧？也應該是悠然自在而略顯放縱的吧？也應該是極盡各種味道來滿足不同人們的需求的吧？

「不若是，則韓子之辭，若壅大川焉，其必決而放諸陸，不可以不陳也」；假使上面的道理說不通的話，那麼韓愈所寫的文章，就像是將河流堵塞一樣，結果一定會崩潰河堤，水位暴漲，淹沒陸地，這些是不能不說的。

何況古往今來所有論說六經和諸子百家者，能將大小各異的問題鑽

第十四章　柳宗元與韓愈之間的恩怨情仇

研透澈，沒有疏漏的，功勞都要歸於毛穎，韓愈把古人的文章讀得很窮盡了，喜歡撰寫文章，褒揚毛穎是能夠充分地將自己的意見表達出來，因此一副振作的樣子來為毛穎寫傳，以此來抒發心中鬱結已久的不平，之後的學者讀過這篇文章受到激勵，難道不是對社會有好處嗎？

如此說來，這些想法本來是要向不同於世俗的人傾訴，但那些默守陳規、維護正統的人，還在不停地發表自己的看法，這太令人傷腦筋了！（譯文參閱《柳宗元集》，萬卷出版公司，2008年12月版）

柳宗元以閱讀韓愈〈毛穎傳〉為緣由，借題發揮，引經據典《詩》、《史記》、《禮記》等，說明古代聖哲也不排斥諧謔諷刺。文人士大夫著書立說，自然應該尋求特立獨行、有獨到見解；讀者欣賞的趣味不同，川人喜辣，越人好甜，粵人愛腥，蘿蔔青菜各有所愛。見仁見智、橫看成嶺側成峰，有什麼好大驚小怪，「猶呫呫然動其喙」呢？所以著書立說，必須百花齊放百家爭鳴；《國語》有言：「防民之口，甚於防川；川壅而潰，傷人必多。」不讓人說話是不行的，如築壩阻水，蓄之既久，其發必速。

「身無綵鳳雙飛翼，心有靈犀一點通」。雖然柳宗元與韓愈身隔千萬里之遙，兩人沒有當面交流的機會，然而共同的生存境遇，相似的人生經歷，使得柳宗元產生強烈的共鳴，成為韓愈的知音。柳宗元力排眾議，對韓愈的「奇文」給予了聲援支持。柳宗元透過對韓愈〈毛穎傳〉一文的評價，說出了自己對著書立說的見解和觀點。也展示了兩人在文學觀點上的聲氣相投。

這是兩個文章大家的「拈花會心一笑」。

柳宗元、韓愈生活的時代，有一種怪現象：就是人們以相師為恥，有誰要拜某人為師的話，就會受到人們的嘲笑和攻擊。在這種潮流甚囂塵上之際，韓愈逆潮流而動，寫下了那篇廣為後世流傳的名作〈師說〉：

古之學者必有師。師者，所以傳道、授業、解惑也。人非生而知之者，孰能無惑？惑而不從師，其為惑也，終不解矣。

　　古時求學之人一定有老師。所謂老師，就是傳授道理、教授學業和解答疑難問題的人。人不是生下來就有知識的，誰沒有困惑呢？有困惑卻不向老師請教，那些困惑便終究不能解決。

　　生乎吾前，其聞道也，固先乎吾，吾從而師之；生乎吾後，其聞道也，亦先乎吾，吾從而師之。吾師道也，夫庸知其年之先後生於吾乎！是故無貴無賤、無長無少，道之所存，師之所存也。

　　在我之前出生的，他懂得道理本來就比我早，我向他學習；在我之後出生的，如果他懂得道理也比我早，我也向他學習。我學習的是道理，哪管他是在我之前還是之後出生呢？因此，不論地位高低，不論年齡大小，誰懂得道理，誰就是老師。

　　嗟乎！師道之不傳也久矣，欲人之無惑也難矣。古之聖人，其出人也遠矣，猶且從師而問焉；今之眾人，其下聖人也亦遠矣，而恥學於師。是故聖益聖，愚益愚，聖人之所以為聖，愚人之所以為愚，其皆出於此乎！

　　唉！從師求學的道德失傳已經很久了，要人們沒有疑惑是很難了！古時候的聖人，超出一般人很遠，尚且跟從老師請教，現在的一般人，比聖人差得很遠，卻恥於從師學習。因此，聖人就更加聖明，愚人就更加無知。聖人之所以成為聖人，愚人之所以成為愚人，大概就在於這個原因吧？

　　愛其子，擇師而教之，於其身也，則恥師焉，惑矣！彼童子之師，授之書而習其句讀者，非吾所謂傳其道，解其惑者也。句讀之不知，惑之不解，或師焉，或不焉，小學而大遺，吾未見其明也。

第十四章　柳宗元與韓愈之間的恩怨情仇

　　一個人愛自己的孩子，就選擇老師來教他們；而自己呢，卻不好意思去從師學習，這真是太糊塗了。那些兒童們的老師，教他們讀書斷句，並非我所說的那種傳授道理，解答疑惑的老師。讀書不會斷句就要從師而學，有疑惑卻不向老師討教，小事學習，大事反而忽略，我不知道這算不算明白道理？

　　巫醫樂師百工之人，不恥相師。士大夫之族，曰師、曰弟子云者，則群聚而笑之。問之，則曰：「彼與彼年相若也，道相似也。」位卑則足羞，官盛則近諛。嗚呼！師道之不復可知矣。巫醫樂師百工之人，君子不齒，今其智乃反不能及，其可怪也歟！

　　巫師、樂師、各種手工業者，不以相互從師學習為恥，而士大夫們，一提到叫「老師」，叫「學生」等稱呼，就許多人聚集在一起取笑。問他們為什麼這樣，他們就說：「他和他年紀差不多，學識修養也差不多。」稱地位低的人為師，是一種恥辱，稱官位高的人為師，就近於奉承。唉！從師學習的風氣不能恢復，由此可知了。巫師、樂師和各種手工業者，是君子們所不屑相與為伍的，現在這些君子的見識反而不及那些人，真是很奇怪的事情。

　　聖人無常師：孔子師郯子，萇弘、師襄、老聃。郯子之徒，其賢不及孔子。孔子曰：「三人行，則必有我師。」是故弟子不必不如師，師不必賢於弟子，聞道有先後，術業有專攻，如是而已。

　　聖人沒有固定的老師。孔子曾向郯子，萇弘、師襄、老聃學習。郯子這些人，他們的品德比不上孔子。孔子說：「三個人一起走，那裡面一定有可以當我老師的人。」所以學生不一定不如老師，老師不一定比學生強。懂得道理有先有後，專業不同，各有所長而已。

　　李氏子蟠，年十七，好古文，六藝經傳皆通習之，不拘於時，學於餘。餘嘉其能行古道，作〈師說〉以貽之。

青年李蟠，十七歲愛好古文，六經的經文和傳注都全面學習過，他不受時俗的拘束，來向我求學。我讚許他能實行古人之道，作了這篇〈師說〉送給他。（譯文參閱《韓愈集》，萬卷出版公司，2008年12月版）

柳宗元表達了與韓愈不同的關於師教的見解。

柳宗元認為天下萬物的生長，都有自身的發展規律，「順木之天，以致其性。」必須順應自然規律，既不能放任自流，也不可拔苗助長。否則不僅事倍功半徒勞無益，還會造成損害。柳宗元認為，育人和種樹的道理是一樣的，育人同樣要順應人的發展規律，而不能憑著主觀願望和情感恣意干預和灌輸。因材施教，因人而異。這種「因材施教」，是「因」不同個性和興趣愛好之「材」，透過「施教」讓他顯露專長和發揮潛能。而不是用不同的教學方法，把七枝八岔的「材」，砍削劃一為教學規範，將「因材施教」變成削足適履。柳宗元的施教觀有著「量體裁衣」的含意，更強調培養學生的獨立意識和獨到見解。

柳宗元讚賞韓愈的〈師說〉之論，也欽佩韓愈不顧流俗、勇於為師的精神，對當時社會上文人士大夫「恥於相師」的風氣感到痛心。但他在師道觀上又有自己的見解和實施方式。他曾寫〈師友箴（並序）〉一文，闡述了自己的師道觀：

今之世，為人師者眾笑之，舉世不師，故道益離；為人友者，不以道而以利，舉世無友，故道益棄。嗚呼！生於是病矣，歌以為箴。既以儆己，又以誡人。

在當今的社會上，當老師的人常常被人譏笑，整個社會上都不求師，所以離開正道越來越遠；與別人交朋友，不是因為志同道合，完全是利益關係，以致整個社會上沒有真正的朋友，所以正道也就被人拋棄了。唉，我對這種現狀實在是痛心疾首，於是就寫下這篇文章作為箴言，既用來警戒自己，又用來規勸別人。

第十四章　柳宗元與韓愈之間的恩怨情仇

不師如之何，吾何以成！不友如之何，吾何以增！吾欲從師，可從者誰？借有可從，舉世笑之。吾欲取友，誰可取者？借有可取，中道或舍。仲尼不生，牙也久死，二人可作，懼吾不似。

沒有老師怎麼行？我怎麼能有所成就！沒有真正的朋友怎麼行？我怎麼會有所進步！我想跟從老師學習正道，然而又不知究竟跟從誰好？如果確實有可以跟從的，卻又會被所有世人譏笑。《孟子》曰：「尹公之他，端人也，其取友必端矣。」我很想交朋友，但是真正可交的又是誰？如果有個人可以交往，又怕在半道中被捨棄。仲尼不會再生，鮑叔牙也早已死亡，即使二人在世，恐怕我的道也與他們的不能完全相同。

中焉可師，恥焉可友，謹是二物，用惕爾後。道苟在焉，傭丐為偶；道之反是，公侯以走。內考諸古，外考諸物，師乎友乎，敬爾毋忽！

言行合乎中庸之道的可以作為老師，恥於唯利是圖的可以交朋友，謹慎地用這兩條作為標準，時時提醒你未來的求師交友。如果能堅持中道的，即使是傭人乞丐也能夠作為良師高朋；如果背棄中道的，就是公侯卿相也應該遠離他們。內要考察歷史事件，外要考察社會現實，對於從師交友，一定不要疏忽大意！

永州時期，柳宗元雖然是被貶謫的流囚，但其文名卻更大了。衡、湘以南的進士者，往往以柳宗元為師。專程前來求教的不少，通訊求教的更多。

元和八年，永州刺史韋彪之孫韋中立，拿著韓愈的引薦信，特地從京城來到永州，欲拜柳宗元為師。柳宗元看了韋中立的文章，覺得寫得不錯，於是寫下〈答韋中立論師道書〉：

二十一日，柳宗元陳述如下：承蒙來信說要拜我為師，我的道德修養不深，學業也很淺薄，從各方面衡量自己，看不到可以為師的地方。

雖然我經常喜歡發表議論，寫文章，但並不敢帚自珍、自以為是。想不到你從京師長安來到這偏遠的永州，我榮幸地被你認為尚有可取之處。我自忖確實沒有什麼過人之處，也不敢當別人的老師。我當一般人的老師尚且不敢，難道還敢成為你的老師嗎？

「孟子稱『人之患在好為人師』。」孟子說：「人的毛病就在於喜歡當別人的老師。」從魏晉以後，人們愈加不敬重老師。「今之世，不聞有師，有輒譁笑之，以為狂人。」當今之世，沒聽說還有什麼老師。如果有一個老師，大家就七嘴八舌譏笑他，把他說成是狂妄之人。

「獨韓愈奮不顧流俗，犯笑侮，收召後學，作〈師說〉，因抗顏而為師。」只有韓愈奮勇敢為，不顧社會世俗的壞風氣，敢冒別人的譏笑輕侮，招收後生學子為徒，還寫了一篇〈師說〉，從而態度嚴正地當起老師來了。

「世果群怪聚罵，指目牽引，而增與為言辭。愈以是得狂名，居長安，炊不暇熟，又挈挈而東，如是者數矣」；社會上果真群起責怪謾罵，他們指眉弄眼、拉扯示意，在韓愈身上增添誹謗的言辭。韓愈因此得了狂人的名稱，居住在京城長安，連飯都來不及煮熟，又匆匆忙忙被貶謫東去，這樣的情況不止一次。

「屈子賦曰：『邑犬群吠，吠所怪也。』僕往聞庸蜀之南，恆雨少日，日出則犬吠，余以為過言。」屈原在〈九章‧懷沙〉賦中說：「縣城裡的狗成群結隊，沒有見識，看到不常見的就狂吠不止。」我以往聽說庸國、蜀國之南，經常下雨，很少見到太陽，有朝一日太陽出來，狗就對日狂吠，我認為這是誇大其詞。

六、七年前，我來到南方的永州，「二年冬，幸大雪，逾嶺被南越中數州，數州之犬，皆蒼黃吠噬狂走者累日，至無雪乃已，然後始信前所

第十四章　柳宗元與韓愈之間的恩怨情仇

聞者。」第二年冬天恰逢下大雪,越過五嶺,覆蓋南越(今兩廣)的幾個州,這幾個州的狗都驚慌失措、又叫又咬,到處狂奔,一連好幾天,直到雪化盡了才停止。從此以後,我才相信以前聽到的蜀犬吠日的傳聞。

「今韓愈既自以為蜀之日,而吾子又欲使吾為越之雪,不以病乎?」現在韓愈既然已經使自己成為蜀地之日,你又想讓我成為南越之雪,不是太令人為難了嗎?

「非獨見病,亦以病吾子。然雪與日豈有過哉?顧吠者犬耳。度今天下不吠者幾人,而誰敢衒怪於群目,以召鬧取怒乎?」這不僅是使我為難,也會因此讓你難堪。然而雪與日難道有什麼錯誤嗎?只是狗狂吠不止啊!推測如今世上見怪不吠的能有幾人,那麼又有誰敢以不同凡響的行動招引群人的側目而視,招來大家取鬧,惹來別人惱怒?

我自從因罪遭貶謫以來,更加志短,沒有什麼長遠打算,在南方居住了九年,增添了腳氣病,漸漸不喜歡熱鬧,「豈可使咻咻者,早暮啡吾耳,騷吾心?」哪裡經受得了喧鬧的聲音,早晚在耳邊聒噪,騷擾我的思想?這樣一來,本來困頓煩惱的日子就更加無法過下去了。平時在這裡,經常發生意外,遭到別人非難的事不少,就欠好為人師一條了。

「抑又聞之,古者重冠禮,將以責成人之道,是聖人所尤用心者也」;我又聽說,古代很看重成人加冠禮儀,表示即將用成年人的標準來要求他,這是聖人所特別認真思考的問題。近幾百年來,人們不再舉行成人儀式了。

「近有孫昌胤者,獨發憤行之」;近來有個叫孫昌胤的人,獨自發憤舉行成人禮儀。「既成禮,明日造朝,至外庭,薦笏言於卿士曰:『某子冠畢。』應之者咸憮然。京兆尹鄭叔則怫然曳笏卻立,曰:『何預我耶?』」儀式完畢後,第二天上朝去,到達等候朝見的地方時,孫昌胤把

笏板插在衣服上，對等待朝見的同僚們說：「我的兒子舉行完加冠儀式了。」跟他交談的人都茫然不知如何回答。京兆尹鄭叔則生氣地提著笏板退後一步站定了說：「這關我們什麼事啊？」在場的人都鬨然大笑。沒有人認為京兆尹鄭叔則的話有什麼不對，反而嘲笑孫昌胤多此一舉，這是為什麼？因為孫昌胤獨自做了別人不做的事。如今認為是老師的人跟這件事非常相似。

柳宗元在〈報袁君陳秀才避師名書〉一文中寫道：

「僕避師名久矣。往在京都，後學之士到僕門，日或數十人，僕不敢虛其來意，有長必出之，有不至必惎之。雖若是，當時無師弟子之說。其所不樂為者，非以師為非，弟子為罪也。有兩事，故不能：自視以為不足為，一也；世久無師弟子，決為之，且見非，且見罪，懼而不為，二也。」由此不難看出，柳宗元久避師名，並不是拒絕向人施教，他對於求教之人，總是傾其全力滿足要求，不吝賜教，予以指導。柳宗元對韋中立拜師的請求，也只是說明拒絕的理由，但仍表示願與韋中立來往，傳授自己的全部知識，不應求師虛名，而務其實。他認為尺有所短、寸有所長，應該學教相輔，取長補短。他啟發韋中立要學會獨立思考，對別人的見解應「敬自擇之，取某事去某事」，擇善從之，要提高自我的觀察判斷能力，避免跟著老師亦步亦趨，最終喪失了自我。學我者生，似我者死。

柳宗元在〈答韋中立論師道書〉中，毫無保留地詳盡向韋中立介紹了自己多年的寫作體會和經驗技巧：

「吾子行厚而辭深，凡所作皆恢恢然有古人形貌，雖僕敢為師，亦何所增加也？」你的品行純厚，文辭修養很深，所有的作品恢弘博大，有古人作品的形態面貌，即使我勇於當你的老師，對你又能有什麼益處呢？

第十四章　柳宗元與韓愈之間的恩怨情仇

如果因為我比你年長幾歲，聞道著書時間比你早一些，真的想來往交談學習寫作的心得體會，「則僕固願悉陳中所得者」；那麼我一定願意把我心中知道的東西全部告訴你。你可以任意自行選擇，決定取捨哪些就可以了。如果要由我越俎代庖、判定是非來教導你，我的才能不夠，而且又怕前面所說的難以為師的情況，所以我不敢為師的主意已下定。

「吾子前所欲見吾文，既悉以陳之，非以耀明於子，聊欲以觀子氣色誠好惡何如也。今書來，言者皆大過。吾子誠非佞譽誣諛之徒，直見愛甚故然耳。」你以前說想看我的文章，已經全部陳列在你的面前，這不是用來在你面前誇耀自己，只是姑且想藉由觀察你的表情態度，來鑑別我的文章好壞。如今你來信，讚譽得實在有些過分了。我知道你確實不是花言巧語、阿諛奉承的人，只是過分看重我的文章的緣故。

「始吾幼且少，為文章，以辭為工。及長，乃知文者以明道，是固不苟為炳炳烺烺，務采色、誇聲音而以為能也。」起初我年輕幼稚，寫文章認為辭藻講究才算技巧。及至長大以後，才明白文章是用來明道的，本來就不該一味追求辭采華麗、聲韻鏗鏘；不能著意於賣弄華麗的辭藻、誇耀聲韻的悠揚，把這認為是行文之道。凡是我所陳列在你面前的，都是我自認為接近聖人之道的作品，然而我也並不清楚這些究竟離聖人之道是近還是遠。

因此，我每次寫文章，「未嘗敢以輕心掉之，懼其剽而不留也；未嘗敢以怠心易之，懼其弛而不嚴也；未嘗敢以昏氣出之，懼其昧沒而雜也；未嘗敢以矜氣作之，懼其偃蹇而驕也。」從不敢掉以輕心，擔心太輕率不深刻；從不敢以懈怠的態度來進行寫作。擔心文章結構鬆散不嚴密；從來不敢糊里糊塗地寫出來，擔心主題不明、條理不清；從不敢以矜持的態度寫出來，擔心文章盛氣凌人，不深入淺出、通俗易懂。

我寫文章,「抑之欲其奧,揚之欲其明,疏之欲其通,廉之欲其節,激而發之欲其清,固而存之欲其重,此吾所以羽翼夫道也。」不任意揮灑,想要文章表現得深刻;盡情發揮,想要文章顯得明快;理順語氣,想要文章通暢;嚴格遣詞造句,想要文章精練有力;反復修改,剔除陳詞濫調,想要使文章清新不落俗套;凝聚文章的氣勢,想要使文章凝重不浮,這就是我們闡述聖人之道的寫作態度。

柳宗元還認為,為了闡發更多更深刻的道理,還應該學習「五經」的長處,汲取前人的經驗:

「本之《書》以求其質,本之《詩》以求其恆,本之《禮》以求其宜,本之《春秋》以求其斷,本之《易》以求其動,此吾所以取道之原也」;根據《尚書》設法做到文章質樸,根據《詩經》設法做到藝術感染力;根據《禮記》設法做到分寸適宜;根據《春秋》設法做到觀點明確;根據《易經》設法做到變化發展,這就是我學習聖人之道的泉源。

「參之穀梁氏以厲其氣,參之《孟》、《荀》以暢其支,參之《莊》、《老》以肆其端,參之《國語》以博其趣,參之〈離騷〉以致其幽,參之太史公以著其潔,此吾所以旁推交通而以為之文也」;參考《穀梁傳》使文章富有氣勢;參考《孟子》、《荀子》使文章博大豐富;參考《老子》、《莊子》使文章汪洋恣肆;參考《國語》使文章聊有情趣;參考〈離騷〉達到文章含意幽深;參考《史記》使文章表達得簡潔精準,這就是我廣泛推崇吸取並融會貫通、從而作為寫文章的準則。

柳宗元在〈答韋中立論師道書〉的結尾寫道:

「凡若此者,果是耶,非耶?有取乎,抑其無取乎?吾子幸觀焉,擇焉,有餘以告焉。苟亟來以廣是道,子不有得焉,則我得矣,又何以師云爾哉?取其實而去其名,無招越、蜀吠怪,而為外廷所笑,則幸矣!

第十四章　柳宗元與韓愈之間的恩怨情仇

宗元復白。」凡是像這樣做的，果真是對還是不對？可取還是不可取？希望你獨立作出抉擇，抽空把你的選擇告訴我。希望常來信推廣這些寫文章的方法和態度，這樣，你也許沒有什麼收穫，我卻很有收穫，還何必說什麼拜我為師呢？我們實際上互相交流寫文章之道，去掉拜師的虛名，不要招來越犬吠雪、蜀犬吠日的事，而被朝野的人所譏笑，那麼實在萬幸！宗元稟告。（譯文參閱《柳宗元集》，萬卷出版公司，2008年12月版）

柳宗元充分肯定教師的作用。他認為無師便無以明道，要「明道」必從師。

但是，對韓愈不顧世俗嘲罵而「抗顏為師」的作法，他表示自己沒有勇氣這樣做，但他又不是完全放棄為師，而是去為師之名，行為師之實。

柳宗元謝絕的是立下正式師生關係的名分，不敢受拜師之禮。但對來向他請教問道者，他無不盡其所知、給予解答，誠懇地指導後學者，確有為師之實。他提出「交以為師」的主張，即師生之間應和朋友之間一樣，相互交流、切磋、幫助，在學術研討上是平等的，而不是單純的教師與受教者的關係。柳宗元的「師友」說影響了傳統師道觀，可說是「良師益友」一說的最早倡導者。

柳宗元的〈答韋中立論師道書〉在社會上廣為流傳，許多想拜柳宗元為師者紛紛來信，「欲變僕不為師之志，屈己為弟子」。馮翊、嚴厚輿二人認為，柳宗元為避師之名大可不必，並以孔子、韓愈為例，想勸柳宗元改變自己的想法。開門講學，廣納弟子。柳宗元為此寫了〈答嚴厚輿秀才論為師道書〉、〈報袁君陳秀才避師名書〉、〈報崔黯秀才論為文書〉等著名論文。

柳宗元在〈答嚴厚輿秀才論為師道書〉一文中，對於建議他像孔子那樣廣收弟子門徒，對自己「學而不厭」，對別人「誨而不倦」，做了這樣的回答：

吾子所云仲尼之說，豈易耶？仲尼可學不可為也。學之至，斯則仲尼矣；未至而欲行仲尼之事，若宋襄公好霸而敗國，卒中矢而死（《左傳》僖二十二年，宋公及楚人戰於泓。宋師敗績，公傷股。二十三年五月卒，傷於泓故也）。仲尼豈易言耶？馬融、鄭玄者，二子獨章句師耳。今世固不少章句師，僕幸非其人，吾子欲之，其有樂而望吾子者矣。言道、講古、窮文辭以為師，則固吾屬事。僕才能勇敢不如韓退之，故又不為人師。人之所見有同異，吾子無以韓責我。若曰僕拒千百人，又非也。僕之所拒，拒為師弟子名，而不敢當其禮者也。若言道、講古、窮文辭，有來問我者，吾豈嘗瞋目閉口耶！

萬世師表之孔子豈是能夠仿效的？「未至而欲行仲尼之事」，怕只是「畫虎不成反類犬」。

柳宗元在〈報袁君陳秀才避師名書〉一文中，對自己的「拒為師弟子名」的觀點作了進一步闡述：

今以往可觀之，秀才貌甚堅，辭甚強，僕自始觀，固奇秀才，及見兩文，愈益奇。雖在京都，日數十人到門者，誰出秀才右耶？前已必秀才可為成人，僕之心固虛矣，又何鯤鵬互鄉於尺牘哉！（《論語》：互鄉難與言，童子見。）秋風益高，暑氣益衰，可偶居卒談。秀才時見諮，僕有諸內者，不敢愛惜。

大都文以行為本，在先誠其中。其外者當先讀六經，次《論語》、孟軻書皆經言；《左氏》、《國語》、莊周、屈原之辭，稍採取之；穀梁子、太史公甚峻潔，可以出入；餘書俟文成，異日討也。其歸在不出孔子，此其古人賢士所懃懃者。求孔子之道，不於異書。秀才志於道，慎勿怪、勿雜、勿務速顯。道苟成，則悎然爾，久則蔚然爾。源而流者，歲

第十四章　柳宗元與韓愈之間的恩怨情仇

旱不涸，蓄谷者不病凶年，蓄珠玉者不虞殍死矣。然則成而久者，其術可見。雖孔子在，為秀才計，未必過此。不具。宗元白。

從這些信中都可以看出，柳宗元只是拒師之名，對上門求教者，還是誨之不倦。柳宗元提掖後學，廣泛宣傳總結「古文」的寫作經驗，由於他的提倡，「古文」運動在南方得以迅速普及。

韓愈是一個自視極高的人，但在文學上對柳宗元推崇備至，這點從他寫推薦信讓韋中立拜柳宗元為師一例中也可看出。韓愈在柳宗元身後所撰〈柳子厚墓誌銘〉中說：「衡湘以南為進士者，皆以子厚為師。其經承口講指畫為文詞者，悉有法度可觀。」

柳宗元與韓愈之間的恩怨情仇，構成了中唐乃至中國文學史上，一鍋酸甜苦辣、五味俱呈的「麻辣燙」。

第十五章
失之東隅、收之桑榆

　　柳宗元貶謫永州後，好長一段時間沒有固定的居所，一直寄居在龍興寺。當時，柳宗元大概還抱著很快能夠逢赦復出的希望，只是把永州作為自己人生的驛站，並未做長期打算。在這段時日裡，柳宗元經歷了母喪女亡，一次次慘痛。南方當時的建築主要是竹木，容易發生火災。柳宗元禍不單行，在五年之間，竟然四次遇到火災。

　　柳宗元在〈與楊京兆憑書〉一文中，向岳父傾腸倒肚叨唸著這接踵而來的苦難：

　　「永州多火災，五年之間，四為天火所迫。徒跣走出，壞牆穴牖，僅免燔灼。書籍散亂毀裂，不知所往。」初到永州的五年時間，我的居所四次遭遇火災。我光著雙腳從火中逃走，毀牆破窗，才得以不被燒死。書籍散亂毀壞，不知去向。

　　「一遇火恐，累日茫洋，不能出言，又安能盡意於筆硯，矻矻自苦，以危傷敗之魂哉？」因此一遇火就害怕，整天心緒茫茫，連話都說不出來，又怎能安於書齋專心寫作？自討苦吃，勞苦不休，被摧殘的靈魂百孔千瘡！

　　柳宗元在〈逐畢方文（並序）〉一文中，對自己經歷的火災有一番具體的描繪：

　　永州元和七年夏，多火災。日夜數十發，少尚五六發，過三月乃止。八年夏，又如之。人咸無安處，老弱燔死，晨不爨，夜不燭，皆列

第十五章　失之東隅、收之桑榆

坐屋上，左右視，罷不得休（罷，音疲）。蓋類物為之者（物，鬼物也）。訛言相驚，云有怪鳥，莫實其狀。《山海經》云：章莪之山，有鳥如鶴，一足，赤文白喙，其名曰畢方，見則其邑有訛火（《山海經》：漢武帝時，有獻獨足鶴，東方朔奏曰：所謂畢方鳥也。《淮南子》：木生畢方。注：木之精也，狀如鳥，青色，赤腳一足，不食五穀）。若今火者，其可謂訛歟？而人有以鳥傳者，其畢方歟？遂邑中狀而圖之，禳而磔之（磔，裂也）。

對於柳宗元居所火災的起因，研究者一直有爭議。張緒伯在〈柳宗元詩文考釋與爭鳴〉（四則）一文中，有一節專門辨析了柳宗元文中的「天火」和「畢方」究竟所指是什麼：

諸多教授認為其中「天火」係「大火」之誤。在引用時，常將「天火」擅自更改為「大火」。例如林克屏、杜方智主編《柳宗元在永州》一書（中州古籍出版社1994年12月第一版）載龍震球先生文章〈柳宗元永州行跡考釋〉，在第305頁文中就將「天火」改為「大火」。再例如蔡自新主編《柳宗元國際學術研討會論文集（中國‧永州）》（珠海出版社2003年8月第1版）載杜方智教授與唐永蓮、王仁明合著文章〈從柳宗元著作看永州民俗文化〉第23頁文中也將「天火」改為「大火」。──這種擅自修改柳宗元文章原詞的作法，似不妥，值得商榷。

凡認真研讀過柳宗元文章〈與楊京兆憑書〉、〈逐畢方文〉的人都會清楚地知道，柳宗元貶居永州十年間，親身經歷和目睹永州長達七年間常常因「天火」、「畢方」的原因而引發火災，據〈逐畢方文〉序中所言，這些火災是一種「如鶴，一足，赤文白喙，其名曰畢方」的火鳥引起的「天火」，而非人為原因引發的「大火」。筆者早年寄居永州小西門畢方塔燒化香燭紙錢，口誦〈逐畢方文〉，求免「天火」之災。其後塔遭拆毀，只見塔下一大鐵鍋，罩住一個黑色的鴨蛋大小的隕石。用現代天文學知識分析，柳宗元文中所言「畢方」、「天火」就是隕石流星現象，是一些分

布在地球大氣層外星際空間的細小物體和塵粒，它們一旦進入地球大氣層，就會跟大氣摩擦發生熱和光，形成人們看到的流星。因為流星外部與空氣直接摩擦發生溫度極高的白光，就如畢方之白喙。而流星體因摩擦發熱逐漸丟失減少，就如畢方之赤文，流星尾一條紅線，就如畢方鳥之一足！大部分較小的流星體進入大氣層會被完全燒毀，一些體積較大的流星體沒有被大氣摩擦燒毀完，落入地球表面就成了隕石，這些剛從天上落下的高溫熾熱的隕石，燒毀了柳宗元寄寓的永州龍興寺。柳宗元〈與楊京兆憑書〉、〈逐畢方文〉十分真實地記錄了唐永貞元年冬至元和四年秋，元和七年夏季三個月，元和八年夏季，永州曾因隕石流星雨這種「天火」引發火災的情況。柳宗元這兩篇文章對研究唐代天文學有很重要的參考價值。綜上所述，可以認定諸多教授擅自將柳宗元文「天火」更改為「大火」是不妥的。

　　我無法確認柳宗元遭遇的火災是因流星隕石所致還是人為不慎造成，如果流星隕落能形成火災，五年間四次，這樣的機率也太高了。不論是什麼原因吧，這種綿延不斷、接踵而至的禍從天降，對人的心理形成了很大的陰影。柳宗元對這類突然從天而降的「天火」，在〈逐畢方文（並序）〉一文的後半部分，專門以騷文體「為之文而逐之」，以驅邪避災：

　　後皇庇人兮，敬授群材。大施棟宇兮，小蔽草萊。各有攸宅兮，時闔而開。火炎為用兮，化食生財。胡今茲之怪戾兮，囗卜蓺而窮災。朝儲清以聯邃兮，夕蕩覆而為灰。焚傷羸老兮，炭死童孩。叫號隳突兮，戶駭人哀。袒夫狂走兮，倏忽往來。鬱攸孽暴兮，混合恢臺。民氣不舒兮，僵踣顛頹。休炊息燎兮，反伏煨煤。門甍晦黑兮，啟伺奸回。若墜之天兮，若生之鬼。令行不詭兮，國恐盡已。問之禹書，畢方是祟。

　　嗟爾畢方兮，胡肆其志？皇亶聰明兮，念此下地。災皇所愛兮，僇死無貳。幽形扇毒兮，陰險詭異。汝今不懲兮，眾怒咸至，皇斯震怒

第十五章　失之東隅、收之桑榆

兮,殄絕汝類。祝融悔禍兮,回祿屏氣(《左傳》:禳火於玄冥、回祿。玄冥:水神;回祿:火神)。大陰施威兮,玄冥行事(《楚辭》:考玄冥於空桑。注:玄冥,太陰之神)。汝雖赤其文,只其趾,逞工炫巧,莫救汝死。黠,知急去兮,愚乃止此。高飛兮翱翔,遠伏兮無傷。海之南兮天之裔,汝優遊兮可卒歲。皇不怒兮永汝世,日之良兮今速逝。急急如律令!

一向重視社會現實的柳宗元,面對匪夷所思的天災人禍,也不由得發出「汝今不懲兮,眾慝咸至,皇斯震怒兮,殄絕汝類」;難道是老天爺對我罪孽深重的懲處?祈禱「後皇庇人兮」,「高飛兮翱翔,遠伏兮無傷」,「皇不怒兮永汝世,日之良兮今速逝」。

柳宗元寫過一篇〈賀進士王參元失火書〉,從中可以讀出柳宗元面對火災時,更多的內心感觸:

王參元,濮州(今河南濮陽縣西)人,廊坊節度使王棲曜之子,唐憲宗元和二年(西元807年)中進士。柳宗元從親戚楊敬之的來信中,得知王進士家中不幸失火,對於這樣一件禍事,「僕始聞而駭,中而疑,終乃大喜,蓋將弔而更以賀也」;柳宗元不僅不是去寬慰勸解,反而揮筆鋪箋,對王家的不幸遭遇表示了一番慶賀:「若果蕩焉泯焉,而悉無有,乃吾所以尤賀者也」。如果真是一把大火把家產燒得蕩然無存,那倒是我要向你表示慶賀的原因了。

柳宗元在這封書信中,依次敘述了駭、疑、喜三個感情變化的階段,用禍福相依、盈虛無常的觀點來闡明自己對事物間相互轉化的辯證看法。

柳宗元首先是說自己聽說以後的驚愕:「足下勤奉養,樂朝夕,唯恬安無事是望也。乃今有焚煬赫烈之虞,以震駭左右,而脂膏滫瀡之具。或以不給,吾是以始而駭也」,你總是用心贍養父母,每天盡享天倫之

樂，只是希望一個恬淡安逸的生活，不去招惹是非。現如今猝然間經歷「焚煬赫烈之虞」，聞之自然「震駭」，這種驚愕是人之常情，是一種同情心的自然表露和情理之中的首要反應。

緊接下來，柳宗元很快轉為冷靜的思考：「凡人之言，皆曰盈虛倚伏，去來之不可常。或將大有為也，乃始厄困震悸，於是有水火之孽，有群小之慍，勞苦變動，而後能光明，古之人皆然。斯道遼闊誕漫，雖聖人不能以是必信，是故中而疑也。」歌謠有云：草木之怪謂之妖；禽獸蟲蝗之怪謂之孽。人生無常，難免有水火之妖孽。難免有小人為害之禍。凡夫俗子會為之憂心悄悄，怨天怪地。然而，《老子》有言：「禍兮福之所倚，福兮禍之所伏。」火燒十年旺，誰能斷定火災之後，帶來的不是一片光明呢？柳宗元解釋了由驚變疑的緣由，既含有「而後能光明」的寬慰，又帶著「或將大有為也」的期許。

禍字當頭，而喜隨其後。塞翁失馬，焉知非福？柳宗元的疑後轉喜是事出有因、言而有據：「以足下讀古人書，為文章，善小學，其為多能若是，而進不能出群士之上，以取顯貴者，無他故焉」；王參元是一位博學多才的人，讀了不少古人之書，寫得一手好文章，又精通文字、音韻、訓詁之學。然而這樣一個人才卻埋沒於世，得不到應有的重用，反而承受著精神上的重大壓力。原因就是出於世俗之見：「京城人多言足下家有積貨，士之好廉名者，皆畏忌，不敢道足下之善，獨自得之，心蓄之，銜忍而不出諸口，一出口，則嗤嗤者以為得重賂。」因為王參元家有萬貫，一般愛好清廉之名的讀書人，都對你的才能避而不談，唯恐招惹「趨炎附貴」的閒言碎語。心中有數，就是不願開口。好像一旦誇讚王參元，就是拿了他的好處。所以反而「以公道之難明，而世之多嫌也」。

柳宗元自貞元十五年讀到王參元的文章，就十分欣賞讚嘆，心中一直有推崇之意。至今已有六、七年的時間，一直沒有向人宣揚，「是僕私

第十五章　失之東隅、收之桑榆

一身而負公道久矣，非特負足下也」。後來當了御史尚書郎，自以為成為天子近臣，可以為您說話，「思以發明天下之鬱塞」，可是我仍無法衝破世俗之見，一直不敢仗義執言，只能心中暗恨自己「修己之不亮，素譽之不立，而為世嫌之所加」。

「乃今幸為天火之所滌蕩，凡眾之疑慮，舉為灰埃。黔其廬，赭其垣，以示其無有，而足下之才能乃可顯白而不汙。」如今所幸一場大火，燒盡了您身外累贅之物，眾人對您的忌諱也付之一炬、化為塵埃，您的才能也就落盡豪華見真淳。這實在是火神「祝融回錄之相吾子也」。我對您十年的相識相知，卻不如一夕一場大火「之為足下譽也。宥而彰之，使夫蓄於心者，咸得開其喙，發策決科者，授子而不慄，雖欲如向之蓄縮受侮，其可得乎？」這正是我由疑轉喜的原因所在啊。

柳宗元向王參元所闡述的心理轉化過程，何嘗不是自己面對大火時的心情？幾場大火，對柳宗元而言，也許是壞事變成了好事，促使他冷靜下來思索人生。一己之力既然無法改變現狀，就應該「既來之則安之」，隨遇而安，開始安排今後的生活，把日子過得充實。

柳宗元在永州的日子，一直處於極度矛盾之中，在重大的挫折面前，在「量移」復出無望的情況下，柳宗元在〈與蕭翰林俛書〉中表露：「自料居此尚復幾何，豈可更不知止，言說長短，重為一世非笑哉！」表示自己要永遠退出政治舞臺，甘心「娶一老農女為妻，買土一廛為耕氓」。

柳宗元居住在永興寺時，時有文友們前來吟詩作賦，還有許多慕名而來求教拜師者。柳宗元因自己攪擾了佛門清靜之地而十分過意不去。柳宗元所居西軒四、五次失火後，一直想尋找一處新的住所。

柳宗元在〈送弟謀歸江陵序〉中，寫有這樣的字句：「築室茨草，為

囿乎湘之西，穿池可以漁，種黍可以酒，甘終為永州民」。看來復出無望，柳宗元也只得潛下心來，作久居的長期打算。

柳宗元「為官乎，為文乎」的矛盾心理，在〈送婁圖南秀才遊淮南將人道序〉表達得淋漓盡致。婁圖南出生於名宦世家，他的曾祖父婁師德是武則天時期的名臣。婁圖南早有文名，柳宗元還在弱冠之年，他在長安已經是文名大振。柳宗元認為他中仕升官乃如探囊取物，沒想到，他的官運蹉跎，直到兩人見面仍是一介布衣。

柳宗元在〈送婁圖南秀才淮南序〉中描寫：

「僕未冠，求進士，聞婁君名甚熟。」他寫的詩歌，傳遍了京城的大街小巷。他對很多經書和典籍都十分精通，他的文章，像比部郎中崔鵬、衛尉於邵一樣，三足鼎立、並駕齊驅。他是被稱為長者的婁師德的曾孫，因為多了這樣的名分，人們往往把他的文章推舉在前面。

十多年前，我從尚書郎被貶謫到零陵，在這裡與婁先生相遇，看到婁先生「猶為白衣，居無室宇，出無僮御」，竟然還是一介草民，沒有住在高大寬敞的房子裡，外出的時候沒有僕童跟隨。我很奇怪地詢問，他說：「今夫取科者，交貴勢，倚親戚，合則插羽翮，生風濤，沛焉而有餘，吾無有也。」現在那些參加進士考試得中的人，都得結交權貴，依仗權勢，依附著展翅飛翔，乘風遠航。做這些事時，他們樂此不疲、精力充沛，而我學不會這些。

「不則饜飲食，馳堅良，以歡於朋徒，相貿為資，相易為名，有不諾者，以氣排之，吾無有也。」要不然他們就大擺宴席，招待狐朋狗友，駕堅車良馬四處遊蕩，朋友之間比較炫耀，資源共享以權尋租，相互吹噓博取虛名。假如發現與他們意見不合的人，就會無情排擠。這些我也學不會。

第十五章　失之東隅、收之桑榆

「不則多筋力，善造請，朝夕屈折於恆人之前，走高門，邀大車，矯笑而偽言，卑陬而姁婾。偷一旦之容以售其伎，吾無有也。」天天在有權有勢的人面前低頭哈腰，攀附權貴之門，虛情假意的諛笑，言語都不是發自內心，卑劣猥瑣，吹捧阿諛，不放過一切機會來兜售推銷自己，我還是學不會這些；「自度卒不能堪其勞，故舍之而遊。」婁圖南的一番話，道出了官場飛黃騰達的潛規則。婁圖南最終還是忍受不了官場勞累，因此只能放棄進入仕途的想法。婁圖南從小鍾情於瀟灑飄逸的道教，所以決定脫離混濁的塵世，去雲遊四方，煉造丹石來尋求長生不老之術，以便獲得更長久的等待時機。

柳宗元聞婁圖南一番話，禁不住大發感慨：

「夫君子之出，以行道也；其處，以獨善其身也。」君子出來當官，就要成就一番宏圖偉業；君子隱居起來獨處，也要保持自己的節操品行。

「今天下理平，主上亟下求士之詔，婁君智可以任職用事，文可以宣風歌德，行於世，必有合其道而進薦之者。」今天恰逢太平盛世，有著開明的政治，皇上多次頒下詔書，搜尋有才能之士，婁先生具備了當官從政的才能和智慧，擁有能夠宣揚風雅，歌頌政績的才學，這個世界上，一定會有喜歡這種風格並願意推舉他的人（柳宗元長期身處逆境，難道真的認為是處於「天下理平」的明君盛世？筆者認為，柳宗元即便不是在說反話，也是言不由衷。柳宗元對憲宗皇帝的矛盾心理，我將在下一章再做詳述）。

「遽而為處士，吾以為非時。將日老而就休耶？則甚少且銳；羸而自養耶？則甚碩且武」；假設婁先生這麼急著要去做隱士，我覺得還不到時候。難道是覺得自己老了，想要偃旗息鼓、激流勇退？還是覺得儘管自己還年輕、還有從政的銳氣，但由於身體的瘦弱想要安心休養？這樣的

兩種想法都是很頑固而且很武斷的。我曾經問過他之所以隱居獨處的原因，他沒有給我一個很好的答案。假使真的只是為了追求長生不老而尋求「道」，但這又不是我所說的「道」。

「夫形軀之寓於土，非吾能私之。」人的肉體在這個世界上生存著，並不是我們自己能夠左右的。所幸的是婁先生善於探求堯、舜、孔子的志趣所在，唯恐自己探求不到；所幸的是婁先生正好遇上了施行堯、舜、孔子之道的時代，唯恐不能徹底地將其施行。假使是這樣，尋求長壽就是可以的。

「求之而得，行之而慊，雖夭其誰悲？」尋求聖人之道求仁得仁，推行聖人之道如願以償，這樣的話，即使是半路夭折了，又有誰會為之感到悲傷遺憾呢？

「今將以呼噓為食，咀嚼為神，無事為閒，不死為生，則深山之木石，大澤之龜蛇，皆老而久，其於道何如也？」今天婁先生將以陰陽之氣作為呼吸之物，不食人間五穀，超脫人世紅塵，吸風飲露，追求神的境界。如果拋卻任何要做的事情能稱為清閒，精神不死可稱之為是生，那麼深山中的木石，大澤中的龜蛇，都長壽地活了很長的時間，可是他們與「道」有什麼關係呢？難道能說它們已經得「道」了？

「僕嘗學於儒，持之不得，以陷於是。」我曾經研究儒道，沒有參透它的精髓，所以就陷入了這樣的困惑之中。

「以出則窮，以處則乖，其不宜言道也審矣！」在外做官卻落得窮困潦倒，獨居於此又有投機取巧之嫌，看來我還真是沒有談論「道」的資格啊！

同病相憐、惺惺相惜。柳宗元在論說別人之際，何嘗不是在吐露自己的心曲。

第十五章　失之東隅、收之桑榆

柳宗元把婁圖南引為同道知己，兩人之間有著多篇詩文往來。除上述的〈送婁圖南遊淮南將入道序〉外，《柳河東集》中還有〈酬婁秀才病中見寄詩〉、〈酬婁秀才將之淮南見贈詩〉、〈婁二十四秀才花下對酒唱和詩序〉等。

柳宗元在〈婁二十四秀才花下對酒唱和詩序〉中，再次談到「達則兼濟天下，窮則獨善其身」的關係：

君子遭世之理，則呻呼踴躍以求知於世，而遁隱之志息焉。於是感激憤悱，思奮其志略以效於當世，故形於文字，伸於歌詠，是故有濟世之具，而未得行其道者之為之也。婁君志乎道，而遭乎理之世，其道宜行，而其術未用，故為文而歌之，有求知之辭。以余弟同志而偕未達，故為贈詩，以悼時之往也。余既困辱，不得預睹世之光明，而幽乎楚、越之間，故合文士以申其致，將俟夫木鐸以間於金石。大凡編辭於斯者，皆太平之不遇人也。

柳宗元仍是孜孜以求、念念不忘那個「思奮其志以效於當世」與「遁隱之志息故形於文字」的情結。

柳宗元在〈酬婁秀才將之淮南見贈詩〉中，還寫下這樣的詩句：

「遠棄甘幽獨，誰云值故人？好音憐鎩羽，濡沫慰窮鱗。困志情唯舊，相知樂更新。」柳宗元追憶了與婁圖南之間的情誼：自己被貶謫後幽居孤獨，誰把你當人看待？而婁秀才卻能相濡以沫、同舟共濟，為一個窮途末路、備受摧殘的罪人帶來了歡樂和慰藉。患難見知交，雪中送炭情更濃。

「已將名是患，還用道為鄰。機事齊飄瓦，嫌猜比拾塵。高冠余肯賦，長鋏子忘貧」；正是由於共同的志趣與追求，正是共同的高潔與不願同流合汙的孤芳自賞，使得他們惺惺相惜、互為知己。他們鄙視那些勾

心鬥角的「機事」與互相猜忌拆臺的小人。他們崇尚的是光明磊落、理想遠大、矢志不渝的屈原和窮且志堅的馮諼。

「開顏時不再，絆足去何因？海上銷魂別，天邊弔影身。只應西澗水，寂寞但垂綸」；相見時難別亦難，人生總是聚少離多。到了分別的日子，實在不願開口說再見。還會再有團聚的日子嗎？還會再有開懷歡笑的時刻嗎？那些形單影隻的孤寂幽居生活，還會有誰來與排遣！

低吟淺誦，哀歌悲調，反覆出現的是心中不變的旋律。

柳宗元在〈與楊京兆憑書〉一文中，向老丈人楊憑吐露了自己的感悟：

「今之世言士者，先文章。文章，士之末也」；當前世人評論文人，總是先從文章著眼。文章本是文人的末技，是不能作為立身之本的。

「然立言存乎其中，即末而操其本，可十七八，未易忽也」；然而文如其人，從文章中作者提出的觀點，卻能將他的品質本性，把握十之七八，所以雖然是末技，也不能輕易忽視。

自古以來文士之多，未曾超過今日。現在的年輕人寫文章，「希屈、馬者，可得數人；希王褒、劉向之徒者，又可得十人；至陸機、潘岳之比，**累累相望**」；追蹤屈原、司馬遷者，可以找出幾位；追蹤王褒、劉向的人，可以找出十幾位；至於追蹤陸機、潘岳的人，那就為數眾多了。

「若皆為之不已，則文章之大盛，古未有也」；如果大家堅持這樣去做，那麼就會出現文章大盛的情況，超越古人，空前絕後。這一點要到後代才能了解。

「今之俗耳庸目，無所取信，傑然特異者，乃見此耳」；如今那些孤陋寡聞、目光短淺的人的評價，是不足為憑的，只有那些傑出不凡的人，才能準確地看到這些。我從小就學習寫作，中間有幸連續中了進士

第十五章　失之東隅、收之桑榆

和博學宏詞科，乃至擔任禮部尚書員外郎，專門掌管百官的奏章，然而未能深刻掌握寫好文章的方法。

「自貶官來無事，讀百家書，上下馳騁，乃少得知文章利病」；自從貶官以後，閒來無事，閱讀諸子百家著作，縱覽古今，才稍稍懂得文章的好壞。去年，吳武陵來到這裡，我看重他年紀輕、才氣足，能夠復興西漢時的文章風骨，每天與他交談，為他選出了數十篇文章。希望他反覆誦讀、揣摩，經常體會古人的才情，那些古人也是人，與我們哪會有多遠的差距呢？

「凡人可以言古，不可言今」；評價古代人事說來容易，但與人談論當今人事的蜚短流長就有難度了。桓譚也說過：「凡人賤近而貴遠；親見揚子雲，祿位容貌，不能動人，故輕其書」；凡人都是厚古薄今，親眼見過揚子雲，覺得他的容貌並沒有什麼驚人之處，便不願傳授他的書。

「誠使博如莊周，哀如屈原，奧如孟軻，壯如李斯，峻如馬遷，富如相如，明如賈誼，專如揚雄，猶為今之人，則世之高者至少矣」；即使廣博開闊像莊周，哀時傷國像屈原，構思奧妙像孟軻，文勢雄健像李斯，風格峻峭像司馬遷，文辭富麗像司馬相如，明達事理像賈誼，學有專長像揚雄，如果把他們放在現世，那麼世間認為他們文章高明的人還剩下多少呢？恐怕當今之人不會像後世那樣敬重。

「由此觀之，古之人未始不薄於當世，而榮於後世也」；如此看來，當世開花後世香，人的名聲往往是在身後，排除了當前的利害，才能得到公正的讚揚。

「若吳子之文，非丈人無以知之」；像吳武陵的文章，若非丈人你的推崇，別人何以了解他呢？

「獨恐世人之才高者，不肯久學，無以盡訓詁風雅之道，以為一世甚

盛」；我只是擔心世上那些有真才實學之人，不能堅持學習且理解傳統文化的精髓，難以形成一代文學的繁榮。

「若宗元者，才力缺敗，不能遠騁高厲，與諸生摩九霄，撫四海，誇耀於後之人矣。」至於我自己，才疏學淺、功力欠缺，恐怕不會有什麼遠馳高飛的大作為，只能寄望於後生可畏，上下幾千年，縱橫八萬里，為後人留下傳世之作。

「何也？凡為文，以神志為主」；這是什麼原因呢？寫出好文章的重點在於精神與意志。

柳宗元官場失意，由此激勵自己發憤著書。莎士比亞有名言：延續生命的方式有兩種，一是留存後嗣，一是撰著文章。

元和四年（西元 809 年），柳宗元搬出了多次失火的龍興寺西軒，在法華寺以西構築西亭以居。法華寺位於一座丘陵之上，柳宗元請人伐木以築西亭，高闊各二丈，雖算不得寬敞，倒也可以棲息居住。西亭之下有陂池芙蕖，湘水清流，山上山下有竹林，蒙雜擁蔽，遮擋了視野。柳宗元請人持刀斧砍削剪除，於是叢莽下頹、萬類皆出，視野為之開闊。柳宗元與法華寺的住持覺照開玩笑地說：「你之所以不願伐去毛竹，是『其照也逾寂，其覺也逾有』。」覺照大笑，說柳宗元修行有道，說出的話頗有禪意。

這次喬遷新居，不妨看作是柳宗元在官場及文壇的分水嶺。西亭成為柳宗元休養身心之所，他經常與朋友在西亭觀景、夜飲。有一次共八人參加夜飲，酒至半酣，由元克己提議，飲酒賦詩，各抒其志。眾人才華紛呈，妙語如珠。聯詩完畢，眾詩友請柳宗元作序，柳宗元於是寫下〈法華寺西亭夜飲賦詩序〉。柳宗元在序中寫道：

「余既謫永州，以法華浮圖之西臨陂池丘陵，大江連山，其高可以

第十五章 失之東隅、收之桑榆

上,其遠可以望,遂伐木為亭,以臨風雨,觀物初,而遊乎顥氣之始。間歲,元克己由柱下史亦讁焉而來。無幾何,以文從余者多萃焉。是夜,會茲亭者凡八人。既醉,克己欲志是會以貽於後,咸命為詩,而授余序。」我被貶謫到永州,住在法華寺的西方,那裡有池塘和山丘,大江和高山緊密相連。登高望遠眼界開闊。於是我在那裡開始伐樹取木,建造亭子,以此來沐浴風雨,欣賞萬物,讓自己的思想在山間景色之中遊蕩徜徉。幾年以後,元克己從柱下史的職位也被貶謫到了永州。周朝的藏書室史之柱下,因此之後稱史官為柱下史。老聃曾是最早有記載的柱下史。不久,因為文章與我來往的文友越來越多了。有一天晚上,我們八個人在這裡聚會,當時每個人都喝醉了。克己想要為這次聚會留下記錄,以此傳諸後世。因此要我們每個人賦詩,並由我來作序。

「昔趙孟至於鄭,賦七子以觀鄭志。克己其慕趙者歟?卜子夏為〈詩序〉,使後世知風雅之道,余其慕卜者歟?誠使斯文也而傳於世,庶乎其近於古矣」;《左傳》襄公二十七年記載:「鄭伯享趙孟於垂隴,子展、伯有、子西、子產、子太叔、二子石從。」從前趙孟來到鄭國,曾經要七子作賦,以此試探他們七人的志向,趙孟曰:「七子從君,以寵武也。請皆賦以卒君貺。武亦以觀七子之志。」莫非克己也是在效仿趙孟以詩言志?卜之子名商,春秋時晉國人,孔子的學生,相傳〈毛詩序〉為其所作,影響相當深遠。莫非我們這樣做是在效仿卜子夏嗎?柳宗元以此相比,希望他們的夜飲詩也能長久流傳。

柳宗元被黑暗現實壓抑的心情,逐漸於山水勝境中得到撫慰。柳宗元與文友吳武陵、李幼清,及族弟柳宗玄等人,遊賞永州的神奇山地和漫漫瀟水,那裡有因風雨剝蝕的奇巖怪石,有蔥翠竹樹掩映的清溪碧潭。「竄身楚南極,山水窮險艱」(〈構法華寺西亭〉),在寂寞生活中,他藉助遊山玩水解脫苦悶心情。「幽泉怪石,無遠不到」(〈始得西山宴

遊記〉），奇麗的山水使他得以寄情抒懷，也為他提供了創作的靈感。他將自己各方面的生活，包括對刻苦農村的觀察到自然風光的感受、對黑暗現實的激憤到傾心宗教的體驗，一一展現於筆端。柳宗元正是在這段調整心態的歲月中，寫出了他獨具特色的山水遊記〈永州八記〉。

　　山水遊記是中國散文藝苑中的一朵奇葩。它起源發軔於《尚書》中的〈禹貢〉，在《山海經》、《莊子·逍遙遊》、《史記·河渠書》及《漢書·溝洫志》等著作中，已漸成涓涓細流。至東漢馬第伯的〈封禪儀記〉出，遊記文學已衝出幽峽，呈現奔騰之勢。魏晉南北朝時期，「莊老告退，而山水方滋」，士大夫階層倡佛隱逸的同時，為文以模山範水之風大熾，人們對自然之美的欣賞達到新的高度。大詩人陶淵明以一篇芳潔幽渺、寓意深遠的〈桃花源記〉，獨闢蹊徑，把山水遊記引領至一個清新境界。此後，北魏酈道元的《水經注》，在博記山川風物的同時，將歷史典故、神話傳說、民歌民謠與山水景物熔於一爐，自鑄雋詞，從多方面展現江山的雄奇瑰麗。傳統的山水遊記大多為白描式的描摹山水，及至唐代，著名文學家元結承先啟後，使遊記體散文開始走向內蘊深厚、形式精美的階段。

　　柳宗元對中國散文的貢獻首先在山水遊記。由於柳宗元獨特的身世和對人生經歷的感悟，主張「文以明道」、勇於創新，一掃固襲的陳詞濫調，為文「必得其高朗，探其深賾」，表達作者「卓然自得」的真知灼見。柳宗元繼承了《水經注》的散文傳統，改造了駢文的某些陳式化技巧；同時又融會了《莊子·秋水》等篇的玄想，結合於其特有的「悄愴幽邃」心境之中，發展出自成一格的遊記體裁，千年以來被視為山水遊記的典範之作，成為中國文壇山水遊記創作的高峰。

　　〈永州八記〉是柳宗元與眾文友同遊時所記之文。「自余為僇人，居是州，恆惴慄。其隟也，則施施而行，漫漫而遊。日與其徒上高山，入

第十五章　失之東隅、收之桑榆

深林，窮迴溪，幽泉怪石，無遠不到。到則披草而坐，傾壺而醉。醉則更相枕以臥，臥而夢。意有所極，夢亦同趣。覺而起，起而歸。」元和四年秋天始，柳宗元在法華寺西亭望西山，引起了遊興。遂與李幼清、元克己等友人渡瀟水，遍遊西山，作〈始得西山宴遊記〉、〈鈷鉧潭記〉、〈鈷鉧潭西小丘記〉、〈至小丘西小石潭記〉；元和七年冬，出西山更遠處，寫了〈袁家渴記〉、〈石渠記〉、〈石澗記〉、〈小石城山記〉。這就是著名的「永州八記」，從柳宗元的〈永州八記〉中，我們得以了解他在永州這段時期的生存狀況和思想趨向。

在法華寺的西面，有一座高山，土著稱之西山。由西亭眺望：「其高下之勢，岈然窪然，若垤若穴，尺寸千里，攢蹙累積，莫得遯隱。縈青繚白，外與天際，四望如一。然後知是山之特立，不與培塿為類」。曾經滄海難為水，除卻巫山不是雲。柳宗元西山之遊後，感慨地說：遊了永州的西山，才知道從前之遊都算不得遊，我在永州之遊，當從西山之遊始。〈始得西山宴遊記〉成為〈永州八記〉的第一記。

柳宗元永州八記的第二記〈鈷鉧潭記〉，記錄了他買下此潭的經歷：

鈷鉧潭在西山西，其始蓋冉水自南奔注，抵山石，屈折東流，其巔委勢峻，蕩擊益暴，齧其涯，故旁廣而中深，畢至石乃止，流沫成輪，然後徐行，其清而平者且十畝餘，有樹環焉，有泉懸焉。其上有居者，以予之亟遊也，一旦款門來告曰：「不勝官租私券之委積，既芟山而更居，願以潭上田貿財以緩禍。」予樂而如其言。則崇其臺，延其檻，行其泉於高者而墜之潭，有聲潨然。尤與中秋觀月為宜，於以見天之高，氣之迥。孰使予樂居夷而忘故土者，非茲潭也歟？

永州人稱熨斗為鈷鉧，鈷鉧潭是指潭的形狀像一支熨斗，頭方而柄長。鈷鉧潭在西山西，是冉水自南奔注的過程中，在西山遇阻，蕩擊齧食而形成的一個深潭。潭上居民見柳宗元很喜歡此潭，就告訴他願意把

潭上的田地賣給他。潭上居民因為交納不起官租、累積下很多債務,所以只能賣掉潭上的土地以償官租,自己則跑到深山裡墾荒。柳宗元得到了他的「桃花源」,而原來的住民則從此「永失家園」。

　　柳宗元透過敘述自己購得此處勝地的經過,反映了「官租私券」對人民的嚴重剝奪,這使他的「好心情」蒙上了一層陰影。這樣的一塊「景點」、「勝地」能使柳宗元「樂不思蜀」,忘記對政治中心長安的苦戀之情嗎?

　　此後,柳宗元又寫出〈鈷鉧潭西小丘記〉。

　　鈷鉧潭西二十五步,有一片不足一畝的小丘,丘上有奇石竹樹,風景清幽。「問其主,曰:『唐氏之棄地,貨而不售。』問其價,曰:『止四百。』余憐而售之。」柳宗元在〈鈷鉧潭西小丘記〉中,把一個人們司空見慣、視若無睹的小丘,描寫得出神入化,「其石之突怒偃蹇,負土而出,爭為奇狀者,殆不可數。其嵚然相累而下者,若牛馬之飲於溪;其衝然角列而上者,若熊羆之登於山。」原本無知無覺的頑石,頓時人格化,柳宗元借著小丘之被遺棄,感慨自己的遭遇。這也正是柳宗元買下這塊「棄地」的心理因素。清人何焯在《義門讀書記》中感嘆曰:「茲丘猶有遭,逐客所以羨而賀也,言表殊不自得耳。」今日小丘棄地終得識主,而柳宗元被貶謫遺棄荒蠻之地,又有誰來賞識呢?

　　柳宗元在〈至小丘西小石潭記〉中寫道:

　　從小丘西行百二十步,隔篁竹(篁,竹田也,一曰竹石),聞水聲,如鳴環,心樂之。伐竹取道,下見小潭,水尤清冽。全石以為底,近岸卷石底以出,為坻為嶼(坻、嶼,皆小洲也)。為嶼為巖,青樹翠蔓,蒙絡搖綴,參差披拂。

　　潭中魚可百許頭,披拂潭中,俯視游魚,類若乘空。日光下澈,影

第十五章　失之東隅、收之桑榆

布石上，怡然不動；俶爾遠逝，往來翕忽，似與遊者相樂。

潭西南而望，斗折蛇行（斗，謂北斗。《史記》：枉矢，類流星，蛇行而蒼黑），明滅可見。其岸勢犬牙差互，不可知其源。坐潭上，四面竹樹環合，寂寥無人，淒神寒骨，悄愴幽邃。以其境過清，不可久居，乃記之而去。

〈至小丘西小石潭記〉對景色的刻劃尤其出色！水聲、山勢、草木、岩石，都是那樣逼真入微。特別是魚兒在如鏡的清流之中，活靈活現地遊動，讓人聯想起莊子的名句：「子非魚，安知魚之樂？」襯托出人世煩惱還不如游魚自在。最後寫到石潭悄愴幽邃，不可久居，可見作者謫居孤悽的心情，觸景生情也！

柳宗元在西山及西山之西尋景後，又沿著冉水東南而行，過朝陽巖，至蕪江（地名），有一個地方叫袁家渴，楚越之間的方言稱水之反流者為渴（音褐）。袁家渴的上游是南館高峰，下游是百家瀨，在南館高峰與百家瀨之間的袁家渴，重洲小溪，澄潭淺渚，舟行若窮，忽又無際。柳宗元寫下〈袁家渴記〉。

柳宗元等文友，自袁家渴西南行不過百步，得石渠、石澗。柳宗元作〈石渠記〉、〈石澗記〉、〈小石城山記〉。永州八記自此橫空出世，獨領風騷。

柳宗元在〈小石城山記〉結尾中發出這樣的感慨：「噫！吾疑造物者之有無久矣。及是，愈以為誠有。又怪其不為之中州，而列是夷狄，更千百年不得一售其伎，是固勞而無用，神者儻不宜如是，則其果無乎？或曰：『以慰夫賢而辱於此者。』或曰：『其氣之靈不為偉人，而獨為是物，故楚之南少人而多石。』是二者，余未信之。」這麼美好的景緻，不在中州地區，而處於夷狄，歷經千百年而無人知曉，這對永州美景是多麼的不公平。柳宗元觸景生情，以景色暗喻自己的身世際遇，表達著對自己

懷才不遇、貶謫蠻荒的不平情緒。

　　柳宗元所創作的永州八記，集中在法華寺西亭之西山的冉水（冉溪）一帶。後世之人有鑽研永州八記，根據文字準確地繪製出這裡的地形地貌圖。這一帶成為柳宗元的「創作基地」。

　　柳宗元在〈與楊誨之書〉中有言：「方築愚溪東南為室。」元和四年（西元 809 年）深秋，柳宗元在冉溪邊購置田地，建造房屋，又買下鈷鉧潭西小丘。柳宗元後來把冉溪改名愚溪，與愚溪相關的丘、泉、溝、池、堂、溪、亭、島，他都冠以「愚名」，合稱「八愚」，並作〈八愚詩〉分別詠之。遺憾的是〈八愚詩〉已亡佚，只剩下〈愚溪詩序〉：

　　「灌水之陽有溪焉，東流入於瀟水。」灌水是湘江的一條支流。水的北面稱為陽，南面稱為陰。在灌水的北邊有條溪流，向東流入瀟水。「或曰：冉氏嘗居也，故姓是溪為冉溪。或曰：可以染也，名之以其能，故謂之染溪。」有人說，以前有一位姓冉的人曾經在這裡住過，因此借用這個人的姓，將溪流命名為冉溪。有人說，這溪水能夠染色，以它的功能進行命名，稱之為染溪。

　　「余以愚觸罪，謫瀟水上，愛是溪，入二三里，得其尤絕者家焉。」我因為愚蠢犯了罪，被貶謫到了瀟水，非常喜歡這條溪，沿著它走了二、三里，發現了這個風景優美的地方，就在此安家居住了。

　　「古有愚公谷，今予家是溪，而名莫能定，土之居者猶齗齗然。不可以不更也，故更之為愚溪。」《說苑》中講了一個故事：齊桓公出獵，入山谷中，見一名老者，問曰：「是為何谷？」對曰：「為愚公之谷。」桓公曰：「何故？」對曰：「以臣名之。」古時候有個愚公谷，現在我的家就在這條溪旁，但還沒有個確定的名字，當地居民們仍在「齗齗然」洙泗之間爭論不休。我看就仿照《說苑》的故事，也將它改名為愚溪吧！

第十五章　失之東隅、收之桑榆

我在愚溪上面買了一座小丘，取名為愚丘；從愚丘往東北方向走六十步，又找到了一汪泉水，又將它買下來，取名為愚泉；愚泉一共有六個泉眼，都處於山下的平地，泉水都是自下而上噴湧。各個泉眼中的泉水合流之後，彎曲著向南流去，我就把泉水流經的地方命名為愚溝；於是我又運土堆石，在狹窄的地方堵住隘口，築成了愚池；愚池的東面是愚堂；南面是愚亭；池子中央是愚島。「嘉木異石錯置，皆山水之奇者，以余故，咸以愚辱焉。」這裡原本木秀石奇、景色優美，參差錯落、美不勝收，卻因為我的原因，都選用了「愚」字，使他們受到了玷汙。

「夫水，智者樂也。今是溪獨見辱於愚，何哉？」孔夫子在《論語‧雍也篇》中有名言：「智者樂水，仁者樂山。」水本是智者所喜愛，但如今這條溪流卻冠之「愚」，蒙受羞辱，這是出於什麼原因呢？

「蓋其流甚下，不可以溉灌；又峻急，多坻石，大舟不可入也；幽邃淺狹，蛟龍不屑，不能興雲雨。無以利世，而適類於余，然則雖辱而愚之，可也。」大概因為它的水道太低，不可用於灌溉；水流湍急，中間又多淺灘和礁石，大船無法航行；溪流幽邃淺狹，蛟龍也不屑於屈居於此，無法興雲播雨，造福於世人。恰恰與我十分相似，既然如此，那麼即使以「愚」字蒙受恥辱，也還說得過去吧。

「寧武子『邦無道則愚』，智而為愚者也；顏子『終日不違如愚』，睿而為愚者也，皆不得為真愚。」《論語》中記載：寧武子在國家昏庸無道之時，裝瘋賣傻以避災禍，這是聰明人的大智若愚；顏子從來不發表與老師相悖的見解，好像很愚笨的樣子，這是睿智者的虛懷若谷。他們兩人都不是真的愚蠢。

「今余遭有道，而違於理，悖於事，故凡為愚者莫我若也夫。夫然則天下莫能爭是溪，余專得而名焉」；現在的我，身處政治清明之時，卻違

背常理,行事悖逆世道,因此我是所有愚人之中最為愚笨的人了。但天下無人能與我爭此溪,我便獨斷地將它命名為「愚」了。

「溪雖莫利於世,而善鑑萬類,清瑩秀澈,鏘鳴金石,能使愚者喜笑眷慕,樂而不能去也」;溪流雖然沒有造福於世人,但它卻善於映照世間萬物、清瑩透澈,能夠鏗鏘作響、發出金石之聲,讓愚蠢之人獲得歡樂,眷戀愛慕而不忍離去。

「余雖不合於俗,亦頗以文墨自慰,漱滌萬物,牢籠百態,而無所避之。」我雖然與俗世不合,卻尚能用文章聊以自慰,洗滌世間事物,囊括世間百相,不存任何顧忌。

「以愚辭歌愚溪,則茫然而不違,昏然而同歸,超鴻蒙、混希夷,寂寥而莫我知也。」我用拙劣的歌辭詠唱愚溪,覺得茫茫然卻不違背情理,昏昏然卻與我有著同樣的歸宿,超越混沌的塵世,融入虛寂飄渺之中,處於寂寞清靜之中,難以遇到知音。「於是作〈八愚詩〉,紀於溪石上。」

那位寫出《藏書》、《焚書》等離經叛道名著的明代著名思想家李贄,在〈復焦漪園〉一文中說過這樣一番話:「文非感時發己,或出自家經畫康濟,千古難易者,皆是無病呻吟,不能工。……借他人題目,發自己心事,故不求工自工耳。」短短數語,道盡千古文章成敗之底蘊。柳宗元之所以能夠成為文章大家,自唐以降,盛名不衰,鮮有與其比肩者,蓋出於「言發於心聲」。

北宋晁補之在柳宗元的〈懲咎賦〉下曾序道:「懲咎者,悔志也。」認為柳宗元是認錯了。在此篇〈愚溪詩序〉中,柳宗元也說自己「遭有道,而違於理,悖於事」,似乎也在認錯。事實上,我們感受到的是柳宗元在說反話。若說認錯,也是錯在「不擇言以危肆兮,固群禍之際也。」(〈懲咎賦〉)是在策略上注意不夠,是城門失火、殃及池魚。柳宗元在自己的

第十五章　失之東隅、收之桑榆

志向上，從來未曾認錯，且反而是矢志不移。

這一點在〈愚溪詩序〉中表現得淋漓盡致：「溪雖莫利於世，而善鑑萬類，清瑩秀澈，鏘鳴金石，能使愚者喜笑眷慕，樂而不能去也。」「余雖不合於俗，亦頗以文墨自慰，漱滌萬物，牢籠百態，而無所避之。」溪之愚在於被世間所棄，而自己積極的人生態度也不為俗世所容。滿腔熱血被堅而厚的地殼壓制著，無從噴發，而壓力卻絲毫未減，只好在地殼之下悄悄地滾流著。然而，火畢竟是火，血總是熱的。柳宗元血火一般的戰鬥精神和憤世激情，在無奈地消極遁世的外表下，閃射出頑強不屈的光芒。難怪《古文觀止》評說：「將己之愚，溪之愚，寫作一團，無從分別，奇絕妙絕。」

柳宗元之「託愚」說事，在〈愚溪對〉中有更進一步的表達。柳宗元借夢境中溪神與自己的對話，淋漓盡致地傾訴遭貶黜後產生的無盡牢騷和一腔悲憤：

我將冉溪取名為愚溪，並且在那裡住了下來。在第五天之後的一個晚上，溪神託夢給我，對我說：「子何辱予，使予為愚耶？有其實者，名固從之，今予固若是耶？」你為什麼要羞辱我，將我冠以「愚」的名稱呢？如果我確實是愚，加上這樣的名字我也無話可說，但是我現在真的是愚嗎？

「予聞閩有水，生毒霧厲氣，中之者，溫屯漚洩。」我聽說閩地有這樣一條河，產生一種有害的氣體，聞到這種毒氣的人，身體就會發熱高燒，上吐下瀉；「藏石走瀨，連艫糜解。有魚焉，鋸齒鋒尾而獸蹄，是食人，必斷而躍之。乃仰噬焉，故其名曰惡溪。」水中有暗礁，奔騰不息，南來北往的船隻都被撞壞了；水中有一種魚，牙齒像鋸子一樣，尾巴像刀劍的刃，身上還長了四隻獸蹄，在吃人的時候，這種魚把人咬斷後拋

起來,之後面向天空吃下去。因此,這條河得到惡溪之名。

「西海有水,散渙而無力,不能負芥,投之則委靡墊沒,及底而後止,故其名曰弱水。」《山海經》:「崑崙之丘,其下有弱水環之。」注云:其水不勝鴻毛。在西海有這樣一條河,水淺無力,連一根草芥都不能浮起,將芥草扔到水裡,慢慢地就沉下去了,一直到河底,弱水的名字就是由此產生。

「秦有水,掎汨泥淖。撓混沙礫,視之分寸,眙若睨壁,淺深險易,昧昧不覿,乃合涇渭,以自彰穢跡,故其名曰濁涇。」《詩經》:「涇以渭濁。涇小渭大,屬於渭而入於河。涇以有渭,故見其濁。」《漢書·地理志》云:「涇水出安定涇陽縣西岍頭山,東南至馮翊陽陵縣入渭。」在秦地有這樣一條河,水中攪著很多的爛泥,還有沙子和碎石夾雜著,從近處看的話,就好像是一堵牆壁,深淺緩急都分不清楚,在和渭水匯合之後,它的汙濁更加地明顯,叫做濁涇是有一定道理的。

「雍之西有水,幽險若漆,不知其所出,故其名曰黑水。」《尚書》:「黑水西河唯雍州。」酈道元《水經注》:「黑水出張掖雞山,南流至敦煌,過三危山,南流入於南海。」《通典》亦云:「黑水出甘州張掖縣雞山。」在雍州的西南有這樣一條河,幽暗險峻,有著像漆一樣的顏色,至於它源於哪裡,無從得知,黑水之名就是這樣得來的。

「夫惡、弱,六極也;濁、黑,賤名也。彼得之而不辭,窮萬世而不變者,有其實也。今予甚清與美,為子所喜,而又功可以及圃畦,力可以載方舟,朝夕者濟焉,子幸擇而居予,而辱以無實之名以為愚,卒不見德而肆其誣,豈終不可革耶?」惡、弱,屬於六極之一,濁、黑,又是很低俗的名稱。它們無法拒絕接受這些名字,世世代代能夠流傳下來的原因,因為他們名符其實。我十分清澈而且明麗,也得到你的喜愛,

第十五章　失之東隅、收之桑榆

還可以澆灌園圃，能夠承載船隻，早來晚走的人們都要從這裡渡過。你能在這裡居住，讓我感到榮幸，然而卻毫無根據地將我稱做愚溪，用這樣的名字來侮辱我，對我恩將仇報，不但沒有一點感激之情，反而惡語重傷，你替我取了這樣的名字，是不是太專橫武斷了？

柳宗元這樣回答：「汝誠無其實，然以吾之愚而獨好汝，汝惡得避是名耶！」蘇東坡有詩云：「不見子柳子，余愚汙溪山。」稱呼你愚確實有些名不副實，但像我這樣愚的人，卻看中了你，你就只能受我牽連而無法迴避。

「汝不見貪泉乎？有飲而南者，見交趾寶貨之多，光溢於目，思以兩手左右攫而懷之，豈泉之實耶？」廣州二十里，地名石門，有水曰貪泉，飲者懷無厭之欲。晉吳隱之賦詩曰：「古人云此水，一歃懷千金。」你難道忘了這個稱之貪泉的嗎？有人在喝了這個泉的水之後就向南方去了，看到交趾有很多珍奇異寶，閃耀著光芒，就想用兩手抓取，收入自己的懷中，難道是貪泉造成的嗎？

「且過而往貪焉猶以為名，今汝獨招愚者居焉，久留而不去，雖欲革其名，不可得矣。」只要從那裡經過的人就會變得貪財，故將它命名為貪泉，如今你偏偏吸引了愚人居住在這裡，長久不離去，儘管你想要改變愚溪的名稱，這怎麼可能啊！

「夫明王之時，智者用，愚者伏。用者宜邇，伏者宜遠。」賢明的君王當政的時候，聰明的人受到提拔重用，愚蠢的人就會隱藏起來。受到重用的人要留在君王身邊，隱藏的人就應該遠離京城。

「今汝之託也，遠王都三千餘里，側僻回隱，蒸鬱之與曹，螺蚌奉之與居。唯觸罪擯辱愚陋黜伏者，日侵侵以遊汝，闠闠以守汝。」如今你所居住的這個地方，離京城有三千多里的路程，偏遠閉塞，和迷霧為伴，

和螺蚌為友，只有當人犯罪受辱，或是冥頑不靈的人受到貶謫，才能經常在你這裡玩耍，無拘無束的共同生活。

「汝欲為智乎？胡不呼今之聰明皎厲，握天子有司之柄以生育天下者，使一經於汝，而唯我獨處？」你想要擁有智的名稱嗎？為什麼不讓那些聰明尊貴、控制國家、主宰天下的人們從這裡經過一次，而只是讓我一個人待在這裡呢？

「汝既不能得彼而見獲於我，是則汝之實也。當汝為愚而猶以為誣，寧有說耶？」你得不到聰明人的顧念，卻得到我這個愚夫的喜愛，就是你愚的明證。我是言而有據地說你是愚，而你卻認為是受了誣衊，你又有什麼可說的呢？

溪神說：「是則然矣。敢問子之愚何如而可以及我？」聽你說的似乎也有道理。那我想要問你，你愚到何等程度，竟然要波及影響到我呢？

柳宗元回答說：「汝欲窮我之愚說耶？雖極汝之所往，不足以申吾喙；涸汝之所流，不足以濡吾翰。」你想要徹底了解我愚的情況嗎？儘管經過你所流經的一切地方，也比不上我所要講的話長；將你的水全部用乾，都不夠潤我的筆來書寫它。

「姑示子其略：吾茫洋乎無知，冰雪之交，眾裘我絺；溽暑之鑠，眾從之風，而我從之火。」姑且就向你說明個大概：我混沌而不識時務，在寒冬臘月，人們都穿皮襖，只有我穿著單衣；在暑熱夏季，人們都到外面去吹風，只有我獨自去烤火。

「吾蕩而趨。不知太行之異乎九衢，以敗吾車；吾放而遊，不知呂梁之異乎安流。以沒吾舟。吾足蹈坎井，頭抵木石，衝冒榛棘。僵僕虺蜴。而不知憂惕」；我隨心所欲的駕車，卻不知崎嶇的太行山並非與四通八達的坦途，我的車因此損毀了；《莊子》曰：「孔子觀於呂梁，懸水三十

第十五章　失之東隅、收之桑榆

仞，流沫四十里，黿鼉魚鱉之所不能遊也。」我豪放地駕船衝浪，卻不知呂梁水波濤洶湧，不是平靜的湖面泛舟，我的船因此沉沒了。我腳底踩的是陷阱，頭上頂的是木石，在荊棘叢中到處亂撞，在毒蛇身邊摔倒，而不能感知凶險而有所警覺。

「何喪何得，進不為盈，退不為抑，荒涼昏默，卒不自克。此其大凡者也。願以是汙汝可乎？」不能權衡什麼是失去、什麼是得到，前進的時候不知適可而止，敗退的時候又不懂保存實力。孤寂昏暗，以至難於自拔。我愚不可及到這種程度，怎能不影響和波及到你，你能用什麼挽救呢？

溪神沉思後感嘆地說：「嘻！有餘矣，是及我也。」唉，你確實是太愚了，它的確影響到了我。「因俯而羞，仰而籲，涕泣交流，舉手而辭。一晦一明，覺而莫知所之。遂書其對。」溪神慚愧地把頭低了下來，又抬起頭來嘆了一口氣，痛哭流涕，揮手告別。人與神處在一明一暗的位置上，醒來之後，溪神不知去向。於是就寫出了上面的這段對話。

一條無名的溪水，借柳宗元「神來之筆」而揚名於後世，同時流淌著柳宗元的心志。徐師曾在《文體明辨序說》中有言：「按問對者，文人假設詞也。古者君臣、朋友口相問對，其詞詳見於左傳、史、漢諸書，後人仿之，乃設詞以見志，於是有問對之文，而反覆縱橫，真可以舒憤鬱而通意慮，蓋文之不可缺者也。」其認為，柳宗元的構思之妙在於憑空設計出一位溪神，既能做為自己的代言人，也可以成為聆聽申訴的對象，曲折而具體地表達了對凶險社會現實的抗議，處處使人感受到一個被迫害的文人士大夫的哀傷和苦悶。

在心境平靜之後，柳宗元開始集中精力，專心著文立說，這是其文學創造的輝煌時期。後人評價柳宗元，都認為其詩不及文。當然這是因

唐詩之「空前絕後」而言。其實，柳宗元的詩別具一格，自有其特殊的價值。詩言志，詩的含蓄性和多重指向性，使後世從柳宗元的詩中，得以探究他的生平經歷，解讀出更多的心理內容。

柳宗元棲居「愚溪」期間，還創作有〈冉溪〉一詩：

少時陳力希公侯，許國不復為身謀。
風波一跌逝萬里，壯心瓦解空縲囚。
縲囚終老無餘事，願卜湘西冉溪地。
卻學壽張樊敬侯，種漆南園待成器。

《論語》：陳力就列。自己在少年時代就胸懷大志，「致身通顯，經國濟民」，不以個人得失為計。但突如其來的政治風波使理想成為泡影。跌，失足也。有著「一失足成千古恨」之意，自己反而成了縲絏中的囚徒。《漢書》徐樂曰：「天下之患，在於土崩，不在瓦解。」雖然蟄伏在僻遠的冉溪，但時刻不敢忘記自己的宏圖大志。壽張樊敬侯，指東漢樊重。樊重封壽張侯，諡敬。他曾在製作器物前，先種漆樹，準備長成後再製成器物出賣，臨渴掘井，被人譏為迂腐。但有志者事竟成，樊重最終仍達到了自己的目的，由「遲緩」變為「超前」，有了「未雨綢繆」的先見之明。這首詩是柳宗元重要的詠志之作。他在詩中以樊重自比，「蓄器待用」等待著東山再起，復為朝廷所用。表達了自己「歷經磨難，痴心如初」，不曾為流言而改變初衷。

柳宗元還撰有〈溪居〉一詩：

久為簪組累，幸此南夷謫。
閒依農圃鄰，偶似山林客。
曉耕翻露草，夜榜響溪石。
來往不逢人，長歌楚天碧。

第十五章　失之東隅、收之桑榆

我久為做官所羈累,幸好有機會貶謫到如此蠻荒之地,使身心得以放鬆解脫。閒來無事可以悠哉地與菜圃農田為鄰,逍遙自在地就像山林隱逸之士。清晨,踏著露水去耕地除草,夜晚蕩起小船,隨波逐流,直到夜深歸來。獨來獨往,碰不到一個其他人,只能對著楚天碧雲,長歌當哭。

柳宗元的這首詩,表面上寫自己在永州的閒散生活,然而字裡行間流露著孤獨的憂憤。一個人反覆強調的話語,往往是自己放不下的心結。雖說「久為簪組累」,然而又時時刻刻放不下「走馬蘭臺」的政治情結。

張緒伯在〈柳宗元詩文考釋與爭鳴〉(四則)一文中,有一節專門辨析了「夜榜響溪石」應該如何注釋:

陝西人民出版社1985年3月出版的《柳宗元詩文選注》第8頁注云:「榜,船槳,這裡做動詞用,搖船的意思。」對「夜榜響溪石」詩句注云:「傍晚搖船歸來,觸動溪石發出聲響。」楊竹村先生著《柳宗元詩選注》(灕江出版社1993年出版)第32頁注云「榜(ㄅㄥˋ):船槳這裡作動詞用,划船。兩句說:早晨耕田,翻起帶露珠的野草;夜晚行船,觸到溪石,發出響聲。」柳宗元研究會吳文治會長在《唐詩鑑賞辭典》(上海辭書出版社1983年出版12月第1版)第935頁(928)中注云:「榜(ㄆㄥˊ):進船。此句意為天黑船歸,船觸溪石而有聲。」呂國康、楊金磚合編《柳宗元永州詩歌賞析》(湖南文藝出版社2002年元月第1版)第244頁中亦注云:「榜(ㄆㄥˊ)進船。響溪石,因撐船靠岸,船觸及溪石而有聲。」255頁對「夜榜響溪石」詩句賞析云:「夜幕降臨之際從溪間泛舟歸來,小船停泊在岸邊,與礁石撞擊清脆的響聲。」均與柳宗元當年〈溪居〉時事實不符,值得仔細研討,商榷。

柳宗元〈溪居〉中的「溪石」原來就是他〈序飲〉時「置酒」的地方,柳文〈序飲〉明確記云:「買小丘,一日鋤理,二日洗滌,遂置酒溪石

上。」也是柳宗元〈八愚詩〉題記之處,〈愚溪詩序〉明確記云:「於是作八愚詩,紀於溪石上。」據筆者考證,溪石就在八愚之一的愚亭南方的愚溪中,永州柳子街的老百姓稱之為「三角石」。柳宗元在〈鈷鉧潭記〉中記鈷鉧潭的源流冉水「蕩擊益暴」、「旁廣而中深」之勢,「畢至石乃止,流沫成輪,然後徐行……。」文中之「石」就應當是此塊巨大的「溪石」,永州柳子街百姓至今仍稱愚溪「流沫成輪」處名曰「回水灣」。柳宗元在〈愚溪詩序〉中早就明確地指出愚溪「蓋其流甚下,不可以溉灌,又峻急多坻石,大舟不可入也。」筆者居愚溪畔逾二十載,很難得見到有船隻進入愚溪。柳宗元在〈中夜起望西園值月上〉詩中十分明確地告訴我們,他種植花卉、藥材、果木的西園,離居室很近,「開戶臨西園」!根本沒有清晨搖船出去「翻耕露草」,當然也不會有「傍晚搖船歸來,觸動溪石發出聲響」、「進船」的情況。

　　查[清]張玉書等編《康熙字典》(中華書局 2002 年 10 月北京第 11 次印刷版)第 543 頁載:「榜……韻會正韻……木片也。」又查語言研究所詞典編輯室編《現代漢語詞典》(商務印書館 2002 年 5 月北京第 288 次印刷增補本)第 39 頁、第 40 頁、第 960 頁對「榜」有多種注釋。其中第 960 頁注云:「搒(榜)ㄆㄥˊ〈書〉用棍子或竹板子打。」適合柳宗元〈溪居〉詩句「夜榜響溪石」的真實情況:柳宗元常常與朋友置酒溪石賦詩長歌,一到晚上,他就用棍子或竹板有板有眼地打響溪石,為「長歌楚天碧」打拍子!(俗云「長歌當哭」),柳宗元在這個「來往不逢人」的荒涼之地,晚上更覺千萬孤獨悲涼,用木棍或竹片使勁地擊打溪石,發洩自己那憤懣的情緒,合情合理也。

　　張緒伯先生親臨實地的考證,有了「設身處地」的真切。柳宗元「夜榜響溪石」、「長歌楚天碧」的詩句,「一語道破天機」,透露出他「不甘寂寞」,「恐懼孤獨」的心理。

　　行宮見月傷心色,夜雨聞鈴腸斷聲。從柳宗元的詩句中,感受到了其內心的孤寂基調,因而「心有靈犀一點通」引發出隔世絕唱的共鳴。

第十五章　失之東隅、收之桑榆

　　早在中學時代,就背誦過柳宗元那首千古絕唱〈江雪〉:「千山鳥飛絕,萬徑人蹤滅,扁舟蓑笠翁,獨釣寒江雪。」當年,以一個中學生的理解,只是感嘆於詩人遣詞造句、錘鍊語言的功力。他為讀者描繪出一幅幽靜寒顫的畫面:在廣袤的江面上,大雪覆蓋了一切。蒼茫的天穹下,沒有鳥影,沒有人跡;整個天地之間,唯有一葉孤舟,一個孤零零的漁翁,在大雪漫漫之中獨自垂釣。天垂雲暗,勾勒出一個孤寂的身影,萬籟無聲而「於無聲處聽驚雷」。這只是一個中學生的「唐詩欣賞」。

　　有些凝鍊的詩句需要人生閱歷才能讀懂。隨著年齡的增長,隨著對柳宗元生平經歷的了解,我終於讀出了柳宗元淒涼畫面之中力透紙背的內容,越來越驚悚於柳宗元詩中所展示、創造的意境:這是一個落魄士大夫的心電圖!柳宗元以寥寥二十個字,向世人展示出一幅淒涼悽慘、悲愴悲苦的畫面:群山千韌,連飛鳥也絕跡無影,這是何等蠻荒的自然環境?路有萬條,卻難覓到人的足跡,又是何等惡劣的生存境遇。了無生氣、滅寂絕望。舟是「扁舟」,又是在那裡「獨釣」,柳宗元作為一個「大孤獨者」的形象,襯著那悽愴的背景,鐫刻在世人視覺記憶的螢光幕上。

　　孤獨是一種內心豐富、曲高和寡、知音難覓的情形;孤獨又是一種見微知著、洞若觀火、與現世格格不入的反映是一種高處不勝寒的寫照。

　　蘇東坡在〈書鄭谷詩〉中有言:「鄭谷詩云:『江上晚來堪畫處,漁人披得一蓑歸。』此村學中詩也。柳子厚云:『千山鳥飛絕,萬徑人蹤滅,扁舟蓑笠翁,獨釣寒江雪。』人性有隔也哉。殆天所賦,不可及也已。」天才的詩句不是墨跡寫就,而是心靈的泣語。蘇東坡貶官放逐嶺南,與柳宗元有著息息相通的感同身受,讀懂了柳宗元「五言絕句」中痛徹心腑的悲苦哀怨。

柳宗元的〈江雪〉使我見識了一個孤寂封閉的靈魂，在剪不斷理還亂、遮天蔽地的困境中，發出的罕有哀鳴。這種靈感的噴湧而出，一定是在長久的孤寂之中被偶然激發。一種基於靈魂深處的孤芳自賞，伴隨著寂寞，油然而生。

驀然間，我走進了一個千年先賢的魂靈。我似乎讀懂了柳宗元，頓時淚湧如泉，一種強烈的共鳴直衝胸臆。

就在柳宗元準備遷居愚溪時，前文提到的婁圖南與柳宗元歡聚三年之後，卻打算離開永州，遠遁淮南去當道士。婁圖南的決定令柳宗元十分傷感。婁圖南說他是「少好道士言，餌藥為壽，未盡其術，故而求之。」柳宗元明白他是「懷才不遇」的消沉和隱遁。柳宗元極力挽留，但婁圖南去意已決。「孤帆遠影碧空盡，唯見長河天際流。」歡樂是短暫的，留下的是恆久的惆悵和失落。柳宗元的〈江雪〉一詩，正是作於與婁圖南分別之後。

柳宗元另有一首〈漁翁〉，可作為〈江雪〉絕句的延伸閱讀：

漁翁夜傍西巖宿，曉汲清湘燃楚竹。
煙銷日出不見人，欸乃一聲山水綠。
回看天際下中流，巖上無心雲相逐。

顯然，詩中那位游離於青山綠水之間，自遣自歌、獨往獨來的漁翁，有著自比的意味。「汲清湘」、「燃楚竹」、「看天際」、「不見人」，傳達出的仍是那位清高卻孤寂的貶謫之人的心情。此後一句「欸乃一聲山水綠」頗有「卻道天涼好個秋」的異曲同工之妙。綠水青山還是舊時景，然而在詩人眼裡卻已走樣變形。難怪蘇東坡要把此句後的二句「回看天際下中流，巖上無心雲相逐」認為是「蛇足」，「雖不必亦可」。漁翁失落而去「下中流」，「回看天際」，只見巖上繚繞變幻的白雲，彷彿尾隨著他

第十五章　失之東隅、收之桑榆

的漁舟。這裡有些落入陶淵明〈歸去來辭〉中「雲無心而出岫」的窠臼。其實寫到「欸乃一聲山水綠」就戛然而止，反而雋永餘韻，回味無窮。

將柳宗元的詩與陶淵明的詩對比，是對柳詩的誤讀。在貌似相合的外表下，實則本質不同。相似的景物描寫，一個冷漠「出世」之人，怎麼能與一個熱衷「入世」之人相提並論。柳宗元無論是寄情山水的遊記，還是「閒情逸趣」的詩句，其內心時時迴旋著一個不變的主旋律──政治情結。

韓愈在〈荊潭唱和詩序〉中，對為文之道說了這樣一番話：「夫和平之音淡薄，而愁思之聲要妙；歡愉之辭難工，而窮苦之言易好也。是故文章之作，恆發於羈旅草野；至若王公貴人，氣滿志得，非效能好之，則不暇以為。」

柳宗元的文學成就，以他的滄桑經歷為背景，以坎坷人生為支撐。豈是那些風花雪月、無病呻吟之詩可比。

柳宗元此一時期的眾多詩，都反映著他類似的心境。如〈中夜起望西園值月上〉：

覺聞繁露墜，開戶臨西園。
寒月上東嶺，泠泠疏竹根。
石泉遠逾響，山鳥時一喧。
倚楹遂至旦，寂寞將何言？

半夜了，四野萬籟無聲，詩人卻輾轉反側，夜不成寐。百無聊賴中，露水滴落的細微聲音不絕於耳。「石泉遠逾響」，讀來似乎令人難以理解，那麼遠的泉水怎會反而喧囂？「山鳥時一喧」，山鳥偶爾的一聲低鳴，又怎麼會驚擾了人的沉睡？然而這一切，都成為詩人長夜難眠的干擾！這是何等摧殘的折磨？「倚楹遂至旦，寂寞將何言？」面對這幅空

曠寥落的景象，詩人斜倚著柱子，諦聽、想入非非，一直到天亮。「倚楹至旦」的沉思苦悶形象，令人沉思：他在這樣清絕的景色之中在想些什麼呢？可謂此時無聲勝有聲，「寂寞」兩字透出了心跡。自己復雜的心境和情懷，無法用語言來表達。心靜自然無夢，這種失眠狀態，與夢境中與溪神的對話，形成柳宗元心中不斷以各種變調奏響的主旋律。

柳宗元在袁家渴為石澗所題的〈南澗中題〉也為一例：

秋氣集南澗，獨遊亭午時。
迴風一蕭瑟。林影久參差。
始至若有得，稍深遂忘疲。
羈禽響幽谷，寒藻舞淪漪。

《詩經》中有語：「河水清且淪漪。」注云：小風水成文轉如輪，其狀漪然也。柳宗元初至石澗，為景色而陶醉而忘卻了疲憊，然而隨即，聽到被「羈絆」小鳥的哀鳴，看到澗中水藻在波面上被拋上沉下，又勾起了對自己身世的聯想。於是發出一連串的感嘆：

去國魂已遊，懷人淚空垂。
孤生易為感，失路少所宜。
索寞竟何事？徘徊只自知。
誰為後來者，當與此心期。

蘇東坡在讀此詩後，旁注題云：「柳子厚南遷後詩，清勁紓徐，大率類此。」又云：「柳儀曹〈南澗〉詩，憂中有樂，樂中有憂，蓋絕妙古今矣。然老杜云：王侯與螻蟻，同盡隨丘墟。儀曹何憂之深也。」

蘇東坡一語中的，道出了柳宗元在貶謫後所作詩歌的基本特色。「憂中有樂」乃是一種苦中求樂、力圖調整心態；而「樂中有憂」則是「此愁

第十五章　失之東隅、收之桑榆

無計可消除，才下眉頭，又上心頭。」是一種鬱結心頭、揮之不去的惆悵和悲苦。

柳宗元原本是一個富有「救世主」情結之人，立志要把自己的經天緯地之才，報國利民、熱心於改革現實，並無意於當一個「空頭文學家」。

柳宗元在〈答貢士元公瑾論仕進書〉中，直言不諱地表白：「始僕之志學也，甚自尊大，頗慕古之大有為者。」認定「天降大任於斯人」，理應做出一番轟轟烈烈的大事業。柳宗元在〈答吳武陵論非國語書〉中，也表達了相似的意願：「僕之為文久矣，然心少之，不務也。以為是特博弈之雄耳。故在長安時，不以是取名譽，意欲施之實事，以輔時及物為道。」柳宗元認為，為文只是雕蟲小技，沽名釣譽，為有志者所不屑。大丈夫在世，自當「鯤鵬展翅九萬里」。

柳宗元第一次科舉落第時，不僅不為之沮喪，反而向大理卿崔儆致信，表示自己不是「探奧義、窮章句」，「為腐爛之儒」。他寫道：「有愛錐刀者，以舉是科為悅者也；有爭尋常者，以登乎朝廷為悅者也；有慕權貴之位者，以將相為悅者也；有樂行乎其政者，以理天下為悅者也。然則舉甲乙、歷科第，因為末而已矣。得之不加榮，喪之不加憂，苟成其名，於遠大者何補焉！」在柳宗元看來，人各有志，「燕雀豈知鴻鵠之志哉？」登科第、做高官並不是自己的目的，他也不願成為尋章摘句、皓首窮經的「腐爛之儒」，而希望「行乎其政」以「理天下」。他所謂的「政」，即孔孟儒家提倡的「仁政」，他希望透過自己的政治實踐，「興堯、舜、孔子之道，利安元元」。

在封建時代，萬般皆下品，唯有讀書高。讀書人皓首窮經，苦學力文，衣帶漸寬終不悔，為伊熬得人憔悴。以致膚革不豐，齒髮早衰，也要以求仕進。所謂「學成文武藝，貨與帝王家」。人生的四大快事也被描

寫為「洞房花燭夜，金榜提名時」。讀書成為求仕的「敲門磚」，讀書人夢寐以求中科入仕，獲取官職，為了替自己的才能尋求得以施展的舞臺。

古希臘哲人亞里斯多德有名言：「人天生是政治的動物。」有志男兒誰沒有強烈的政治情結？

然而，命運之神是一個喜歡「惡作劇」的老頑童，他把手中的命運之魔棒輕輕一撥，柳宗元的人生就此發生了南轅北轍的轉向。

當柳宗元經天緯地的從政理想破滅之後，他不甘心「出師未捷身先死」，就此退出人生舞臺。他在〈寄許京兆孟容書〉一文中言道：「賢者不得志於今，必取貴於後，古之著書者皆是也。」他在〈貞符序〉中進一步表白心跡：「……念終泯沒蠻夷，不聞於時……苟一明大道，施於人代，死無所憾。」他在〈上襄陽李愬僕射獻唐雅詩啟〉中還說：「宗元身雖陷敗，而其論著，往往不為世屈。意者殆不可自薄自匿，以墜斯時。苟有輔萬分之一，雖死不憾。」

《後漢書・馮異傳》中有句古語：「始雖垂翅回谿，終能奮翼黽池，可謂失之東隅，收之桑榆。」儒家向來把「兼濟」和「獨善」視為二道。一旦政治上失意，也要回歸文章。柳宗元在永州的十年，可說是「天恐文人不盡才」，是天意促成了一位文學大家的誕生。

作為「閒員」，柳宗元被迫退出了政治舞臺，「輔時及物之道，不可陳於今，則宜垂於後。」在長安期間，因為忙於政務和應酬官場，整日置身於喧囂及騷動之中，深入地思索問題和潛心寫作都受到影響。現在有了充裕的時間和平靜的心態，柳宗元廣博地閱讀、潛心地思考，深入地訪求，認真地研究。除了有閒暇餘裕之外，更重要的是他累積了更多的人生經驗和感情體驗，對生存有了更深刻的認識。柳宗元的許多名篇佳作，大多是在永州流放的十年中寫出。《柳河東集》收錄他的詩文

第十五章　失之東隅、收之桑榆

五百四十七首（篇），其中就有三百一十七首（篇）是寫於永州。尤其最能顯示柳宗元思想和文學才華的議辯、對、答、說、傳、騷、弔贊箴戒、銘雜題等一百零七篇，就有八十二篇寫於永州。如《非國語》、〈天說〉、〈天對〉、〈捕蛇者說〉、〈三戒〉、〈永州八記〉等。

柳宗元在永州的十年，是他文學創作的全盛時期。

司馬遷在〈報任少卿書〉中寫道：「蓋文王拘而演《周易》；仲尼厄而作《春秋》；屈原放逐，乃賦〈離騷〉；左丘失明，厥有《國語》；孫子臏腳，《兵法》修列；不韋遷蜀，世傳《呂覽》；韓非囚秦，〈說難〉、〈孤憤〉；《詩》三百篇，大底聖賢發憤之所為作也。」

陰錯陽差、鬼使神差、歪打正著，「有心栽花花不開，無意插柳柳成蔭」，因禍得福，家國不幸詩人幸。柳宗元的貶謫永州，封建王朝少了一個憂國憂民的官吏，卻多得了一位名垂青史的「唐宋八大家」。中國的文人士大夫們，總是身不由己地抑或是趨之若鶩地，落入文學家官場得意成為政治家、政治家官場失意又回歸文學家的循環。

歐陽修在〈薛簡肅公文集序〉中說了一段意味深長的話：「君子之學，或施之事業，或見於文章，而常患於難兼也。蓋遭世之士，功烈顯於朝廷，名譽光於竹帛，故其常視文章為末事，而又有不暇與不能者焉。至於失志之人，窮居隱約，苦心危慮，而極於精思，與其有所感激發憤，唯無所施於世者，皆一寓於文辭，故曰窮者之言易工也。如唐之劉、柳，無稱於事業，而姚、宋不見於文章。彼四人者，猶不能於兩得，況其下者乎？」歸隱書齋、著書立言，出將入相、叱吒風雲，難得二者兼顧。走時運之人，高居廟堂，把文章之事視若閒為；至於失志，退守書房，滿腔激憤、無以宣洩，只能訴諸筆端。所以窮困失落者易工文辭。即如柳宗元之大才，尚且不可魚與熊掌兼得。

韓愈也為此發出感慨：「使子厚在臺省時，自持其身已能如司馬、刺史時，亦自不斥。斥時，有人力能舉之，且必復用不窮。然子厚斥不久，窮不極，雖有出於人，其文學辭章，必不能自力以致，必傳於後如今，無疑也。雖使子厚得所願，為將相於一時，以彼易此，孰得孰失，必有能辨之者。」柳宗元如果仍然一直身居官場，處於高位，他還會致力於文章？如果貶謫後很快有人抬舉，他復得志於官場，而不是一直困頓蠻荒，他還能寫出那樣的錦繡文章？如果遂了柳宗元之願，順利出將入相,，我們是需要一個政治改革家的柳宗元，還是更鍾情於身為文學領袖的柳宗元？孰得孰失，幸矣不幸？也許我們當今人的智慧不足，只有留待智力更為發達的後人來予以評價。

　　愛因斯坦的相對論認為：「質量是能量的一種表現形式。質量的高低決定於能量的大小。」什麼是生命的質量？如何贏得人生的最大價值？一個人在政治場上叱吒風雲、左右歷史的能量大？還是閉門造車、舞文弄墨、留取丹青的能量大？對於法蘭西民族來說，究竟是以劍征服了整個歐洲的拿破崙可稱之為偉人，還是用筆征服了全世界讀者的巴爾札克該稱之為偉人？

　　柳宗元的人生，是悲劇抑或是喜劇？千秋功過得失，誰人來與評說！

第十五章　失之東隅、收之桑榆

第十六章
因為心中仍有夢

　　柳宗元調整心態，轉而為文之後，看似平靜恬淡的田園生活，並不能安慰柳宗元內心的極度矛盾和強烈痛苦。才能得不到施展的鬱悶，難以言述的悲哀，使他抑制不住心中的憤懣與不平。有朋友從長安來，看到他「儻蕩其心，倡佯其形」的模樣，表現得很是達觀的樣子，曾對他表示祝賀。柳宗元回答說：「嘻笑之怒，甚乎裂眥，長歌哀之，過乎慟哭，庸詎知吾之浩浩，非戚戚之尤者乎？」怒到淒楚苦笑，勝過橫眉瞪眼；哀至無淚哼唱，乃是痛徹心肺。表面越是滿不在乎，內心越是悲痛欲絕。為此，柳宗元寫下〈對賀者〉一文：

　　「柳子以罪貶永州，有自京師來者，既見，曰：『余聞子坐事斥逐，余適將唁子。今余視子之貌，浩浩然也，能是達矣，余無以唁矣，敢更以為賀。』」人之生存韌性，總會在夾縫中得過且過、苦中求樂。柳宗元的「失之東隅，收之桑榆」，被局外人看作有肚量、想得開。從京城來的朋友說：聽說你遭到貶謫而流放蠻荒，我來看看你。《穀梁傳》有言：「弔生曰唁，死曰弔」。原本想對你予以寬慰安撫，現在看到你如此豁達開朗，說什麼也為多餘，只有表示「祝賀」了。

　　柳宗元回答：「子誠以貌乎，則可也。然吾豈若是而無志者耶？姑以戚戚為無益乎道，故若是而已耳。」你只是看到表面現象，覺得一切似乎還過得去。然而，我豈是那種逆來順受、沒有個性之人，既來之，則安之。就算你整天悲痛欲絕、怨天尤人，又有何益？所以也只能這樣了。

第十六章　因為心中仍有夢

「吾之罪大，會主上方以寬理人，用和天下，故吾得在此。凡吾之貶斥，幸矣，而又戚戚焉何哉？」我罪孽深重，能得到皇上如此寬厚的處置，雖然身處蠻荒，已經是感恩不盡了，何有悲從中來？

「夫為天子尚書郎，謀畫無所陳，而群比以為名。蒙恥遇僇，以待不測之誅。苟人爾，有不汗慄危厲偲偲然者哉！」你得到皇上重用，身居尚書郎高位，沒有良策為皇上分憂，反而落入結黨之惡名。蒙受恥辱而受到貶謫，說不定哪一天就面臨殺身之禍，雖然目前苟且還像人一樣活著，實際上虛汗淋漓惶惶然不可終日！

「吾嘗靜處以思，獨行以求，自以上不得自列於聖朝，下無以奉宗祀，近丘墓，徒欲苟生倖存，庶幾似續之不廢。」我沉靜時經常反思，行進時不能辨路。儘管上不能居廟堂高爵，下不能祀奉祖宗靈位，一隻腳已經邁入坟塋，還掙扎著苟延殘喘。《詩經》言：「以似以續，續古之人。」還妄想著追隨先賢。

柳宗元的〈對賀者〉一文，可謂痛定思痛之作，字裡行間表達著他極為壓抑的情緒與極度矛盾的心境。

殘酷無情的政治迫害，艱苦動盪的生存境遇，加之長期以來精神上承受的打擊和壓力，使柳宗元深感痛苦和憂鬱。

柳宗元在〈懲咎賦〉中寫道：「為孤囚以終世兮，長拘攣而轗軻。」現代醫學表明：一個意志堅強的人，可以強行控制住自己的心理狀態，卻無法改變生理上潛移默化的改變。在永州待了三、四年，柳宗元的身心健康急遽惡化。他當時年僅三十出頭，正是年富力強之時，身體狀況卻急遽下降，變得衰弱而多病：不僅頭昏眼花，雙腳得了南方易發的風溼病而痙攣，行走受到影響；並且「痞結伏積，不食自飽」，「痞」是指腹腔內可以摸得到的腫塊，即腫瘤。其病情越來越嚴重，甚至影響到了飲食起居和消化功能。

這段時日裡，柳宗元寫給長輩和親友的許多書信中，都或詳或簡地談到了自己在永州的身體狀況。

柳宗元在〈與楊京兆憑書〉中寫道：

自遭責逐，繼以大故，荒亂耗竭，又常積憂恐，神志少矣，所讀書隨又遺忘。一二年來，痞氣尤甚，加以眾疾，動作不常。眊眊然騷擾內生，霾霧填擁慘沮，雖有意窮文章，而病奪其志矣。每聞人大言，則蹶震怖，撫心按膽，不能自止。

自從遭到貶斥放逐後，又碰上母親病故，意志慌亂，精神耗竭，常常積聚著憂慮恐懼，神志已經漸漸不支。才剛讀過的書，闔上書本就不記得了。近一、二年來，腹部的痞塊更加腫大，加上其他的疾病，行動舉止已不正常。眼前模糊，感到眼內有什麼東西在騷擾，如同充滿塵霧的天空，渾濁不清，內心鬱悶悽楚。雖然有意探求文章的奧祕，但又被疾病弄得心神恍惚。每當聽到別人談話的聲音稍大，就會莫名地血氣上衝，內心震怒，即使用手撫摸胸口，按著肝區，還是不能止住。

柳宗元在〈寄許京兆孟容書〉中也寫道：

以是兀兀忘行，尤負重憂，殘骸餘魂，百病所集，痞結伏積，不食自飽。或時寒熱，水火互至，內消肌骨，非獨瘴癘為也。

行走時步履蹣跚，好像背負了重物。成了酒囊飯袋、行屍走肉、失魂落魄。渾身都是病，腹中伏結了腫塊。胸部堵塞，吃不下飯，忽冷忽熱，如同水浸火烤。看來並非僅是因為瘴癘造成。

柳宗元還寫有〈覺衰〉一詩，表達了對英年早衰、人生易老的感慨：

久知老會至，不謂便見侵。

今年宜未衰，稍已來相尋。

第十六章　因為心中仍有夢

齒疏髮就種（《左傳》：盧蒲泣曰：「余髮如此種種，余奚能為？」種種，髮短也），奔走力不任。

咄此可奈何，未必傷我心。

彭、聃安在哉？周、孔亦已沉。

古稱壽聖人，曾不留至今。

但願得美酒，朋友常共斟。

是時春向暮，桃李生繁陰。

日照天正綠，杳杳歸鴻吟。

出門呼所親，扶杖登西林。

高歌足自快，〈商頌〉有遺音。（《莊子》曰：曳縱而歌〈商頌〉，聲滿天地，若出金石。）

柳宗元覺得自己的身體狀況越來越差。他認為「非藥曷以愈疾」，於是開始研習醫術，種植藥材。他所種的藥材有仙靈毗、術、白蘘荷等。它們的種根都是從深山採來，種在門前坡地上、庭院內。仙靈毗又名仙靈脾、淫羊藿，葉似小豆而圓薄，青似杏，有棘，經冬不凋，根似黃蓮。主治筋骨瘺軟，風溼痹痛。術又名山薊、山芥、山薑等，高二、三尺，其葉抱莖而生，作蒿幹狀，青赤色，根似薑而旁有細根。主治脾虛食少，腹脹吐瀉。柳宗元正是以此藥治療腹脹痞悸。

白蘘荷喜陰，葉似芭蕉，根似薑芽而肥，永州人用它來治蠱毒。蠱是楚、越間巫與醫結合的產物，是一種說不清、道不明的神物。「皿蟲化為病，夷俗之所神」，據說食物中的害蟲化為蠱毒，人們在不覺中食用，就會昏迷失志，染上重病。永州人常用巫術的祭祀來解脫，也有人用白蘘荷進行治療。柳宗元不相信巫術，堅持用白蘘荷治療蠱毒，「紛敷碧樹蔭，眄睞心所親」。白蘘荷葉子碧綠肥大，也是可看一景。

有醫生告訴柳宗元，用伏神治療痞悸，效果會更好。伏神是一種中藥，專治驚悸痞腫，於是柳宗元在市場上買來伏神，烹而餌之，卻想不到病情更加嚴重。柳宗元很生氣，覺得庸醫誤人，召而問其緣故。醫生看了藥渣，對柳宗元說：「您所服用的所謂伏神，全是老年根，您懵懵懂懂，上了賣藥人的當，卻來責怪我。」柳宗元為此專門寫下〈辨伏神文〉（並序）：

余病痞且悸，謁醫視之。曰：「唯伏神為宜。」明日，買諸市，烹而餌之，病加甚。召醫而尤其故，醫求觀其滓，曰：「籲！盡老芋也。彼鬻藥者欺子而獲售。子之懵也，而反尤於余，不以過乎？」余戍然慚，愀然憂。推是類也以往，則世之以芋自售而病乎人者眾矣，又誰辨焉！申以詞云：

伏神之神兮，唯餌之良。愉心舒肝兮，魂平志康。驅開滯結兮，調護柔剛。和寧悅懌兮，復彼恆常。休嘉訢合兮，邪怪遁藏。君子食之兮，其樂揚揚。余殆於理兮，榮衛寒極。伏杯積塊兮（《史記‧倉公傳》：陽虛侯病，根在右脅下，大如覆杯），悸不得息。有醫導余兮，求是以食。往沽之市兮，欣焉有得。滌濯爨烹兮，專恃爾力。反增余疾兮，昏憒憑塞。余駭其狀兮，往尤於醫。徵滓以觀兮，既笑而嘻。曰子胡昧愚兮，茲謂蹲鴟（《史記》：汶山之下沃野有蹲鴟。注：蹲鴟，芋魁也）。處身狠大兮，喜植圩卑（圩卑，謂下溼之地）。受氣頑昏兮，陰僻歆危（「歆」，亦作「危」）。累積星紀兮，以老為奇。潛茍水土兮，混雜蜂蚳（蜂，蝗子也。蚳，蟻卵也）。不幸充腹兮，唯痼之宜。野夫忮害兮（忮，音填，狠也），假是以欺。刮肌刻貌兮，觀者勿疑。中虛以脆兮，外澤而夷。誤而為餌兮，命或殆而。今無以追兮，後慎觀之。

嗚呼！物固多偽兮，知者蓋寡。考之不良兮，求福得禍。書而為詞兮，願寤來者。

第十六章　因為心中仍有夢

對於為求治病而誤食假藥，柳宗元感嘆曰：世人多病急亂投醫，有幾人能辨得真假？結果求福而得禍，病情反而越來越嚴重，希望後人以自己的前車覆轍為鑑。

柳宗元的病情不見好轉，未滿四十，已是形容枯槁。友人周君巢來信勸他修仙學道，以便延年益壽，並送給他服之可以「久壽」的丹藥。柳宗元十分不以為然，寫了回信〈答周君巢餌藥久壽書〉：

奉二月九日書，所以撫教甚具，無以加焉。丈人用文雅從知己，日以悖大府之政（周君巢時為幕府從事）。甚適。東西來者，皆曰：「海上多君子，周為倡焉。」敢再拜稱賀。

柳宗元雖然對周君巢送來的丹藥不以為意，但對他的一番好意還是得表示感謝。

宗元以罪大擯廢，居小州，與囚徒為朋，行則若帶縲索（《易》：繫用徽纆。徽、纆，皆繩也。纆，音墨），處則若關桎梏，行進行而無所趨（丁，音觸。《說文》：步止也。《選》：行中輟）。拳拘而不能肆，槁焉若枿（音櫱。伐木餘也）。隤焉若璞（璞，塊也），其形固若是，則其中者可得矣，然猶未嘗肯道鬼神等事。今丈人乃盛譽山澤之臞者以為壽（司馬相如以為列仙之儒居山澤間，形容甚臞，非帝王之仙意，乃奏〈大人賦〉。臞，瘠也）。且神其道，若與堯、舜、孔子似不相類焉，何哉？又曰：餌藥可以久壽，將分以見與，固小人之所不欲得也。嘗以君子之道，處焉則外愚而內益智，外訥而內益辯，外柔而內益剛；出焉則內外若一，而時動以取其宜當，而生人之性得以安，聖人之道得以光。獲是而中，雖不至耆老，其道壽矣。今夫山澤之臞，於我無有焉。視世之亂若理，視人之害若利，視道之悖若義；我壽而生，彼夭而死，固無能動其肺肝焉。昧昧而趨，忳忳而居（《楚辭》：中悶瞀之忳忳。注：憂也）。浩然若有餘，掘草烹石（石，謂藥石），以私其筋骨，而日以益愚，他人莫利，己獨以愉。若是者愈千百年，滋所謂夭也，又何以為高明之圖哉？

柳宗元認為，人之壽夭，不僅是歲月數字的增減，更關乎於生命的品質。彭祖雖壽，何如賈誼早逝。一個人能將聖人之道發揚光大，雖不至黃髮耆老，也是不朽的；反之，逃避社會現實，違背聖人之道，即使活到千百歲，也只能算是短壽。有的人雖然活到七老八十，然而飽食終日、昏昏噩噩，終是行屍走肉；而「聖人之道得以光。獲是而中，雖不至耆老，其道壽矣。」柳宗元聲稱自己「苟守先聖之道，由大中以出，雖萬受摒棄，不更乎其內」，有著「雖九死而猶不悔」、義無反顧的精神。柳宗元在〈答周君巢餌藥久壽書〉一文中，表明了自己對疾病的態度。

　　柳宗元所寫〈愈膏肓疾賦〉一文也意味深長。它以《左傳》晉景公殺害趙氏功臣之後的故事為依託，透過對病入膏肓的故事神祕化的敘述，表達膏肓之疾可否有救的憂慮。〈愈膏肓疾賦〉借用《左傳》中「病入膏肓，不可救藥」這個古老典故，巧設醫緩與忠臣的問答，藉以表達自己不認為「膏肓之疾不救，衰亡之國不理，巨川將潰，非捧土之能塞；大廈將崩，非一木之能止」，如果疾病進入膏肓已經無法挽救，如果國家已經衰亡也就無法治理。就像大河即將崩潰，並非一捧土可以堵塞；大廈將要崩塌，也並非一根木柱能夠支撐得住。

　　柳宗元相信「喪亡之國，在賢哲之所扶匡；而忠義之心，豈膏肓之所羈絆！」在頹勢的面前，不應聽任時運的擺布，偷生苟且，無所作為。而應當相信「善輔弱者，殷辛、夏桀為周、漢」。只要忠心輔佐，盡其所力，力挽狂瀾，縱然是遇上商紂、夏桀那樣的暴君，也能促使其轉變，成為強盛的周朝與漢朝。以期「變禍為福，易曲成直」，達到「拯厥兆庶，綏乎社稷」的目的。

　　〈愈膏肓疾賦〉充滿了辯證意味，如：「上醫療未萌之兆，中醫攻有兆之者。」最高明的醫生能夠在疾病尚未發作之前就加以預防、治療，

第十六章　因為心中仍有夢

中等水平的醫生只能在疾病發生之後才進行診斷與治療。

「天賦性命，如彼喧寒，短不足悲，修不足歡。」柳宗元認為，人的性格、生命跟先天遺傳有關，如醫生們所講的那樣，生命短暫沒有什麼可悲傷的，即使壽命很長也沒有什麼好高興的；柳宗元將治病與治理國家相比，借「忠臣」的口，表達自己的「憤怨」和「感嘆」：「生死浩浩，天地漫漫。綏之則壽，撓之則散。善養命者，鮐背鶴髮成童兒；非藥曷以愈疾，非兵胡以定亂？」天地廣闊，生死繁多。順其自然則容易長壽，違背、阻撓則性命不長。善於保養的人，即使脊背像魚一樣彎曲、頭髮雪白了，膚色還像童子；如果沒有藥，用什麼來治癒疾病？沒有士兵，憑什麼平定叛亂？面臨喪亡的國家，如果重用賢哲的大臣可以匡扶正義，扭轉乾坤；只要有忠義的心，豈能被膏肓之中的疾病所束縛和攔阻！

柳宗元此時不僅對疾病抱著積極樂觀的態度，而且即使在病中，仍未放棄憂國憂民的情懷和抱負。

前文提到了婁圖南寓居永州期間，住在永州城南二里的開元寺。有一次，婁圖南因病臥床不起，柳宗元做〈酬婁秀才寓居開元寺早秋月夜病中見寄〉一詩以相慰：

「客有故園思，瀟湘生夜愁。病依居士室，夢繞羽人丘。」慧遠在《維摩義記》中有言：「居士有二：一，廣積資產，居財之士，名為居士；二，在家修道，居家道士，名為居士。」柳宗元稱婁圖南為「居士」，蘊含了雙重含義。羽人丘：傳說中的羽人國。據《山海經》說：「有羽人之國，不死之民，或人得道身生羽毛也⋯⋯丹丘晝夜常明。」柳宗元以己度人，推想婁圖南病中有夢，一定夢到了魂歸羽人國。這是一種信仰的回歸。「幾回回夢裡回延安，雙手摟定寶塔山。」

「味道憐知止，遺名得自求。壁空殘月曙，門掩候蟲秋。」《老子》

有言:「知足不辱,知止不殆。」《後漢書‧申屠蟠傳》強調:「安貧樂潛,味道守真。」《禮記‧大學》告誡:「大學之道……在止於善。知止而後定,定而後能靜。」朱熹集注更為一語道破天機:「止者,所當止之地,即至善之所在也。知之,則志有定向。」一個「知止」道出了心中多少不盡之意。人生之病,多病在「不知止」,為名聲所累。沒有名位牽掛又何求之有?卡夫卡認為:紛繁龐雜的世界是一個病態的存在。他說:「疾病是世界的隱喻。」老子有言:「知不知上,不知知病。夫唯病病,是以不病。聖人不病,以其病病。夫唯病病,是以不病。」老子還言:「夫若不病,誰能病之。」柳宗元極力寬慰勸解自己:壁徒四空月圓還殘,誰人能見月常圓?秋蟲入室鳴叫,能發幾天的聲音?很快就會歸於寂滅。

「謬委雙金重,難徵雜佩酬。」《文選‧擬四愁》曰:「美人遺我綠綺琴,何以贈之雙南金。」《詩‧鄭風‧女曰雞鳴》:「知子之好之,雜佩以報之。」毛傳:「雜佩者,珩、璜、琚、瑀、衝牙之屬。」這兩句詞面上是說「你贈與我如此貴重的禮物,我卻沒有相應價值的東西回禮」,實際上恐怕是指兩人間的詩賦應答,對於你所贈錦繡文章,我卻只有拙筆回報。

「碧霄無枉路,徒此助離憂。」《史記‧屈原賈生列傳》言:「『離騷』者,猶離憂也。」「離」通「罹」,遭遇。碧空萬里茫茫,哪有什麼路徑,病中的思慮只能是更助長了遭遇的憂愁。

柳宗元為婁秀才病中所作,何嘗不是自己的「病中吟」。

章士釗在《柳文指要‧之部》卷二十五中有言:「子厚嘗作〈夢歸賦〉,不夢則已,夢則思歸。而婁夢羽人之丘,則其人入道之志堅矣。」

柳宗元寫過一篇〈夢歸賦〉:

「罹擯斥以窘束兮,余唯夢之為歸。」受到貶謫,從此被拘禁在了遙遠的蠻荒,我只有在夢境中才能回歸故鄉。

第十六章　因為心中仍有夢

「精氣注以凝沍兮，循舊鄉而顧懷。」寂然凝神，揮之難去的只有一個心結，故鄉的一草一木闖入記憶的情懷。

「夕余寐於荒陬兮，心慊慊而莫違。」每當夜色降臨，我睡在異鄉的荒野，心中惦念自己家鄉，一刻也不敢逆違。

「質舒解以自恣兮，息愔翳而愈微。」在我舒展放鬆地躺著時，心卻蒙著一層陰影，變得迷惘式微。

「欸騰湧而上浮兮，俄滉瀁之無依。」忽然之間覺得自己的身體飄到了半空，廣闊無涯的天空是那麼空曠而無所憑依。

「圓方混而不形兮，顥醇白之霏霏。」天圓地方、混沌一片，分不出形狀，雲氣籠罩成一片白霧茫茫。

「上茫茫而無星辰兮，下不見夫水陸。」向上茫然看不到星辰，向下難辨哪裡是湖河、哪裡是陸地。

「若有鉥予以往路兮，馭儗儗以回復。」好像有人在前方指引道路，我駕車的手遲疑猶豫地把持方向，循環往復。

「浮縱以直度兮，雲濟予乎西北。」浮雲滾動著，直直地把我送向前，長安和家鄉的方向正是西北。

「風繩繩以經耳兮，類行舟迅而不息。」風聲嗖嗖地在我耳邊響起，好像在顛簸沉浮的船上川流不息。

「洞然於以瀰漫兮，虹蜺羅列而傾側。」無邊無際的大水在我的身邊洶湧奔流，穿過排成兩列在我身側的霓虹。

「橫衝飆以蕩擊兮，忽中斷而迷惑。」受到衝天而起的強風衝撞而開始動盪，我的行程突然之間中斷，為失去方向感到惶惑。

「靈幽漠以潎洌兮，進怊悵而不得。」睡夢中的靈魂在黑暗的世界裡

遊走，徬徨著想要往前走，卻心有餘而力不得。

「白日邈其中出兮，陰曀披離以泮釋。」光豔的太陽突然出現在天空，厚重的烏雲紛紛地散開消釋。

「施嶽瀆以定位兮，互參差之白黑。」依照高大的山川以確定所在位置，有白作為參照，會讓你更為明確地看清黑。

「忽崩騰上下以徊惶兮，聊案行而自抑。」忽然之間，天從上面墜落，地從下面躍升，我只得徘徊惶惑地抑制自己遊蕩的腳步。

「指故都以委墜兮，瞰鄉閭之修直。」我沿著故鄉的方向慢慢墜落下去，俯視房屋前故鄉的筆直小道。

「原田蕪穢兮，崢嶸榛棘。喬木摧解兮，垣廬不飾。」平原上的田地早已荒蕪，雜亂地叢生著荊棘。高大的樹木轟然倒折，我們家的廬屋年久失修。

「山峨峨以巖立兮，水汩汩以漂激。」峰巒高高地聳立，水浪洶湧地流激。

「魂恍惘若有亡兮，涕汪浪以陨軾。」我的靈魂感到心神不寧、悵然若失，眼淚止不住地滾落在轅軾。

「類曛黃之黔漠兮，欲周流而無所極。」如同黃昏一般黯淡無光，想到處走走卻茫然不知所措。

「紛若喜而怡儗兮，心回互以壅塞。」原本喜悅的心情驀地變得惆悵鬱結，滿腹的愁緒如亂麻在胸口堵塞。

「鐘鼓嘳以戒旦兮，陶去幽而開寤。」晨鐘暮鼓的聲音告訴人們新的一天開始，黑暗將要離去，夢境就要醒寤。

「罾罣蒙其復體兮，孰云桎梏之不固？」如同被漁網套住了身體，人

第十六章　因為心中仍有夢

生的桎梏有誰會認為不牢固？

「精誠之不可再兮，予無蹈夫歸路。」全心的至誠難以再次聚焦成夢，不知能否再次踏上歸鄉之路。

「偉仲尼之聖德兮，謂九夷之可居。」聖人孔夫子有著過人的優秀品德，在他看來即使身處九疑也能夠樂業安居。

「唯道大而無所入兮，猶流遊乎曠野。」由於他修行高遠，沒有什麼可以左右情緒，即便棲居曠野仍隨遇而安。

「老聃遁而適戎兮，指淳茫以縱步。」老子李耳避世遠離喧囂之地，自願義無反顧地向邊遠蠻荒舉步。

「蒙莊之恢怪兮，寓大鵬之遠去。」莊子豁達超脫，充滿奇思妙想，寄寓大鵬展翅，飛向遠方。

「苟遠適之若茲兮，胡為故國之為慕？」假使好男兒志在四方，為什麼還要為故國而熱戀思慕？

「首丘之仁類兮，斯君子之所譽。」屈原曰：「狐死必首丘。」如此執著的道義，是君子對志向的讚譽。

「鳥獸之鳴號兮，有動心而曲顧。」鳥獸悲切地鳴叫，是眷戀故土的緣故。

「膠餘衷之莫能捨兮，雖判折而不悟。」我心中對故土的懷戀之情難以割捨，即使明白是想入非非，仍舊執迷不悟。

「列茲夢以三複兮，極明昏而告訴。」我有過好多次這樣的故鄉之夢，在天明與黑暗的交界時刻寫下夢境以廣而告之。

「夢歸」是由於殘酷的現實之中沒有歸期。問君歸期未有期，「余唯夢中之歸」中一個「唯」字，傾吐著作者的萬般無奈和哀傷。

卡夫卡針對夢說過這樣一句話：「夢揭開了現實，而想像隱蔽在現實後面。這是生活中可怕的東西。」卡夫卡可謂是說夢大師，卡夫卡作品中描繪的許多場景，常常帶給人「飄渺幻真假，虛實有無間」、「如夢似幻」的感覺。然而，這種生活中的荒誕卻是夢境中的真實，突兀轉換的時空是詩人的意識流。片段的意象被「蒙太奇」似地疊加、剪輯、連結在一起，看似毫無關連，卻有著耐人尋味的邏輯……

夢是現實生存場景的「海市蜃樓」，總與現實若隱若現地存在著某種對應關係。「日有所思，夜有所夢」，白天揮之不去的思緒化作夢縈纏繞；夢又像是一種預兆、讖言，我們有時恍惚覺得現實中剛剛發生的一幕，似乎在重複著某個夢境。夢是人類特有的神祕精神現象（也許是，動物、植物有嗎？）數千年前東方具有易經卜卦色彩的《周公解夢》，到二十世紀初、西方富有科學研究精神的佛洛伊德《夢的解析》，無不反映了人類對夢此一生命現象的探究。睡眠是對黑暗的屈從，是對遺忘的本能接納；夢境是對記憶的頑強講述，是不願沉睡的生命發出的強音。所謂「魂牽夢縈」，那些反覆闖入夢境的，必定是生命體驗中的刻骨銘心。

古往今來，多少作家都寫過夢境。從文藝復興時期但丁的《神曲》，到西方現代派文學創始人卡夫卡的《變形記》；從「莊生曉夢迷蝴蝶」的詩句，究竟是夢中人變為蝴蝶、還是蝴蝶原本就是人形？再到「螞蟻緣槐誇大國」的「一枕黃粱再現」，都是現實與夢幻的連結和對應；中國古典四大名著之首，曹雪芹的心血之作乾脆就名之《紅樓夢》……

維根斯坦說過一句經典之言：「夢境是不是一種思考？」

柳宗元的一支神來之筆，把自己的心境描繪得如夢如幻、若隱若現。晁無咎曰：「宗元既貶，悔其年少氣銳，不識幾微，久幽不還，故作〈夢歸賦〉。懷思鄉閭而作也。」故土的一草一木，都引發著無盡的思念。

第十六章　因為心中仍有夢

費翔演唱的〈故鄉的雲〉:「歸來吧歸來喲,浪跡天涯的遊子;歸來吧歸來喲,別再四處飄泊⋯⋯」故鄉成為柳宗元夢縈纏繞的思念。

也許柳宗元的病情每況愈下,另一層意義而言是患了「相思病」。「相思病」是一種心病,心病的「病灶」在哪裡?該如何醫治?心病還須心藥醫,解鈴還須繫鈴人。

「花的蕊藏在葉中,因為心中仍有夢。」柳宗元十年一覺南柯夢,夢寐以求的還是那個心結:何時能夠「回歸長安」。

柳宗元初到永州,心中仍不滅回歸量移的希望。柳宗元向廣州刺史趙昌上啟陳情,希望能施之援手。柳宗元在監察御史任上時,曾與趙昌、杜司空等有著舊交情,關係還不錯。柳宗元訴說自己的處境:「頃以黨與進退,投竄零陵,囚繫所迫,不得歸奉松檟。哀荒窮毒,人理所極,親故遺忘,況乎他人」;「伏唯惻然見哀,使得存濟,僂僂荒懇,叩顙南望。竊以動心於無情之地,施惠於不報之人,古烈尚難,況在今日?而率然干冒,決不自疑者,蓋以聞風之日久,向德之誠至,振高義於流俗之外,合大度於古人之中,獨有望於閣下而已,非敢以尋常祈向之禮,當大賢匍匐之仁,夙夜忖度,果於自卜,方在困辱,不敢多言。伏紙惶恐,不勝戰越。」柳宗元的陳情寫得情真意切,應該足以打動趙昌。然而卻沒有回音。

這一時期,柳宗元四下廣為致信,奢求有所收穫。柳宗元還向李建(柳宗元的老朋友)、裴塤(柳宗元姐夫裴瑾的弟弟)、顧十郎等人致信,盼望有人能夠為他說好話,援引昭雪,使他離開此瘴癘之地,心情十分迫切。然而,一次又一次滿懷希望,又不斷歸於失望。由於柳宗元「罪謗交積」、群情激憤,故舊大臣「群疑當道,誠可怪而畏也」,不敢與柳宗元互通音訊。上書尋求援手的結果,皆如石沉大海、泥牛入海。

宋祁在〈柳宗元傳〉中寫道：「然眾畏其才高，懲刈復進，故無用力者。宗元久涙振，其為文，思益深，……宗元不得召，內閔悼，悔念往咎……」

元和二年，時局曾出現一絲轉機。在西川謀反的劉闢被擒，斬首京師。劉闢本是西川節度使韋皋的佐官，韋皋死，他不經朝廷任命就自立為留後，並公然要求兼領三川之地。憲宗不允，任命山南東道節度使袁滋為西川節度使。劉闢抗命不從，陳兵境上阻止袁滋入川。憲宗命左神策行營節度使高崇文、神策京西行營兵馬使李元奕、河東節度使嚴礪出兵討伐劉闢。這個劉闢就是前文提到，曾入長安賄賂王叔文不成，反而賊喊捉賊，上表誣王叔文集團為奸佞謀逆之徒的劉闢。

河東節度使嚴礪在此次平叛中戰功卓著，被擢升為東川節度使。嚴礪在任山南節度使時，柳宗元曾為之作〈興州江運記〉，表彰他治理的功績：「僕大木，焚以炎火，沃以食醯，摧其堅剛，化為灰燼。畚錘之下，易甚朽壞，乃關乃墾，乃宣乃理。隨山之曲直以休人力，順地之高下以殺湍悍。厥功既成，咸如其素。於是決去壅土，疏導江濤，萬夫呼抃，莫不如志。雷騰雲奔，百里一瞬，既會既遠，澹為安流。烝徒謳歌，枕臥而至。戍人無虞，專力待寇。唯我公之功」；「公能夷險休勞，以惠萬代，其功烈尤章章焉不可蓋也。」柳宗元有眼光，已預存「前期投資」，也算得上有舊交情。

柳宗元聽說了嚴礪因功高遷的喜訊，又興奮地為其新撰〈劍門銘並序〉，在序中再次大加讚頌一番：「禮部尚書嚴公，以國害為私仇，以天討為己任。推仁仗信，不待司死，而人致其命；立義抗憤，不待喋血，而士一其心。」「攀天蹈空，夷視阻艱。破裂層壘，殄殲群頑。內獲固圉，外臨平原。天兵徐驅，卒乘嘽嘽。大憝因戮，戎夏咸歡。帝圖厥

第十六章　因為心中仍有夢

功，唯梁是先。開國進位，南服於藩。邦之清夷，人以完安。銘功鑑亂，永代是觀。」柳宗元揮灑一支生花妙筆，以歷史的高度肯定嚴礪的戰功。

柳宗元把〈劍門銘（並序）〉寄給嚴礪時，還附了一篇啟。柳宗元對自己的文章很自信，他在啟中說：「今身雖敗棄，庶幾其文猶或傳於世，又焉知非因閣下之功烈，所以為不朽之一端也。敢默默而已乎？」歷史已證明，嚴礪因柳宗元的一銘一序而後世傳名。但柳宗元的初衷是希望嚴礪「投桃報李」，為自己美言幾句，擺脫目前的困境。但嚴礪卻沒有一言半語的回覆。

柳宗元在為嚴礪獻上〈劍門銘（並序）〉的同期，還上書荊南節度使趙宗儒並獻所著文，也都沒有結果。

就在柳宗元「山窮水盡疑無路」之際，猛不防「柳暗花明又一村」。元和四年，柳宗元接到其父故舊、新任京兆尹許孟容的來書。使他重新燃起「復起為人」的希望。

許孟容，字公範，京兆長安人。他「讀書為文口辯」，自尚書右丞拜京兆尹，在官場上素以能言敢諫、不畏強權而著稱，官聲一直不錯。柳宗元又驚又喜，「忽捧教命，乃知幸為大君子所宥」，遂回了一封數千言的長信〈寄許京兆孟容書〉，表達了自己絕地求生的矛盾痛苦心情：

「宗元再拜五丈座前：伏蒙賜書誨諭，微悉重厚，欣踴恍惚，疑若夢寐，捧書叩頭，悸不自定。伏唸得罪來五年，未嘗有故舊大臣肯以書見及者。何則？罪謗交積，群疑當道，誠可怪而畏也。」許孟容在同宗兄弟中排行第五，所以稱五丈，敬重為長輩。柳宗元在走投無路之際，猛然得到許孟容來信，教誨曉諭，細緻入微，深情厚意，一時間悲喜交集、受寵若驚，懷疑是在做夢。捧著書信，感激涕零、低頭叩謝，心跳難以

平靜。回想被貶謫永州五年以來，從來沒有原本相識的朝中大臣肯書寫隻言片語，為什麼呢？當然是因為我的罪過和誹謗交相累積，人們不免心存疑懼，避之唯恐不及。

「忽捧教命，乃知幸為大君子所宥，欲使膏肓沉沒，復起為人。夫何素望，敢以及此。」忽然得到您的教誨，知道有幸得到德高望重之人的寬恕，想要幫助我這個病入膏肓的人，得以重生。這是我哪一世修來的福分，膽敢奢求如此待遇！

宗元年輕的時候，「與負罪者親善，始奇其能，謂可以共立仁義，裨教化」；與王叔文親密友善，起初認為他的才能奇特，以為可以一起樹立仁義，輔佐教化。「過不自料，勤勤勉勵，唯以中正信義為志，以興堯、舜、孔子之道，利安元元為務，不知愚陋，不可力強，其素意如此也。」勤勤懇懇勉勵自己，希望以中正信義為志向，以振興堯、舜、孔子的正道，致力於安定百姓為職責。然而卻不自量力，自己愚蠢淺陋，萬事勉強去做，結果與我的本意南轅北轍、事與願違。

「末路孤危，陀塞脆脆，事既壅隔，很忤貴近，狂疏繆戾，蹈不測之辜，群言沸騰，鬼神交怒。」後來仕途阻隔，憂懼不安，政事受到了阻撓，嚴重地得罪了權貴近臣，狂妄疏忽，做了錯事，蒙受意料之外的罪過，眾人議論紛紛，鬼神也交相怨怒。

「加以素卑賤，暴起領事，人所不信。射利求進者，填門排戶，百不一得，一旦快意，更造怨讟，以此大罪之外，詆訶萬端，旁午構扇，盡為敵仇，外連強暴失職者以致其事。」再加上出身本來卑賤，突然高升擔任要職，人們更不信任。謀求名利、追逐仕進的人，擁擠不堪，一百個人也難得有一個如意，而我卻平步青雲，更加引起人們的怨恨。因此一旦獲罪，人們百般詆毀，製造各種謠言誣陷，都把我當作共同的敵人，

第十六章　因為心中仍有夢

同心協力地加以攻擊,並牽扯王叔文等人,致使我蒙罪遭貶。

「此皆丈人所聞見,不敢為他人道說。懷不能已,復載簡牘。此人雖萬被誅戮,不足塞責,而豈有賞哉?」這些往事都是先生您所聞所見,不敢為他人訴吐苦衷。藏在心裡憋不住,只能寫信告訴您。像王叔文那樣的人即使千刀萬剮,也不足以贖清他的罪責,難道還能給予獎賞嗎?

柳宗元寫此信時,王叔文已經被憲宗皇帝「賜死」,對於皇上欽點的「蓋棺定論」,柳宗元也只能改變自己昔日的口徑。他在信中違心地說道:「今其黨與,幸獲寬貸,各得善地,無分毫事,坐食俸祿,明德至渥也,尚何敢更俟除棄廢痼,以希望外之澤哉?」現在他的同黨們,都有幸得到寬恕,各任遙遠邊州司馬,沒有多少公事,享受現成的俸祿,皇帝的恩德已經相當優厚了,怎麼還敢進一步等待赦免重罪,得到意料之外的恩澤呢?

柳宗元在給許孟容的信中,心中紆塞已久的氣悶和委屈,突然有了傾訴的對象,於是如決堤之水般噴湧而出,引經據典、以古論今,為自己的遭遇辯解:

自古以來,有賢德和才幹的士人,秉持志向,遵守規矩,但卻受到誹謗議論,難以自明,這樣的人數以百計:「無兄盜嫂,娶孤女云撾婦翁者」;《漢書‧直不疑傳》記載:「人或毀直不疑曰:不疑狀貌甚美,然特毋奈其善盜嫂何也?」有人誹謗直不疑說:看著他冠冕堂皇、相貌挺美,然而卻與他的嫂子通姦。直不疑反問誹謗之人:「我乃無兄。」我連哥哥也沒有,何來嫂子可「偷情」?然而謠言照樣流傳。

《後漢書‧第五倫傳》記載:「建武二十九年,從淮陽王朝京師,帝戲謂倫曰:『聞卿為吏,撾婦翁,寧有之邪?』」漢光武帝劉秀開玩笑地問第五倫:「聽說你當地方官吏時,為了娶別人的女兒,仗勢拷打你的岳

父,還有如此荒唐之事?」第五倫回答:「臣三娶妻,皆無父。」我有過三次婚姻,所娶妻子都是孤女,哪來的岳父?歷史所載無兄盜嫂的直不疑,娶孤女被說成打岳父的第五倫,「然賴當世豪傑,分明辨別,卒光史籍。」但都仰賴當世豪傑,給予分明辨別,使他們最終憑藉歷史記載而獲得光耀。

「管仲遇盜,升為功臣;匡章被不孝之名,孟子禮之」;《禮記·雜記下》記載:「管仲遇盜,取二人焉。上以為公臣。」春秋時齊相國管仲遇盜,捕獲兩人,了解了他們的身世及被逼為盜的原因,推薦他們做了官吏。

《孟子·離婁下》記載:公都子曰:「匡章,通國皆稱不孝焉,夫子與之遊,又從而禮貌之,敢問何也?」孟子曰:「世俗所謂不孝者五」云云,「章子有一於是乎?」人們都以為匡章不孝,孟子獨為匡章辯白,而且很禮貌地對待匡章,與他交往。「今已無古人之實,而有其詬,猶欲望世人之明己,不可得也。」現如今我已經沒有古人實際的所作所為,但卻蒙受與古人相同的污垢,想希望得到世人的了解,已經不可能做到了。

「直不疑買金以償同舍;劉寬下車,歸牛鄉人。」《漢書·直不疑傳》記載:「直不疑為郎,事文帝。其同舍有告歸,誤持其同舍郎金去。已而同舍郎覺亡,意不疑。不疑謝有之,買金償。後告歸者至而歸金,亡金郎大慚。」漢文帝劉桓時,直不疑任郎中。跟他住在一起的人回家時,誤取走另一位室友的銀子。不久失銀的人發現了,以為直不疑偷了銀子。直不疑並不辯白,買了相當數量的銀子償還失銀的人。後來回家的人返回,把誤取走的銀子還給失銀的人,失銀的人十分慚愧。

《後漢書·劉寬傳》記載:「嘗行,有人失牛者,乃就寬車中認之。寬無所言,下駕步歸。有頃,認牛者愧而送還。」劉寬出門在路,有人丟了牛,把劉寬駕車的牛誤認作是自己的失牛。劉寬一句也不申辯,下車

第十六章　因為心中仍有夢

步行。過了一會兒,認錯牛的人慚愧地送還了那頭牛。「此誠知疑似之不可辯,非口舌所能勝也。」這都是深知猜疑之迷無法辯白,不是口舌所能勝任。

「鄭詹束縛於晉,終以無死。」《國語·晉語》記載:「文公伐鄭,欲得詹而師還。鄭人以詹與晉,晉人將烹之,詹據鼎耳而疾號,乃命弗殺,厚為禮而歸之。」晉文公伐鄭,抓走了鄭詹,要把他扔到開水裡煮,鄭詹抓住大鼎的把耳,大聲呼號,晉文公竟放了他,還送他一份厚禮。

「鍾儀南音,卒獲反國。」《左傳·成公九年》記載:「晉侯觀於軍府,見鍾儀,與之琴,操南音。范文子曰:『樂操土音,不忘舊也,君盍歸之。』公從之,使歸求成。」晉侯巡視軍隊,見到楚國的俘虜鍾儀,要他彈琴助興。鍾儀彈奏思鄉的楚國音樂。晉侯厚禮待他,讓鍾儀回國,與楚國言和。

「叔向囚虜,自期必免。」《左傳·襄公二十一年》記載:「欒盈出奔楚。晉囚叔向,樂王鮒風叔向曰:『吾為子請。』叔向弗應,其人皆咎叔向。叔向曰:必祁大夫。」晉國欒盈叛逃楚國,范宣子將與欒盈親近的叔向囚禁。有人要為叔向求情,叔向認為清者自清、濁者自濁,無須辯解,他斷定自己一定會被免罪釋放。

「范範痤騎危,以生易死」;《史記·魏世家》記載:「趙使人謂魏王:『為我殺范痤,吾獻地。』王使捕之,痤因上屋騎危,謂使者曰:『與其以死痤市,不如以生痤市。有如痤死,趙不與王地,則奈何?』王出之。」趙國派人對魏王說:「幫我殺范痤,我將獻地。」魏王派人捕捉范痤,范痤登上屋頂,騎在屋脊上說:「與其以死的范痤做交易,不如以生的范痤做交易。要不然我死了,趙國不獻地,怎麼辦?」魏王聽其言之有理,於是放了范痤。

「蒯通據鼎耳，為齊上客。」《漢書・蒯通傳》記載：「高帝誅韓信，信曰：『悔不用蒯通之言。』帝召通，欲烹之。通曰：『犬和吠非其主。』上乃赦之。」蒯通為韓信謀臣，曾勸韓信自立為王。漢高祖劉邦誅韓信後，抓來蒯通，將烹煮他，蒯通說：「狂犬吠日，各為其主。」劉邦於是赦免蒯通。

「張蒼、韓信伏斧鑕，終取將相。」《史記》記載：「張蒼從沛公攻南陽，當斬，解衣伏質，王陵乃言沛公，赦勿斬，後至孝文時為相。韓信亡楚歸漢，為連敖，坐法當斬，適見滕公。公奇其言，釋勿斬。其後拜大將。」張蒼跟從劉邦攻南陽，犯罪當斬，脫了衣服伏在刀斧上。王陵為他辯護，得到赦免。後至漢文帝時，張蒼任丞相。韓信亡楚歸漢，也犯了死罪，幸虧蕭何救他，後來拜為大將。

「鄒陽獄中，以書自活。」《史記・鄒陽列傳》記載：「鄒陽從梁孝王遊，羊勝，公孫詭等疾陽，惡之。孝王怒，下陽吏。陽從獄中上書奏王，出之。」漢初鄒陽從梁孝王遊，受人讒毀，被抓進獄中，將殺之。鄒陽從獄中上書給孝王，自言情衷，孝王就放了他。

「賈生斥逐，復召宣室。」《史記・賈誼傳》記載：「絳、灌之屬害之，出為長沙王傅。歲餘，文帝思誼，徵之，入見宣室。」賈誼受朝中權貴迫害，降職為長沙王傅。一年以後，漢文帝思念賈誼，徵召他，在宣室與他傾談。

「倪寬擯死，後至御史大夫。」《漢書》記載：「倪寬為廷尉文學卒史，以儒生不習事，不署曹，除為從史，之北地視畜。其後議封禪事，拜御史大夫。」西漢倪寬任廷尉文學卒吏之際，被彈劾為不作為、沒政績，而降為從使，到北邊從事畜牧。後來朝議封禪事涉及倪寬專長領域，復召倪寬拜為御史大夫。

第十六章　因為心中仍有夢

「董仲舒、劉向下獄當誅，為漢儒宗。」《漢書》記載：「先是遼東高廟、長陵高園殿災，仲舒居家，推說其意，未上。主父偃竊其書奏焉。於是下仲舒吏，當死，詔赦之。劉向，字子政，事宣帝，為諫大夫，獻言黃金可成。上領典尚方鑄作事，後不驗，下吏當死。上奇其才，得逾冬令以減死論。」董仲舒因僭越隱瞞之罪，被主父偃上奏告發，下獄當死，後被赦免。劉向在漢宣帝時任諫議大夫，因鑄黃金不成，下獄當死。宣帝珍惜其人才難得，免了他的死罪。後來二人都成為漢朝大儒。

「此皆瑰偉博辯奇壯之士，能自解脫。今以恇怯淟涊，下才末伎，又嬰恐懼痼病，雖欲慷慨攘臂，自同昔人，愈疏闊矣！」這些都是奇偉博學的士人，能夠憑自己的能力解脫罪責。現在憑藉我的畏懼汙濁，才能低微，又疾病纏身，即使想要慷慨激昂，振臂伸冤，像古人那麼做，這不是更加顯得疏狂了嗎？

中國數千年的封建史，就是一部冤案史。忠而被謗，死而直哉，一江血水東流去，幾人能說清？莊子有言：「大辯不言」，「言辯而不及」。

柳宗元排比了大量歷史事實，指出自古以來賢人志士遭誣受謗的事例，他用修辭上「博喻」的方法，從不同角度說明自己含怨受謗的各種情形，表示自己的忠貞清白，急於昭雪。

柳宗元在信的最後表示：「賢者不得志於今，必取貴於後，古之著書者皆是也。」表示自己正在努力著書立說，並沒有意志頹唐而空耗時日。他沉痛地描述了由於多年拘囚生活的折磨，自己已經神志荒耗，讀書寫作都很困難，切盼許孟容看在世交的情誼份上，設法改變他的處境。滿紙乞憐之詞，可見他的焦灼痛苦心情。

就在柳宗元身處蠻荒、苦苦等待回歸的時候，朝中情況發生了很大的變化。裴垍、李藩先後出任宰相，兩人皆富有改革意識，而且與革新

派之間並無前嫌。另一方面，與革新派有過節的武元衡、李吉甫則外放為節度使，對抗革新事業的宦官俱文珍的左右神策軍使職務，也已經被吐突承璀代替。就是在這一年，「八司馬」之一的程異由於「曉達錢穀」而被吏部尚書、鹽鐵轉運使李巽起用為鹽鐵轉運使揚子巡院留後。這些都使得柳宗元逐漸冷落的心又燃起新的期待。

柳宗元寫於這一時期的〈與蕭翰林俛書〉十分具有代表性，流露出絕望的感傷之情和無奈的乞援之意。

蕭俛，字思謙，時任諫官右補闕，為官清直。從「二王八司馬」永貞革新失敗的歷史可以看出，中唐時期以來，一直籠罩著黨爭的陰影。後來，蕭俛成為「牛、李黨爭」之中「牛黨」的重要成員。元和九年，因為和張仲方駁斥李吉甫等人遭到貶官，降為太僕少卿。後又在皇甫鎛的推薦之下任御史中丞。穆宗時期，又被授中書侍郎。元和六年任翰林學士。

柳宗元在〈與蕭翰林俛書〉信中寫道：

「僕不幸，曏者進當嶢𡾰不安之勢。」我的經歷很不幸，在過去當官的時候，正好碰上動盪不寧的局勢。

「平居閉門，口舌無數，況又有久與遊者，乃岌岌而操其間。」平時只能深居簡出、少與人接觸，即便如此，乃免不了流言蜚語，更何況還有許多與我有交情的人們從中興風作浪、把控局勢。

「其求進而退者，皆聚為仇怨，造作粉飾，蔓延益肆。非的然昭晰，自斷於內，則孰能了僕於冥冥之間哉？」所有那些想當官而沒當成的人們，都把怨恨積聚在胸中，火上澆油，以至於對我的仇恨很快地蔓延開來。假如沒有身臨其境、對當時的局勢明察秋毫、洞若觀火，誰又能理解我被置於冤屈的深淵呢？

第十六章　因為心中仍有夢

「僕當時年三十三,甚少。自御史里行得禮部員外郎,超取顯美,欲免世之求進者怪怒媢疾,其可得乎?凡人皆欲自達,僕先得顯處,才不能逾同列,名不能壓當世,世之怒僕宜也。」當時我才三十三歲,還很年輕不懂事,從御史里行一下子被提拔為禮部員外郎,擁有如此顯赫的地位,一山崛起眾丘妒,面對那些希望進入官場而不得的人,要想把他們的怨恨全都消除,怎麼有可能呢?所有人都夢寐以求地想升官晉階,我突然之間超越眾人而先得「顯美」,木秀於林,風必摧之。我何德何能,獨能閃躲避過?

「與罪人交十年,官又以是進,辱在附會。聖朝宏大,貶黜甚薄,不能塞眾人之怒,謗語轉移,囂囂嗷嗷,漸成怪民。飾智求仕者,更罝僕以悅仇人之心,日為新奇,務相喜可,自以速援引之路。而僕輩坐益困辱,萬罪橫生,不知其端。」我與眾矢之的的王叔文有十年交情,我的官位升遷與他有著直接關係,因此而「附會」受到辱沒。聖明的君王洪恩遠播,對我貶謫的懲罰應該算是很輕微的了。官場眾人怨恨的情緒得不到排解,汙衊的語言自然不斷出現。眾舌如刀,在人們的口中把我描畫成一個「怪人」。那些憑藉著投機取巧手段得以謀得高職的人,更是變本加厲地辱罵我,以博得我的仇人的歡愉,每天都會編造出奇談怪論,作為自己晉升的臺階,這一手段似乎成為討好的捷徑。我就被置於這樣謠言的漩渦,無數的屈辱痛苦強加在我身上,所有的罪名就這樣莫名其妙地扣到了我頭上。

「伏自思念,過大恩甚,乃以至此。悲夫!人生少得六七十者,今已三十七矣。長來覺日月益促,歲歲更甚,大都不過數十寒暑,則無此身矣。是非榮辱,又何足道!云云不已,祇益為罪。兄知之,勿為他人言也。」我冷靜下來思考過這個問題,可能是由於我有很重的罪行,同時又承蒙了很多的恩寵,因此就造成了現在這樣的結果。真是令人感到悲哀

啊！人的一生短暫倉促，僅僅六、七十年而已，現在我已經逝去了三十個年頭，長大成人後，經常慨嘆光陰匆匆而過，這樣的感覺一年強於一年，最多也就是幾十個寒暑，現在的身體就不復存在了。功過是非，又能有什麼值得一提的。永無休止的中辯，只是讓我身上已有的罪孽變得更加深重。你能明白就可以了，用不著再與其他人說起。

「居蠻夷中久，慣習炎毒，昏眊重膇，意以為常。」在西南偏遠的地方住得時間長了，漸漸也就習慣了那裡的炎熱氣候，目光恍惚，腳部浮腫，已是經常出現的事情。

「忽遇北風晨起，薄寒中體，則肌革瘮憟，毛髮蕭條，瞿然注視，怵惕以為異候，意緒殆非中國人也。」突然出現早上刮北風的時候，會覺得陣陣寒氣捲入身體，有種身體顫動，毛骨微怵的感覺，擔心地觀察著一切變化，覺得是不同尋常的氣候，同時感到很害怕，心想自己應該不再是中原地區的人了。

「楚、越間聲音特異，鴂舌啅噪，今聽之恬然不怪，已與為類矣。」；楚、越地區的發音十分特別，說話的時候像是鳥在鬥嘴，如今習以為常，也就多見而不怪，覺得自己已經與南方蠻人融為一類了。

「家生小童，皆自然曉曉，晝夜滿耳；聞北人言，則啼呼走匿，雖病夫亦怛然駭之。」家裡生下的小孩童，都是自然地一口南方方言，天天耳濡目染的都是這種口音，一旦聽到北方話，反而會哭喊著躲起來，儘管是像我這樣身體有病的人，也因此驚恐害怕。

「出門見適州閭市井者，其十有八九，杖而後興。自料居此尚復幾何，豈可更不知止，言說長短，重為一世非笑哉？」到門外看那些進城的人們，十有八九都是拄著拐杖走路的。自己估計來到永州這個地方還能活多久，怎麼能不知滿足，品長論短，再度引來世人的譏諷和嘲笑？

第十六章　因為心中仍有夢

在讀到《周易‧困卦》「有言不信，尚口乃窮」一句的時候，一再地反覆誦讀，因領悟而變得高興起來。

「用是更樂暗默，思與木石為徒，不復致意。」自認為利舌能言，禍從口出。自此反省，「豈可更不知止，言說長短」，留為一世笑柄？切記：暗默不語，沉默是金，與木石為徒，不再留意世人的辱罵。

「今天子興教化，定邪正，海內皆欣欣怡愉，而僕與四五子者獨淪陷如此，豈非命歟？命乃天也，非云云者所制，余又何恨？」如今，國君主張實施教化，樹立優劣的標準，全天下的人都為此高興，只有我們四、五個人，被貶淪落，難道這不是命嗎？人的命運是上天注定的，並非那些談論是非的人造成的，我又能怨恨什麼呢？

「獨喜思謙之徒，遭時言道。道之行，物得其利。僕誠有罪，然豈不在一物之數耶？身被之，目睹之，足矣。何必攘袂用力，而矜自我出耶？果矜之，又非道也。事誠如此。」只能在這裡祝福像你思謙一樣的人，遇到了好時機，能在正確道義的指引下一展鴻圖。正確道義的實施，天下萬物都能夠享受到福分。我有罪，這一點是事實，但是我難道不是芸芸眾生中的一員嗎？能夠親身感受到正確的道義，看到正確的道義盛行，就很知足了。又何必要捲起袖子，爭辯得面紅耳赤，來彰顯自己呢？如果只顧著顯耀自己，又是和正確的道義相違背的。事情的規律和邏輯就是這樣。

「居理平之世，終身為頑人之類，猶有少恥，未能盡忘。」然而身處政治開明的社會，一輩子都被認為是反叛朝廷的人，這是承受不起的恥辱，時刻壓抑在心頭。

「倘因賊平慶賞之際，得以見白，使受天澤餘潤，雖朽柎敗腐不能生植，猶足蒸出芝菌，以為瑞物。」當時，吐突承璀討伐割據藩鎮王承宗，

有望很快平賊。假使在平定王承宗慶賞功勳的時候，能為我喊冤說情，讓我能夠蒙受到一點點皇帝的恩澤，就算我是一個腐朽敗壞的樹根，沒有能力再長出茁壯的枝條，但至少能培養一些菌類蘭芝，同樣可以成為國家興盛的祥瑞之物。

「一釋廢痼，移數縣之地，則世必日罪稍解矣。然後收召魂魄，買土一廛為耕氓，朝夕歌謠，使成文章。庶木鐸者採取，獻之法宮，增聖唐大雅之什，雖不得位，亦不虛為太平之人矣。」只要將我的貶謫命令廢止，轉移到其他的州縣，世人就會以為我的罪行受到了寬恕。之後，我將集中全部精力，購置二畝多的田地來耕種，整天歌頌大好局勢，著書成文。采風行者還有可能收集到我的文章，送到朝廷裡，豐富唐代的大雅詩篇，如此一來，就算與當官無緣，也不枉身為盛世之中的平民百姓了。（柳宗元對唐憲宗充滿著複雜矛盾的心理。說來一言難盡，筆者將在後面章節再作專門陳述。）

隨著時光的流轉，事過境遷，柳宗元與各地故舊交往漸多。來往書信現存於文集中者不少。自元和五、六年之後，有的是他致書求助，或是對方來信而柳宗元作答的，有淮南節度使李吉甫、山南東道節度使李夷簡、荊南節度使嚴綬、西川節度使武元衡、嶺南節度使鄭絪等人。這些人有些是當年與革新派處於對立面者。由此也反映出憲宗臨朝後，各種政治勢力的「重新洗牌」。但是，每一次的重組都沒有改變或緩和柳宗元的處境。元和八年，朝議曾擬以劉禹錫等人為遠州刺史，漸次序用。希望之光一閃，偏偏碰上武元衡自西川入朝為相，力諫止之。雖然任命的詔書已經起草，終於作罷。

武元衡可以說是革新派的死對頭，也是阻礙柳宗元等八司馬復為啟用的元兇禍首。然而，柳宗元為了化解矛盾和仇恨，忍辱負重地寫

第十六章　因為心中仍有夢

下〈上西川武元衡相公謝撫問啟〉。在致武元衡的啟中，先做一番自辱自賤、自我反省：「某愚陋狂簡，不知周防，失於夷途，陷在大罪，伏匿嶺下，於今七年。追念往愆，寒心飛魄，幸蒙在宥，得自循省。豈敢徹聞於廊廟之上，見志於樽俎之際，以求必於萬一者哉！」然後又對武元衡進行一番誇讚：「相公以含弘光大之德，廣博淵泉之量。不遺垢汙，先賜榮示。奉讀流涕，以懼以悲，屏營舞躍，不敢寧處。」然後又列舉了歷代明君賢相不計前嫌、寬大為懷，錄用罪人的事例，最後說：「得自拂飾，以期效命於鞭策之下，此誠大君子並容廣覽、棄瑕錄用之道也。自顧屏鈍，無以克堪，祇受大賜，豈任負戴？精誠之至，炯然如日。拜伏無路，不勝惶惕！輕冒威重，戰汗交深。」

看著柳宗元的這些文字，心中湧起一絲酸楚。在人屋簷下，不能不低頭。很難區分柳宗元究竟是出於一種「策略」的權宜之計，還是真心對自己的「從逆」作出懺悔反省？但無論如何，可以看出柳宗元迫不及待地想改變自己目前的處境，為朝廷效力的「急切之心」。

柳宗元在這一時期寫出許多表白自己志向的詩文。

如〈牛賦〉：

「若知牛乎？牛之為物，魁形巨首，垂耳抱角，毛革疏厚。牟然而鳴，黃鐘滿脰。」你了解牛嗎？作為一種動物，牛有著魁梧的體格和碩大的頭部，兩隻耳朵直直地樹立著，兩隻角卻彎曲著，全身的毛不是很多，皮質很厚實。哞哞的叫聲，就好像是從脖子裡發出來的，像鐘一樣的聲音。

「抵觸隆曦，日耕百畝。往來修直，植乃禾黍。自種自斂，服箱以走。輸入官倉，己不適口。富窮飽飢，功用不有。」牠能夠在烈日之下，一天耕種上百畝的土地。翻出的土溝很長很直，在其中種植五穀莊稼。

耕種的時候有牠的身影，收穫的時候同樣也有牠的身影，有時候還能拉車。把糧食運送到官府的糧倉裡，路途中卻不貪食一粒糧食。牠的努力讓貧窮的人變得富足，讓飢餓的人填飽肚子，自己從來不邀功討賞。

「陷泥蹶塊，常在草野。人不慚愧，利滿天下。皮角見用，肩尻莫保。或穿緘縢，或實俎豆。由是觀之，物無逾者。」有的時候陷在泥潭裡面，有的時候摔倒在地上，長久地在土地上忙碌著。牠對人類已經盡到了應盡的義務，同時帶給人們很多的收穫。它的皮和角還可以讓人繼續使用，死去後自己身上的骨肉還要被分割掉。有的變成繩子，有的做為祭祀時的貢品。由此可以看出，再也沒有其他東西能夠超過牛的貢獻了。

「不如羸驢，服逐駑馬。曲意隨勢，不擇處所。不耕不駕，藿菽自與。」牛所享受到的待遇遠不及瘦弱的驢。驢只是一味地跟在劣馬的後面，挖空心思、隨心所欲地趨附權勢，不加選擇地依從於主人。耕地、駕車都不精通，每天卻有上好的飼料餵養。

「騰踏康莊，出入輕舉。喜則齊鼻，怒則奮躑。當道長鳴，聞者驚辟。善識門戶，終身不惕。」在平坦的大路上奔跑，出入都是輕鬆自在。高興的時候，把鼻子揚起來互相地對嗅，發怒的時候，又將蹄子揚起來互相踢打。站在大道上，抬起頭來長時間地鳴叫，所有聽到的人都嚇得發抖。因為牠總是能夠找到合適的主人，永遠不用擔心害怕。

「牛雖有功，於己何益？命有好醜，非若能力。慎勿怨尤，以受多福。」牛對人的功勞雖然很大，但牠自己又能獲得什麼好處？命運天定，有好壞之分，與能力無關，一味地怨天尤人毫無作用，還是聽天由命，好好地享受老天安排給你的福分吧！

柳宗元在〈牛賦〉中，對於牛「陷泥蹙塊，常在草野」，「牴觸隆曦，

第十六章　因為心中仍有夢

日耕百畝」，自奉菲薄、不辭辛勞的品德，發出由衷的讚美。而對羸驢駑馬「曲意隨勢，不擇處所」、「不耕不駕，藿菽自與」，善識門戶、不勞而獲的醜行，充滿了鄙視及刻薄的嘲諷。柳宗元表白，寧願「俯首甘為孺子牛」，也不願做羸驢駑馬。

又如〈瓶賦〉：

「昔有智人，善學鴟夷。鴟夷濛鴻，壘甖相追。」《史記‧齊世家》記載：范蠡自號鴟夷子皮。注云：蓋以吳王殺子胥而盛以鴟夷，今蠡以有罪，故為號也。後人據此典故，把鴟夷比作盛酒的容器。很久以前有一個聰明人，能夠唯妙唯肖地模仿鴟夷的樣子。鴟夷容量很大，因此，大小的酒杯都在後面跟隨著它。

「諂誘吉士，喜悅依隨。開喙倒腹，斟酌更持。味不苦口，昏至莫知。頹然縱傲，與亂為期。視白成黑，顛倒妍媸。」它誘惑那些善良的人們，讓他們心甘情願地跟從它成為酒徒。它把口張開，將腹中的酒倒出來，一杯杯接替斟酌。酒的味道十分香甜，毫無苦澀之感，以致一直喝到黃昏也毫無察覺。喝得東倒西歪，顯露出十足醉態，不達迷亂的狀態不會停止。混淆黑白，分不清好的或壞的。

「己雖自售，人或以危。敗眾亡國，流連不歸。誰主斯罪，鴟夷之為。」雖然自己達到了目的，但是他人卻因此陷入困境。即使身後洪水滔天、國敗家亡，還是不知醒悟。這樣的罪惡源於誰呢？都是鴟夷所為。

「不如為瓶，居井之眉。鉤深挹潔，淡泊是師。和齊五味，寧除渴飢。不甘不壞，久而莫遺。」不如像盛水用的瓶子，安靜地待在井邊。能夠將井底的清水取出，將井水淡泊的情操當成自己的處事原則。調和酸甜苦辣鹹五味，不僅只有解渴的作用。味道雖然稱不上甘美，但也不令人厭惡，相伴的時間長了也不會被人丟棄。

「清白可鑑，終不媚私。利澤廣大，孰能去之。綆絕身破，何足怨咨。功成事遂，復於土泥。歸根反初，無慮無思。何必巧曲，徼覬一時。」它的清白能夠作為人的鏡子，獻媚討好的事情從來都不會去做。它帶給人很多好處，有誰能離開它呢？即使是井繩被磨斷了，瓶子被摔碎了，也不必感到惋惜，功德已經存在，任務也已經完成，最後重新回到泥土中，返璞歸真，回歸到最開始的地方，沒有遺憾也不需憂慮。何必偏離正路，只求一時的快樂呢？

「子無我愚，我智如斯。」你若認為我愚不可及，就大錯特錯了，這正是我的大智若愚。

柳宗元透過兩種截然對立的形象，表明了自己的喜愛厭惡。

蘇東坡評價〈瓶賦〉：「揚子雲〈酒箴〉，有問無答。子厚〈瓶賦〉，蓋補亡耳。子厚以瓶為智，幾於通道知命者。晁太史無咎取公此賦於〈變騷〉，而系之以詞曰：昔揚雄作〈酒箴〉，謂鴟夷盛酒而瓶藏水，酒甘以喻小人，水淡以比君子。故鴟夷以親近託車，而瓶以疏遠居井而贏，此雄欲同塵於皆醉者之詞也。故宗元復正論以反之，以謂寧為瓶之潔以病己，無為鴟夷之旨以愚人。蓋更相明，亦猶雄為〈反騷〉，非反也，合也。……賦大意，則謂鴟夷雖巧曲不忤於物，而或以致敗眾亡國之患。未若為瓶，師乎淡泊而不媚私暱，則非巧曲徼覬一時者之比，此公自喻云耳。」蘇東坡將其中鴟夷誘酒誤人和君子之交淡如瓶水的鮮明對比彰顯了出來。

柳宗元還寫了一首〈籠鷹詞〉，雖然只有十四句，卻是他內心世界的真實寫照：「淒風淅瀝飛嚴霜，蒼鷹上擊翻曙光。雲披霧裂虹霓斷，霹靂掣電捎平岡。崗然勁翮剪荊棘，下攫狐兔騰蒼茫。爪毛吻血百鳥逝，獨立四顧時激昂。」前八句介紹蒼鷹如何搏擊長空，迅若霹靂閃電，獵撲狐

第十六章　因為心中仍有夢

兔,傲視百鳥的英姿,跟他當年「超取顯美」的經歷,是多麼地相似;「炎風溽暑忽然至,羽翼脫落自摧殘。草中貍鼠足為患,一夕十顧驚且傷。」接下來的四句描述蒼鷹身陷囚籠,羽翼脫落,眼見草中貍鼠為患,卻無能為力、驚恐不已的那種神態,與他自己被貶後身心遭受摧殘、苦不堪言的情境,極為相同;最後結尾兩句「但願清商復為假,拔去萬累雲間翔。」表明自己始終沒有自甘墮落與沉淪,而是以筆寫心,繼續關注著生民與大千世界,也迫切地期待著能夠重返京城,再展鴻圖。

柳宗元還寫有一首〈雨中贈仙人山賈山人〉:「寒江夜雨聲潺潺,曉雲遮盡仙人山。遙知玄豹在深處,下笑羈絆泥塗間。」既寫了隱士賈鵬遠離人間的羈絆和泥淖,如玄豹在深山,聽雨聲潺潺,看雲蒸霞蔚,讓人為之羨慕。也影射自己被「羈絆泥塗間」的可悲可笑下場。

文如其人詩言志。柳宗元雖然被邊緣化、身居蠻荒,但他救世濟時的情懷一直未曾泯滅,因此內心深處始終糾結著激烈的矛盾和痛苦。

第十七章
貶謫或擢拔，升降本是同一條路

　　柳宗元在永州的最後幾年，全國政局發生了一系列變化。

　　此時的唐憲宗已經繼位十一年，跟德宗相比，他還算是有所作為。史上留下唐憲宗「延英忘倦」之美談。唐憲宗宵衣旰食、勵精圖治，於延英殿與宰相們討論天下大事，直到日暮尚且廢寢忘食。天氣悶熱，汗溼透了皇上的袍服。宰相李絳、裴度擔心御體勞倦，多次請求退出，而憲宗一再表示自己樂此不疲。唐憲宗李純被史稱為唐代中興之主，唐王朝在憲宗年間一度也曾出現中興氣象，整頓朝綱、削平藩鎮，皆有顯著進展，經濟方面也累積了一定實力。淮西鎮（鎮蔡州，今河南汝陽縣）吳少陽聚集亡命之徒，陰謀叛亂。這一股處於中原地區的逆亂勢力，多年來一直是朝廷心腹之患。

　　元和九年閏八月，吳少陽死，其子吳元濟匿喪，自領軍務，反狀遂萌。十月，朝命出師進討，爆發了一次關鍵性的藩鎮衝突。唐憲宗採納朝臣意見，任用李降、裴度等賢能為相，加強對藩鎮的打擊，有效地鞏固朝廷的地位。

　　李吉甫於當年十月已死，宰相除了武元衡外，元和九年六月張弘靖新入相，十二月，韋貫之自尚書右丞拜相。韋貫之當年也曾被王叔文一派所任用，是著名的「抑浮華，先行實」的能吏，對柳宗元、劉禹錫等人較為同情。據《資治通鑑》卷239「元和十年」載：「王叔文之黨坐謫官者，凡十年不量移。執政有憐其才欲漸進之者，悉召至京師。」同時，裴度、

第十七章 貶謫或擢拔，升降本是同一條路

崔群（時任中書舍人）等也是同情永貞革新的。這些人在憲宗面前為柳、劉等人美言。當時正是朝廷急於用人之際，徵召仍在貶所的「八司馬」，為朝廷所用應急。同時徵召的還有貶為江陵士曹參軍的元稹。

詔命下於元和九年十二月（西元 814 年），而傳到永州已經是元和十年一月。柳宗元自永貞元年十一月被貶，在貶地已經度過了十個年頭。十年淒風苦雨的煎熬等待，驀然間喜從天降，身在貶所十年不歸的柳宗元得到徵召的消息，激動喜悅的心情可想而知。柳宗元迅速整理行裝北還，同行的還有從弟柳宗直、表弟盧遵，以及馬雷五之姨、和她所生的兩個女兒。此時，馬雷五之姨正懷著柳宗元的長子周六。他們一行坐船，走的還是來時的舊路，但此番的心境已大不相同了。

柳宗元路過湘水界圍巖時，觸景生情寫下〈界圍巖水簾〉一詩：

界圍匯湘曲，青壁環澄流。
懸泉粲成簾，羅注無時休。
韻磬叩凝碧，鏘鏘徹巖幽。
丹霞冠其巔，想像凌虛遊。
靈境不可狀，鬼工諒難求。
忽如朝玉皇，天冕垂前旒。
楚臣昔南逐，有意仍丹丘。
今我始北旋，新詔釋縲囚。
採真誠眷戀，許國無淹留。
再來寄幽夢，遺貯催行舟。

界圍巖和湘江在江畔相匯，清澈的江水環繞著青青的山壁而流。
懸掛著的泉水形成一面鮮明的水簾，飛流激盪而下，永無止休。

水簾好比一面音調和諧的玉磬，鏘鏘的敲擊聲，打破巖谷的靜幽。

紅霞籠罩在巖頂上，使我忽然想像升上太虛幻遊。

神奇的境界簡直妙不可言，即使是鬼斧神工也一景難求。

忽然好像在朝拜玉皇大帝，只見他皇冠前垂著一排玉旒。

昔時屈原被貶逐南蠻，他仍念念不忘施展大志的丹丘。

如今我有幸獲新詔北歸，總算是解脫了十年流放的縲囚。

雖然美景使人樂而忘返，但我以身許國，必須迅速回朝效力，容不得停留。

也許再來遊玩只能寄託夢境了，佇足良久，還得催促行舟。

景色是詩人心境的折射和倒影。悲戚時，「行宮見月傷心色，夜雨聞鈴腸斷聲」、「山河破碎風飄絮，身世浮沉雨打萍」；喜悅時，「接天蓮葉無窮碧，映日荷花別樣紅」、「天街小雨潤如酥，草色遙看近卻無」。柳宗元將界圍巖的水簾比做皇帝的天冕垂旒，寫出欲見到皇帝、有所作為的迫切心情。屈原〈遠遊章〉言：「仍羽人於丹丘。」十年的放逐日子，位卑未敢忘憂國，時時仍想著為朝廷效力，今天終於如願以償。《莊子》有言：「古者謂是採真之遊。」雖然歷經磨難，但是一顆眷戀忠誠之心始終不渝。

界圍巖，具體地址不詳。從詩人的旅途與詩的背景分析，界圍巖應在永州至衡陽的水路途中，即湘江水流曲折處。而地址不是浯溪，柳宗元對浯溪是了解的，他在〈遊黃溪記〉中曾提及，且浯溪沒有瀑布。從地名分析，界當指地域的界限，永州所轄祁陽與衡陽接壤。界圍巖可能在永州與衡陽的交界處，有著分水嶺和轉捩點的象徵意味。

據呂國康考證：

第十七章　貶謫或擢拔，升降本是同一條路

2003年10月4日重陽節，與永州柳學會同仁拜訪九秩老人陳雁谷，我向他請教界圍巖的具體地點。他回答說：我曾實地考察過，沒有找到，可能就是冷水灘的滴水巖，因為歷史的變遷，地名改了。後接到劉繼源先生來信說：「陳老之說應該肯定，不是可能。界圍巖就是滴水巖。它的位置所在地不屬於今冷水灘區行政管轄，而屬於祁陽縣滴水巖鄉。」他並引用徐霞客遊記的記載，結合地圖、柳詩進行分析。筆者於2004年6月29日乘車到了滴水巖，這裡距祁陽茅竹鎮4公里，原滴水巖鄉已併入茅竹鎮。站在碼頭，只見湘江彎成巨大的「U」型，岸邊「危巖互空」依稀可見，因未能順船遊覽，所知情況不太具體。而岸上有一溶洞，洞高約七、八米，一股冷氣迎面撲來，巖頂有水滴滲下，洞深不見底。洞中有七、八個人在乘涼，據一位姓肖的老人介紹，這就是滴水巖，經常有遊客來玩，整座山都是空的。

一路上柳宗元豪興大發，寫下許多抒發喜悅心情的詩篇。除上述〈界圍巖水簾〉詩外，旅途中寫的詩計有〈朗州竇常員外寄劉二十八詩見促行騎走筆酬贈〉、〈離觴不醉至驛卻寄相送諸公〉、〈詔追赴都迴寄零陵親故〉、〈過衡山見新花開卻寄弟〉、〈汨羅遇風〉、〈北還登漢陽北原題臨川驛〉、〈善謔驛和劉夢得酹淳于先生〉、〈李西川薦琴石〉、〈詔追赴都二月至灞亭上〉十首。據梁鑑江、尚永亮先生分別考證，〈奉酬楊侍郎丈因送八叔拾遺戲贈詔追南來諸賓二首〉（題下僅錄得一首，另一首可能已失傳）、〈商山臨路有孤松往來斫以為明好事者憐之編竹成援遂其生植感而賦詩〉是這一時期的作品，共十二首。

柳宗元舟過衡山回雁峰，驚喜地發現一朵早發的春花，也不知花叫什麼名字。冰封雪凝之際突見「春來發幾枝」，畢竟是吉兆，令人喜出望外。柳宗元激情地寫下〈過衡山見新花開卻寄弟〉：

故國名園久別離，今朝楚樹發南枝。

晴天歸路好相逐，正是峰前回雁時。

大庾嶺上梅，南枝落，北枝開。衡山有五峰：紫蓋、天柱、芙蓉、石廩、祝融。孔安國《尚書注》：「鴻雁之屬，九月而南，正月而北。」左思〈蜀都賦〉曰：「木落南翔，冰泮北徂。」據說南雁飛至回雁峰而北歸。柳宗元正好恰逢正月春季，與人雁一樣北歸，回歸故國名園。

　　此詩洋溢著一種枯木逢春般的喜悅、期望之情。十載謫居，終於等到了還京的詔命，雖然還不知道將有何新的任命，但總算有了希望，因而欣喜之情躍然紙上：首句寫思歸故鄉的熱切心情；次句以楚樹新花象徵人生有了新的機遇，新的希望。三四句敦促弟弟也快點啟程。由於心情好，就覺得天氣也好，路也好，而且恰逢大雁北歸，是很好的兆頭。詩人用歡快的語氣掩住了十年謫居的「酸楚」。

　　柳宗元一行北歸之途，照舊要路過汨羅江口，此時正遇上逆風。當年路過汨羅江口憑弔屈原時，正值冬天，寒風苦雨；而今天景隨情移，已變作春天。冬天已經過去，春天還會遠嗎？春風駘蕩、春花競放，心馳神往、心曠神怡。柳宗元寫下〈汨羅遇風〉：

南來不作楚臣悲，重入修門自有期。
為報春風汨羅道，莫將波浪枉明時。

　　長風破浪應有時，聽著船底的浪花拍打著船幫，聲音聽來也是那樣悅耳。同是南歸的楚臣，屈原是望君門而不得入，最後只能絕望地自沉汨羅江。而自己今日則是詔命催發，重回長安，將贏得復出為朝廷效命的機會，內心油然而生君恩浩蕩、感激涕零之情。屈原遇到了昏君，而自己的情況終究勝過屈原許多，得以遭逢「明時」，重入朝廷，施展自己的抱負。

　　這是一首明志述懷的作品。一句回顧貶湘時，已下定決心，不作悲愴的楚臣。即不願像屈原那樣因憤世而懷沙自沉。二句表明憧憬未來，

第十七章　貶謫或擢拔，升降本是同一條路

有信心勵精圖治，再創一番事業。「修門」是楚都的郢城門，即指回到長安。三句訴說在春暖花開的時節，又來到汨羅，這條路不是沉淪之路，而是充滿希望之路。四句則指出不能讓汨水的波濤淹沒到大湖之中，下定決心不辜負元和中興的美好時光。

永州十年，柳宗元一直沒有泯滅心中的志向，他認為屈原的悲劇是沒有把握住「功」和「禍」的選擇關係。懷沙自沉是一種自禍的消極態度。這樣的結局，最終仍不能挽回國家的命運。

杜甫在〈陪裴使君登岳陽樓〉中有詩句：「敢違漁父問，從此更南征。」「漁父問」一語，出自《史記·屈原列傳》：「屈原放逐，披髮行吟澤畔，漁父見而問之，勸其與世推移，為世所用。」然而屈原不聽漁父的規勸，仍滯留澤畔，最後自沉江底，不再為世所用了。杜甫以屈原為鑑，唱出了「敢違漁父問」的詩句，表達了「從此更南征」的決心。屈原和杜甫這兩位逝法不同卻又都葬於汨羅江畔的偉大詩人，對柳宗元有著重大的影響。懷抱濟世救民觀念的柳宗元，不甘沉淪、心繫朝廷，「重入修門自有期」。柳宗元的〈汨羅遇風〉一詩，以「莫將波浪枉明時」做結尾，即是要為開明之時出力。前賢孟浩然在〈臨洞庭呈張丞相〉詩中曾說過「端居恥聖明」之語，意指端坐家中，無所事事，這是有辱聖上的明時之為。柳宗元耿耿於懷，且又念念不忘心中那個「政治情結」。

朗州位於洞庭湖之濱，是柳宗元返京的必經之地。朗州司馬劉禹錫正在等他同行，二人結伴而北上。當時的朗州刺史是竇常，他寫給劉禹錫一首促行詩，柳宗元看後，隨即寫了一首〈朗州竇常員外寄劉二十八詩見促行騎走筆酬贈〉：

　　投荒垂一紀，新詔下荊扉。

　　疑比莊周夢，情如蘇武歸。

賜環留逸響，五馬助徵騑。

不羨衡陽雁，春來前後飛。

貶謫蠻荒的等待如同一個世紀般漫長，今天終於盼來了重新召用的詔令。莊周曉夢迷蝴蝶，栩栩然究竟是莊周夢中變為蝴蝶，還是莊周前世即為蝴蝶而現世轉人？人生法輪無常，竟是恍若一夢。蘇武出使匈奴，被羈絆十九年而不得回歸，但蘇武始終保持大漢氣節，終至昭帝立，得以返朝。

《墨客揮犀》云：「世謂太守為五馬。」或如《詩》云：「素絲組之，良馬五之。」漢太守比州長，法御五馬：古乘駟馬車，至漢太守出，則增一馬。《古樂府》：「使君從南來，五馬立踟躕。」驂，旁馬也。皇上給我的恩寵如山似海，我輩不才，雖然當不了駕轅之馬，就是從旁協助也心甘情願。

柳、劉兩人路經襄州之南的善謔驛，即淳于髡放鵠之所。《史記》記載：「齊王使淳于髡獻鵠於楚。出邑門，道飛其鵠，徒空籠，造詐成詞，往見楚王曰：『齊王使臣來獻鵠，過水上，不忍鵠之渴，出而飲之，去我飛亡。吾欲刺腹而死，恐人議王以鳥獸之故令士自殺。吾欲買而代之，是不信而欺吾王也。』楚王曰：『齊有信士若此哉。』厚賜之，財倍鵠在也。」《史記》又曰：「齊威王喜隱，髡說之以隱曰：『國中有大鳥，止王之庭，三年不飛又不鳴。王知此鳥何也？』王曰：『不飛則已，一飛沖天；不鳴則已，一鳴驚人。』」劉禹錫有感於淳于髡詼諧機警，智慧幽默，寫下〈題淳于〉：

生為齊贅婿，死作楚先賢。

應以客卿葬，故臨官道邊。

寓言本多興，放意能合權。

我有一石酒，置君墳樹前。

第十七章　貶謫或擢拔，升降本是同一條路

柳宗元隨即和〈善謔驛和劉夢得酹淳于先生〉一詩作為回應：

水上鵲已去，亭中鳥又鳴。
辭因使楚重，名為救齊成。
荒壟遽千古，羽觴難再傾。
劉伶今日意，異代是同聲。

威王八年，楚國大舉起兵伐齊。齊王派淳于髡使趙請救。趙王與之精兵十萬，革車千乘，楚聞之，夜引兵而去。淳于髡憑一己之智，成為解救齊國的功臣。宋玉〈招魂〉有言：「瑤漿蜜酌實羽觴。」觴，酒器也。插羽於其上。往事已如煙，千古荒塚，今日何人祭拜？好友劉禹錫感慨萬千，柳宗元和詩以作回應。

柳宗元寫於同一時期的詩還有〈詔追赴都回寄零陵親故〉：

每憶纖鱗游尺澤，翻愁弱羽上丹霄。
岸傍古堠應無數，次第行看別路遙。

船出洞庭湖，溯長江而上，經監利、石首至江陵，再走襄江官道上襄陽，從襄陽的漢水坐船，入丹水至商洛，然後棄船上藍商官道，坐車至藍田。二月底，柳宗元、劉禹錫終於到達長安。看到長安附近的灞水、驛站，柳宗元萬分激動，幾回夢裡歸長安，今日得親臨，寫下〈詔追赴都二月至灞亭上〉：

十一年前南渡客，四千里外北歸人。
詔書許逐陽和至，驛路開花處處新。

柳宗元歷經十載的「南渡客」，終究成為「北歸人」。經過數千里跋涉，當看到長安的「灞橋柳」時，抑制不住悲喜交集而泣涕橫零。

原被貶的八司馬，凌准、韋執誼死在貶所，程異元和四年在李巽推

薦下得到重用，剩下的五司馬柳宗元、劉禹錫、韓泰、韓曄、陳諫五人，同時得詔書回京。同患難之友，十年不見，悲喜交集，滿肚子的話，一時竟不知從何說起。

柳宗元以為自己的政治生涯，從此可以揭開嶄新的一頁。他抱著「生逢盛世」之感，抑制不住樂觀的憧憬。

但是實際情況十分微妙，憲宗一朝的內部矛盾始終錯綜複雜。對柳宗元等人如何處置及錄用，始終存在著爭執。當時手握大權的宰相武元衡，對王叔文一派的革新主張始終持反對態度，只是迫於滿朝壓力而暫時沉默和妥協。而對於憲宗來說，當年涉及他能否順利繼位，更是生死攸關的大事，是他感情上永遠難以彌合的創傷。雖然由於嚴峻形勢和輿論壓力，詔令召回了「八司馬」，但看到這些被召回之人並無悔過的表示，反而是一副洗雪沉冤的態度，這使得反對派和憲宗一直如鯁在喉。

《新唐書》卷168記載有劉禹錫回到長安後的作為和命運：

禹錫久落魄，鬱鬱不自聊，其吐辭多諷託幽遠，作〈問大鈞〉、〈謫九年〉等賦數篇。又敘：「張九齡為宰相，建言放臣不宜與善地，悉徙五溪不毛處。然九齡自內職出始安，有瘴癘之嘆；罷政事守荊州，有拘囚之思。身出遐陬，一失意不能堪，矧華人士族必致醜地，然後快意哉！議者以為開元良臣，而卒無嗣，豈忮心失恕，陰責最大，雖它美莫贖邪！」欲感諷權近，而憾不釋。久之，召還。

宰相欲任南省郎，而禹錫作〈玄都觀看花君子〉詩，語譏忿，當路者不喜，出為播州刺史。

劉禹錫屬於桀驁不馴、放浪形骸之人，而且特立獨行，不肯人云亦云，更有一股不服氣、不認輸的倔強個性。

屈原在〈九歌·湘夫人〉中吟出：「裊裊兮秋風，洞庭波兮木葉下」；

第十七章　貶謫或擢拔，升降本是同一條路

宋玉在〈九辯〉中發出「悲哉秋之為氣也」的感慨；之後「悲秋」就成為中國詩人的正統情調。而劉禹錫偏要反其道而行之，認為天高氣爽的秋天使人心胸開闊，更有詩意。因此寫下了：「自古逢秋悲寂寥，我言秋日勝春朝。晴空一鶴排雲上，便引詩情到碧霄。」劉禹錫一向我行我素，只圖嘴上痛快，根本不顧及可能招致的「禍從口出」。柳、劉等五人回到京城後，正值春季百花盛開，人們前往玄都觀看花。玄都觀：道教廟宇名，在長安城南崇業坊（今西安市南門外）。那裡有一片桃林，百花競放桃為先，被詔回的八司馬舊友，相約也去賞花。劉禹錫為此寫下了〈元和十年，自朗州至京，戲贈看花諸君子〉：

紫陌紅塵拂面來，無人不道看花回。
玄都觀裡桃千樹，盡是劉郎去後栽。

京城的大路上行人車馬川流不息，揚起的灰塵撲面而來，
人們都說自己剛從玄都觀裡賞花歸回。
玄都觀裡的桃樹有上千株，
全都是在我被貶離開京城後所栽。

這首詩表面上似乎僅是在描述人們去玄都觀看桃花的盛況：一路上草木蔥蘢，塵土飛揚，襯托出了大道上人馬喧鬧、川流不息。寫看花，又不寫去而只寫回，並以「無人不道」四字來形容人們看花以後歸途中的滿足心情和愉快神態。對桃花之繁簇似景，並不誇讚一詞。而是筆鋒輕輕一轉，寫著自己對此「從眾景象」的感受：玄都觀裡如此吸引人、如此眾多的桃花，自己十年前在長安的時候，根本還沒有。去國十年，後栽的桃樹都長大了，並且開花了。「歲歲年年花依舊」，而今年前來看花的人則變了。真是「樹猶如此，人何以堪」。

那些敏感的反對派們，立即從詩句中嗅出了嘲諷的意味。這不是在

含沙射影、指桑罵槐嗎？

千樹桃花不就是十年來由於投機取巧而在政治上愈來愈得勢的新貴，而看花的人，則是那些趨炎附勢、攀龍附鳳之徒。他們為了富貴利祿，奔走權門，就如同在紫陌紅塵之中，湊熱鬧趕去看桃花一樣。這些看似了不起的新貴們，不過就是我們被排擠貶謫之後，才提拔起來的庸碌之輩。如若我輩在朝，哪容得下你們這些人？言下之意，大有「黃鐘毀棄，瓦釜雷鳴」的嘲諷意味。

柳宗元、劉禹錫等五人集體回京，原本已對反對派形成極大的壓力，欲以進讒，正患無詞，這首詩正好為反對派向憲宗告御狀提供了最好的把柄。以武元衡為首，趁機從中挑唆，唐憲宗本來就對王叔文集團當年讓其父順宗皇帝不立他為太子，因此幾乎失掉皇位而耿耿於懷，如今等於是火上澆油，找了一個「語涉譏刺」的理由，將他們重新遠放。

詔書下來是三月十四日，他們在京僅僅待了一個多月。柳宗元外放為柳州刺史，劉禹錫為播州刺史，韓泰為漳州刺史，韓曄為汀州刺史，陳諫為封州刺史。雖然官職從司馬升為刺史，似乎升官了，但發配的地方更邊遠，實際上是更大的懲罰。

十年一覺南柯夢。十年的漫長等待，結果卻是夏夜閃電一般稍縱即逝。

照理來說，經歷多年「士風僻陋，舉目殊俗」、南夷蠻荒的磨難，應該使劉禹錫身上張揚尖刻的戾氣有所收斂。然而，江山易改，本性難移，抑或也是「得意忘形」、顧此失彼？渾身的輕狂又開始躁動，竟然寫下惹禍上身的「觀桃花詩」。引得政敵攻訐、聖上不悅，不但他自己未能起用，更連累大家再度遭貶。這真是「性格決定命運」。

劉禹錫性格剛毅，饒有豪猛之氣，在憂患困苦的貶謫年月裡，也曾

第十七章 貶謫或擢拔，升降本是同一條路

感到沉重的心理苦悶，吟出了一曲曲孤臣的哀唱。但他始終有著一個鬥士的靈魂，寫下〈百舌吟〉、〈聚蚊謠〉、〈飛鳶操〉、〈華佗論〉等詩文，屢屢諷刺、抨擊政敵，由此導致一次次更為嚴厲的政治打壓。這類壓抑打擊更激起他強烈的憤懣和反抗，並從不同方面強化著他的詩人氣質。他說：「我本山東人，平生多感慨。」（〈謁柱山會禪師〉）這種「感慨」不僅增加了其詩詞耐人涵詠的韻味，而且豐富了其詩的深度和力度。

劉禹錫的詩，無論短章、長篇，大都簡潔明快，風情俊爽，有一種哲人的睿智和詩人的摯情滲透其中，極富藝術張力和雄直氣勢。諸如〈學阮公體三首〉其二：「朔風悲老驥，秋霜動鷙禽。……不因感衰節，安能激壯心。」〈始聞秋風〉：「馬思邊草拳毛動，雕眄青雲睡眼開。天地肅清堪四望，為君扶病上高臺。」這類詩句，寫得昂揚高舉，格調激越，具有一種振衰起廢、催人向上的力量。其七言絕句，也是別具特色，如其〈楊柳枝詞九首〉其一：「塞北梅花羌笛吹，淮南桂樹小山詞。請君莫奏前朝曲，聽唱新翻〈楊柳枝〉。」等等。劉禹錫的詩句初讀簡練爽利，曉暢易解，但穿透表層再進一步回味，便會領悟到一種傲視憂患、獨立不移的氣概和迎接苦難、超越苦難的情懷，富有一種奔騰流走的生命活力，以及棄舊圖新、面向未來的樂觀精神，一種堅毅高潔的人格內蘊。也因此，劉禹錫富含哲理的許多詩句，千古以來廣為人們傳誦。

詩如其人，劉禹錫的〈戲贈看花諸君子〉詩句，正是其心境和性格的自然流露和抒發。

這次重新再遭貶謫，無異於當頭一棒。依照封建體制的禮儀：吾皇永遠聖明，出現任何偏差，只是下面的佞臣進了讒言，迷惑了聖君。皇上強姦了你，那是「寵幸」，皇上要砍你腦袋，也要感恩「賜死」，成全了你的忠臣之名。「雷霆雨露皆君恩」，罪臣接到貶謫的聖旨，還得寫出謝表，感謝「皇恩浩蕩」。柳宗元寫下〈謝除柳州刺史表〉：

早以文律,參於士林,德宗選於眾流,擢列御史。陛下嗣登寶位,微臣官在禮司。百寮稱賀,皆臣草奏。臣以不慎交友,旋及禍誣,聖恩弘貸,謫在善地。累更大赦,獲奉詔追,違離十年,一見宮闕。親受朝命,牧人遠方,漸輕不宥之辜,特奉分憂之寄。銘心鏤骨,無報上天,謹當宣布詔條,竭盡駑蹇,皇風不異於遐邇,聖澤無間於華夷,庶答鴻私,以塞余罪。

在當時只要是以皇帝的名義被懲處,即使有冤情也不敢怨天尤人。皇帝貴為天子,一言九鼎、金口玉言,說你有罪就有罪,非罪也罪,說你沒罪就沒罪,罪也非罪。即便錯了也是對。劉禹錫卻不認同,他心裡始終有一道拂拭不去的陰影:「二十餘年作逐臣,歸來還見曲江春。遊人莫笑白頭醉,老醉花間能幾人!」(〈店園花下酬樂天見贈〉)劉禹錫就是這樣一種倔強的性格。

寶曆二年(西元826年),劉禹錫被罷免和州刺史,好友白居易也被解除了蘇州刺史。冬末,兩人在揚州相遇。一次醉酒後,白居易寫了一首詩〈醉贈劉二十八使君〉;劉禹錫當場回贈了一首〈酬樂天揚州初逢席上見贈〉。詩云:「巴山楚水淒涼地,二十三年棄置身。懷舊空吟聞笛賦,到鄉翻似爛柯人。沉舟側畔千帆過,病樹前頭萬木春。今日聽君歌一曲,暫憑樽酒長精神。」詩中「沉舟側畔千帆過,病樹前頭萬木春」一句,成為千古以來人們吟誦的名句。悲苦化為耐人尋味的哲理。

這次貶謫對柳宗元的打擊是致命的。再次被貶謫出京城,從此幾乎一直是鬱鬱寡歡、萎靡不振,陷於絕望之中。到柳州不到四年就「英年早逝」淒涼地死去,死時年僅47歲,一顆巨星隕落了。

劉禹錫與柳宗元形成鮮明對照。柳宗元再次被貶四年就病死在柳州任所,除了水土不服導致身體衰敗,主要是意志上的因素,他沒有劉禹錫那麼豁達和堅強。比柳宗元大一歲的劉禹錫不僅心胸比較開闊,遇事

第十七章 貶謫或擢拔，升降本是同一條路

能想得開，他一生被貶二十三年，歷經朗州司馬、連州刺史、夔州刺史、和州刺史、蘇州刺史、汝州刺史、同州刺史等職，所遭受的折磨比柳宗元多出數倍，但是他都能坦然置之。

其詩〈浪淘沙〉之八：「莫道讒言如浪深，莫言遷客似沙沉。千淘萬漉雖辛苦，吹盡寒沙始到金。」就頗見其百折不撓的堅韌個性。「大和二年三月，自和州刺史徵還，拜主客郎中。」劉禹錫再次從被貶之地連州召回京城，故地重遊，他不僅沒有接受上次的前車覆轍之鑑，反而執迷不悟，再次寫下〈再遊玄都觀〉。劉禹錫在詩前的序言中說明：「余貞元二十一年為屯田員外郎時，此觀未有花。是歲出牧連州，尋貶朗州司馬。居十年，召至京師，人人皆言，有道士手植仙桃滿觀，如紅霞，遂有前篇，以志一時之事。旋又出牧，今十有四年，復為主客郎中，重遊玄都觀，蕩然無復一樹，唯兔葵、燕麥動搖於春風耳，因再題二十八字，以俟後遊。」序文說得很清楚，詩人因詩〈戲贈看花諸君子〉一詩諷刺權貴，再度被貶，一直過了十四年，才又被召回長安任職。在這十四年中，皇帝由憲宗、穆宗、敬宗而文宗，連皇帝也換了四人，人事變遷很大，政治角力更為複雜。而劉禹錫卻寫出〈再遊玄都觀〉，充滿了挑戰意味：

百畝庭中半是苔，桃花淨盡菜花開。

種桃道士歸何處，前度劉郎今又來。

道觀中百畝壯觀的廣場已經一半長滿了青苔，昔日燦若紅霞的滿觀桃花，已經「蕩然無復一樹」。與前詩「玄都觀裡桃千樹」、「無人不道看花回」形成鮮明對照。沒有長久的繁花似錦，也沒有長久的殘花敗柳，「傷心秦漢經行處，宮闕萬間都做了土。」昔日的桃花今天盡為菜花所替代。種桃花的道士都不知所向，看花的人自然就「樹倒猢猻散」了。花無百日紅，總將舊桃換新符。一句「前度劉郎今又來」，挑戰似地說著「打

不死的我又回來了」。劉禹錫的不屈和樂觀，有著「彈簧」一樣的性格，壓力越大，反彈也越強。豁達而長壽的劉禹錫活了七十一歲，人生七十古來稀，誰笑到最後，誰笑得最好！

《新唐書》卷一百六十八載：

詔下，御史中丞裴度為言：「播極遠，猿狖所宅，禹錫母八十餘，不能往，當與其子死訣，恐傷陛下孝治，請稍內遷。」帝曰：「為人子者宜慎事，不貽親憂。若禹錫望它人，尤不可赦。」度不敢對，帝改容曰：「朕所言，責人子事，終不欲傷其親。」乃易連州，又徙夔州刺史。

劉禹錫被貶的播州，是有名的「惡處」，十分荒涼貧瘠，比柳州還要僻遠。當時劉禹錫的母親已經八十多歲，不堪長途顛簸之苦，柳宗元提出願意與劉禹錫對換。《舊唐書·柳宗元傳》記載此事：「元和十年，例移為柳州刺史。昌朗州司馬劉禹錫得播州刺史，制書下，宗元謂所親曰：『禹錫有母年高，今為郡蠻方，西南絕域，往復萬里，如何與母偕行？如母子異方，便為永訣。吾於禹錫為執友，胡忍見其若是？』即草章奏，請以柳州授禹錫，自往播州。會裴度亦奏其事，禹錫終易連州。」柳宗元冒著皇上怪罪的風險，草擬奏章，代劉禹錫向朝廷求情，剛好這時御史中丞裴度也為劉禹錫說情，憲宗改授劉禹錫連州刺史。

劉禹錫臨終前寫的〈子劉子自傳〉中提到，還在他入朝官之前，曾逢宰相、揚州節度使杜佑兼管徐泗兩州，聘任他去任掌書記（文書一類的官），劉禹錫捧著任命狀告訴母親，老人卻說，我不喜歡江淮一帶的地方，你應該事先想到這一點。「父母在，不遠行」，於是，劉禹錫又稟告宰相得到允准，在徐泗停了幾個月後免去此職，因為水路難行，暫時改派為揚州掌書記，過了兩年，道路暢通了，又調補到了京兆地區的渭南縣主簿任上，第二年冬，擢升為監察御史入京。劉禹錫刻意細說這一段

第十七章 貶謫或擢拔,升降本是同一條路

往事,想必對杜佑體恤下情的處事十分感動。同時,也是對柳宗元的朋友仗義表示感激涕零。

柳宗元設身處地、同病相憐,對朋友劉禹錫的困境非常同情,柳宗元當年初貶永州時,就是帶著他的老母同往,老人在永州不服水土,適應不了溼熱的氣候,第二年就去世了,柳宗元因此悲痛欲絕。柳宗元下了這樣的決心,顯然是因自己曾痛失慈母的深切感受。按人之常情,這次貶謫是「城門失火,殃及池魚」,受到了劉禹錫的牽累。柳宗元應該埋怨劉禹錫的無事生非,怎麼還去為他的困境設想?但柳宗元卻沒有絲毫的怨言,而是為朋友排難解憂。

柳宗元在〈答問〉一文中,說了這樣一番話:「交遊解散,羞於為戚。生平嚮慕,毀書滅跡。他人有惡,指誘增益。身居下流,為謗藪澤。」一旦落難,自己以前的舊交紛紛離去,親朋也以為恥,平時對自己一向仰慕的人,也都毀掉往來書信,消失了蹤影。所以韓愈指評此事,用了「嗚呼!士窮乃見節義」一語。

元和十年三月十四日,僅僅一個月的時間,柳宗元興沖沖回到久違的長安城,卻又被貶謫為柳州刺史。柳宗元這次去柳州,還是沿著一個月前進京時的舊路而行,也是 11 年前被貶南下時的路線。路途依舊,只是心情變得異常灰黯慘淡。當初被貶永州時,還抱著復出的希望。而現在再次貶謫,柳宗元已經 43 歲,加之體弱多病,家境荒涼,又感受到朝廷對自己的敵意之深、壓迫之重,他深感前程更為渺茫、多舛叵測。

將出陝西之境,在商州(今陝西商縣)地面,柳宗元忍不住借詠路邊孤松,抒發著心中鬱結:

孤松停翠蓋,托根臨廣路。
不以險自防,遂為明所誤。

幸逢仁惠意，重此藩籬護。

猶有半心存，時將承雨露。

柳宗元吟誦的詩句，與回歸時的詩句完全變了一個腔調。柳宗元一方面自覺防身無術，命運無常，感到人生常為「聰明誤」。只能寄希望於權勢者的「仁惠」，也許只存僥倖再承「雨露」了。

柳宗元一行下漢江，渡洞庭，溯湘江，到長沙，這是三十年前少年時與父親遊歷過的地方。他又作〈長沙驛前南樓感舊〉，表達對人世滄桑的感慨：

海鶴一為別，存亡三十秋。

今來數行淚，獨上驛南樓。

此次南貶之途，柳宗元、劉禹錫兩家一起離開京城，結伴而行。柳宗元一家四口，同行的還有從弟柳宗一。此時正是陽春三月，路上景物比來時更加繁榮茂盛，但此刻柳宗元卻是完全換了另一種心情。兩人心情沉重，無心觀景，也無心像歸來時那樣有詩興寫詩。兩人默默無言、想著各自的心事。

抵達衡陽後，終於到了說分手的時刻。一人往西南去柳州，一人向南直奔連州，此一別歧路分手，山重水複阻隔，兩人禁不住握手長看，熱淚縱橫，萬語千言……

難分難捨的兩個文壇摯友就此生離死別，從此再也沒有見面。兩人分手之後，相互思念之情綿延不絕，相互寫有六首詩酬答。其中七律二首，七絕二首，五絕二首。字字含情，句句有淚，深沉而鬱抑，哀傷而悲悽。

《劉夢得集》有〈重至衡陽傷柳儀曹〉一詩，引云：「元和乙未歲，與故人柳子厚臨湘水為別，柳浮舟適柳州，余登陸赴連州。後五年，予從故道出桂嶺，至前別處，而君歿於南中，因賦詩以投弔。」詩云：

第十七章　貶謫或擢拔，升降本是同一條路

憶昔與故人，湘江岸頭別。
我馬映林嘶，君帆轉山滅。
馬嘶循故道，帆滅如流電。
千里江蘺春，故人今不見。

劉禹錫之詩與李白的詩句「孤帆遠影碧空盡，唯見江水天際流」，表達著同樣對朋友的深情厚意。

柳宗元寫下〈衡陽與夢得分路贈別〉：

十年憔悴到秦京，誰料翻為嶺外行。
伏波故道風煙在，翁仲遺墟草樹平。
直以慵疏招物議，休將文字占時名。
今朝不用臨河別，垂淚千行便濯纓。

永州十年，九死一生，終於回歸夢中的長安城；然而，晴天霹靂，再貶嶺外，做夢也想不到是更為遠行。

馬援將軍當年的道路，如今只剩雲霧瀰漫；高大石人早被草木埋沒，殘餘廢墟觸目心驚。

你與我，只因為疏於趨炎附勢，才招惹打擊；朋友啊，不要再寫諷刺之作，力避再次揚名。

今日一去此生難再會，但不必如古人臨河而別，國事家事自身事，事事悲慘，淚流千行，自可濯纓。

〈漢武帝紀〉：「南越相呂嘉反，遣伏波將軍路博德出桂陽，下湟水。」柳宗元貶柳州，劉禹錫貶連州，皆需過桂嶺而去。伏波故道乃必經之路。想當年，伏波將軍馬援率領大軍南征到此，叱吒風雲，威風八面，戰旗獵獵，金鼓聲聲，猶似在目入耳，可睹可聞；後人在此建有馬援廟。

〈魏志〉:「明帝鑄銅人二,號曰翁仲。」《水經注》:「鄗南千秋亭壇廟之東,枕道有兩石翁仲,南北相對。」翁仲指馬援廟前的石像,如巨人翁仲銅像立於咸陽宮門外一般,供人瞻仰,何其光燦。而今我等踏上這條古道,只見將軍廟前荒草遍地,斷壁殘垣,不覺愴然淚下,雖是季春,卻有〈黍離〉之悲。《孟子》言:「滄浪之水清兮,可以濯我纓。」想當年,蘇武去國離鄉,李陵贈別詩有「臨河濯長纓,念別悵悠悠」兩句,我們分路,「悵悠悠」則同,但用不著「臨河」取水,這流不盡的淚水便足以濯纓洗冠了。悼古憑今觸景傷情,只有垂淚千行、以淚洗面。

〈衡陽與夢得分路贈別〉為柳宗元與劉禹錫相唱和的第一首。

劉禹錫酬以〈再授連州至衡陽酬贈別〉:

去國十年同赴召,渡湘千里又分岐。
重臨事異黃丞相,三黜名慚柳士師。
歸目並隨回雁盡,愁腸正遇斷猿時。
桂江東過連山下,相望長吟有所思。

《漢書》:「黃霸為潁川太守,徵守京兆尹。坐發民治馳道乏軍興,有詔歸潁川太守官。」當初,永貞革新失敗,劉禹錫初授連州刺史,因此,這次算是「再授連州」。詩中聯想到當年漢代,黃霸受到漢宣帝的重用,兩次出任潁川太守,而自己的兩次任命情況截然不同。

《論語》:「柳下惠為士師,三黜。」「柳士師」即柳下惠,這裡用柳宗元的祖先來比。柳宗元三次得到重任,又三次遭遇貶謫。劉禹錫目送北歸的大雁,聽著哀猿的叫聲,想到此一別將與友人身隔異地,只有山水相連了。「有所思」原為古樂府篇名,這裡劉禹錫借用語意雙關。詞盡篇中而意餘言外,與杜甫詩句「瞿塘峽口曲江頭,萬里風煙接素秋」有著異曲同工之妙。

第十七章 貶謫或擢拔，升降本是同一條路

柳宗元再賦〈重別夢得〉：

二十年來萬事同，今朝岐路忽西東。

皇恩若許歸田去，晚歲當為鄰舍翁。

這首詩寫臨岐敘別，情深意長，不著一個愁字，而在表面的平靜中蘊蓄著深沉的激憤和無窮的感慨。「二十年來萬事同」，七個字概括了柳宗元與劉禹錫共同經歷的宦海浮沉、人世滄桑。然而，使詩人慨嘆不已的不僅是他們兩人相似的命運，還有二十年來朝廷各種弊政之「積重難返」。

他們早年的政治革新白白付之東流，今朝臨別執手，倏忽之間又將各自東西，撫今追昔，往事不堪回首。「今朝」二字寫出了詩人對最後一刻相聚的留戀，「忽」字又點出詩人對光陰飛逝、轉瞬別離的驚心。原各奔「西東」僅是一般的言別套語，而在此刻，卻正巧用來寓含著劉禹錫去廣東連縣，柳宗元去廣西柳州，一東一西，正切事實。

由於是再度遭貶，詩人似乎已經預感到這次分別很難再有重逢的機會，便強忍悲痛，掩藏了這種隱約的不祥預感，而以安慰的口氣與朋友相約：如果有一天皇帝開恩，准許他們歸田隱居，那麼他們一定要卜舍為鄰，白髮相守，度過晚年。

身處宦海而嚮往歸田，是封建士大夫們在政治上碰壁以後，常常採用的全身遠禍之道和消極抗議方式。此後千年之間，又有多少高官顯位之政治軍事人物，想要「解甲歸田」而不可得。這「皇恩」二字便自然流露了某種譏刺的意味。「若許」二字卻說明目前連歸田亦不可得。

這首詩以直抒離情構成真摯感人的意境，寓複雜的情緒和深沉的感慨於樸實無華的藝術形式之中。不言悲而悲不自禁，不言憤而憤懣添膺。語似質直而意蘊深婉，情似乎淡而低徊鬱結。蘇東坡在〈書黃子思詩集後〉一文中贊柳宗元詩：「發纖穠於簡古，寄至味於澹泊」。

劉夢得再作〈答〉一詩：

弱冠同懷長者憂，臨岐回想盡悠悠。

耦耕若便遺身世，黃髮相看萬事休。

《論語》云：「長沮桀溺耦而耕」，劉禹錫雖然遭遇與柳宗元相同的坎坷命運，但他還不甘心「死後原知萬事休」，還有著抗爭命運的鬥志。

柳宗元再作〈三贈劉員外〉：

信書成自誤，經事漸知非。

今日臨岐別，何年待汝歸。

書信文字成為惹禍的根由，經歷過滄桑才知世事艱難。柳宗元消極地看待挫折和教訓，已然失去了抗爭的鋒芒。

劉禹錫再寫〈答〉一詩，酬謝柳宗元的〈三贈劉員外〉：

年方伯玉早，恨比〈四愁〉多。

會待休車騎，相隨出罻羅。

《莊子》曰：「蘧伯玉行年六十而六十化。」蘧瑗，字伯玉。不要哀嘆自己已經老氣橫秋，比起蘧伯玉六十歲而感悟，還很年輕。《文選》記載：「張衡出為河間相，鬱鬱不得志，為〈四愁詩〉。」牢騷滿腹防腸斷，寫那麼多「四愁詩」徒勞無益。《文選・休沐重還道中詩》曰：「還邛歌賦似，休汝車騎非。」《禮記・王制》言：「鳩化為鷹，然後設罻羅。」你的欲望成為你的羈絆陷阱。劉禹錫已把功名看淡，悟出莫把東山再起，作為心中不解的情結。

所謂詩言志，從柳、劉兩人的往來詩句中，可見面臨相似的命運卻是截然不同的情感抒寫，突顯著兩人性格的迥然差異。

與劉禹錫自衡陽分手後，柳宗元坐船溯湘江而上，湘水出零陵陽海

第十七章　貶謫或擢拔，升降本是同一條路

山，至巴丘入江。經過零陵的時候，柳宗元望著西山，望著這片十年的囚居之地，久久說不出話來。船過零陵，就進入廣西境界了。穿過全州的靈渠，由灘江經臨桂，然後走陸路直往柳州。面對「茫茫一片都不見」的湘水，柳宗元寫了〈再上湘江〉一詩：

好在湘江水，今朝又上來。

不知從此去，更遭幾年回？

從永州到柳州，這不僅是一個地理的概念，更是一個心理的概念。在永州，畢竟還是瀟湘之地，在春秋戰國時期，楚國已進行了開發，與中原有著往來；而這次貶謫嶺南的柳州，則完全是一塊未開發的蠻荒之壤。

柳宗元進入廣西境內後，所作的一首詩〈嶺南江行〉：「瘴江南去入雲煙，望盡黃茆是海邊。山腹雨晴添象跡，潭心日暖長蛟涎。射工巧伺遊人影，颶母偏驚旅客船。從此憂來非一事，豈容華髮待流年。」人生能有幾個十年可待？「白了少年頭，空悲切！」

柳宗元在〈嶺南江行〉中，以瘴江、黃茆、象跡、蛟涎、射工、颶母等意象來表達自己到嶺南的感受，讓人覺得陰森恐怖毛骨悚然。在古人心目中，「瘴」一詞大概猶如我們現在的「癌」，聞之色變。古人認為嶺南地區多瘴癘之氣，是瘧疾等傳染病的病源，幾乎是死亡的代名詞。

《元和郡縣志‧嶺南道‧廉州》記載：「瘴江，州界有瘴名，為合浦江。……自瘴江至此，瘴癘尤甚，中之者多死，舉體如墨。春秋兩時彌盛，春謂青草瘴，秋謂黃茆瘴。」柳宗元於再貶謫到柳州之後的詩中，「瘴」字多次出現：「林邑山聯瘴海秋，牂牁水向郡前流」（〈柳州寄京中親故〉）、「桂嶺瘴來雲似墨，洞庭春盡水如天」（〈別舍弟宗一〉）以至韓愈在〈左遷至藍關示姪孫湘〉詩中，出現這樣的詩句：「好收吾骨瘴江邊」。

柳宗元的山水詩，自永州到柳州的變化之中，我們可以一窺他的心理軌跡。

如果說柳宗元在永州的貶謫任上，還胸懷大志，心中仍存有夢想，那麼，十年後再次謫貶柳州，「官雖進而地益遠」（《資治通鑑》語），希望已完全破滅，陷入深深的絕望之中。

柳宗元在〈送李渭赴京師序〉一詩中，曾抒寫了自己貶謫永州時的情緒：「過洞庭，上湘江，非有罪左遷者罕至。又況逾臨源嶺，下灕水，出荔浦，名不在刑部而來吏者，其加少也固宜。」這種「萬死投荒」、「長恨囚居」的流放，不是被朝庭認為罪重難饒的人，是極少被派到這種偏遠蠻荒之地任職的。

而這次遠謫柳州，更是「炎荒萬里，毒瘴充塞」，完全是九死一生之地。「治長雖解縲紲，無由得見東周。」命運發生逆轉，幻想變成了絕望。回望長安無蹤影，唯見湘江天際流。

時隔不到五個月，柳宗元離京赴任柳州，再次來到界圍巖，並夜宿巖下，寫有〈再至界圍巖水簾遂宿巖下〉詩：

發春念長違，中夏欣再睹。
是時植物秀，杳若臨懸圃。
歊陽訝垂冰，白日驚雷雨。
笙簧潭際起，鸛鶴雲間舞。
古苔凝青枝，陰草溼翠羽。
蔽空素彩列，激浪寒光聚。
的皪沉珠淵，鏘鳴捐佩浦。
幽巖畫屏倚，新月玉鉤吐。
夜涼星滿川，忽疑眠洞府。

第十七章　貶謫或擢拔，升降本是同一條路

　　生命的冥冥之中，竟有如此鬼使神差、陰錯陽差的巧合。柳宗元五個月後，居然再見「界圍巖水簾」。回歸心切、匆匆上路之時，原以為此一去大鵬展翅，難以再見「界圍巖水簾」；沒想到「忽如朝玉皇，天冕垂前旒」對君王的美好想像，化為阮籍〈詠懷〉詩中「寄顏雲霄間，揮袖凌虛翔」的幻滅。

　　呂國康在〈柳宗元與界圍巖〉一文中，描繪了柳宗元苦中求樂，以釋緩心中沉重的政治情結，寄情於自然山水：

「歊陽訝垂冰，白日驚雷雨。」寫瀑布，用烈日下的垂冰作比，給予人清涼之感，用晴空中響起的雷雨作比，給予人驚奇之感，兩者皆對比強烈。「笙簧潭際起，鸛鶴雲間舞。」庾信〈奉和夏日應令〉詩：「願陪仙鶴舉，洛浦聽笙簧。」水聲如笙簧奏出的樂聲自潭邊升起，瀑布像鸛鶴自雲間飛舞而下。「古苔凝青枝，陰草溼翠羽。」多年的苔蘚凝結在青青的樹枝上；巖下陽光照射不到的雜草，彷彿淋溼了綠色羽毛。「蔽空素彩列，激浪寒光聚。」白色的光芒遮蔽了天空，激起的浪花也凝聚著寒冷的光彩。「的皪沉珠淵，鏗鳴捐珮浦。」李善注：「《說文》曰：『玓瓅，明珠光也』。」的皪與玓瓅音義同。班固〈東都賦〉：「捐金於山，沉珠於淵。」的皪沉珠，狀水花飛濺。鏗鳴，金玉撞擊聲。捐珮浦，屈原《楚辭·九歌·湘君》：「捐余玦兮江中，遺餘珮兮澧浦。」捐，棄也。鏗鳴捐珮，喻水石相擊之聲。這兩句的意思是：清潭彷彿是沉沒著的皪明珠的沉淵，鳴聲鏗鏘又像是遺棄玉珮的江浦。詩人真是一位高明的畫家，用手中的神筆繪聲繪色地描繪了界圍巖瀑布的奇特風光。

　　逆湘江而上，柳沒有停泊永州，而是選擇了玄圃仙境界圍巖。是不願再回永州以免引起太多的傷感？還是別有隱衷？以再至界圍巖為分界線，寫於稍後的〈嶺南江行〉、〈登柳州城樓寄漳汀封連四州〉等詩，描寫了嶺南的奇異風光與特異景物，流露的是不安與愁思。只有〈再至界圍巖水簾遂宿巖下〉詩例外，我們不妨稱之為界圍巖情結。一條大江有湍

流也有深潭，一首歌曲有高音也有低音。柳宗元一生飽經磨難曲折，偶有片刻的清閒也在情理之中。回過頭來，我們再思索此詩，其意境清冷幽淒，詩人孤寂、憂鬱的情感自在言外，而留連陶醉於人間仙境，那看破紅塵、對汙濁官場的憤懣也成了弦外之音！

「界圍巖」成為柳宗元命運中的一個象徵。

古希臘著名哲學家赫拉克利特，以其謎語般的哲理箴言而著稱於世，在其僅存的《殘篇》中，每一句語焉不詳的隻言片語都蘊含著石破天驚的巨大力量。比如，「圓環的開端和結尾是相同的」、「疾病使健康成為愉快和幸福，飢餓使吃飽成為快活和滿足，疲勞使休息成為愜意和舒服」、「赫西奧德是多數人的老師，他們深信他知識淵博，但他卻不知道日和夜，因為二者其實是同一回事」、「海水最潔淨又最骯髒：對魚而言可飲用並且有益，對人而言不能飲用而且有害」、「萬物生於火，滅而復歸於火」、「未來為一團永恆之火，在一定分寸上燃燒，在一定分寸上熄滅」、「一陰一陽謂之道」等等。因其思想和風格不為當代人所理解，一直以來被稱為「晦澀哲人」。但他充滿辯證思維的哲理警言，二千年來不斷為代代哲學家們解讀，並獲得推陳出新的含意。

赫拉克利特的名言：「一切皆流」和「人不能兩次踏進同一條河流」，成為哲學史卜劃時代的標誌。赫拉克利特把自己比作「女巫用狂言讖語的嘴說出一些嚴肅的、樸質無華的話語。」他的一些看似平淡無奇的話，如同巫師的讖言一般，說出了「絕對的真理」。比如這句話：「上升之路與下降之路本是同一條路。」就同一條路而言，對居住在山谷的人來說是「上升的路」，對居住在山頂的人來說則是「下降的路」。

殊途同歸！

柳宗元無論貶謫還是擢升都走在同一條路上，他的人生經歷，驗證了赫拉克利特的哲理讖言。

第十七章　貶謫或擢拔，升降本是同一條路

第十八章
同是天涯淪落人

　　柳宗元與劉禹錫可謂是一生的莫逆之交，兩人的命運軌跡交集，同呼吸共沉浮。劉禹錫在〈答道州薛郎中論書儀書〉中說：「及謫官十年，居僻陋，不聞世論。所以書相問訊，皆疇親密友。」柳宗元與劉禹錫兩人之間，不僅如前文所述，在文學上多有詩詞應答，而且對佛學也有著共同的喜好。劉禹錫在朗州的十年，也曾醉心於佛學，一些僧侶如元嵩往來於永州、朗州之間。這一方面他們也互相影響。另外，他們既有許多人生觀上的志同道合，又存在學術上、哲學上的歧義和爭論，這些爭論有助於發展和成熟他們各自的思想體系。柳宗元十分欣賞劉禹錫的才華，稱讚其文章為「雋而膏，味無窮而炙愈出」（《劉賓客文集》卷20〈猶子蔚適越戒〉）。劉禹錫在〈答柳子厚書〉中，記載了柳宗元曾寄文於劉禹錫，表示希望「將子為巨衡，以揣其鈞石銖黍」。兩人的交往，構成了中國文學史、哲學史上的一段佳話。

　　柳宗元與劉禹錫之間，有過一次關於《周易》的爭論。劉禹錫寄給柳宗元兩文：〈與董生言易〉和〈辯易九八論〉，談及自己對《周易》的理解。而柳宗元則回應以〈與劉禹錫論周易九六書〉。對劉禹錫文中所提，為何陽爻稱九，陰爻稱六等問題，闡述了自己的觀點。

　　劉禹錫剛到朗州，就向人打聽當地有學問的人，大家推薦顧彖，是「能道古語可與言者」，這個人自幼研究《周易》，已經有六十多年歷史。劉禹錫還有一位朋友董頲，被大家稱之為「賢者」，「與之言，能言墳、

第十八章　同是天涯淪落人

典、數,旁捃百氏之學」,「數」即易數,就是《周易》,董頲也精通易經。於是,劉禹錫在朗州對《周易》產生了濃厚的興趣,不僅自己學習研究,也與朋友討論。他和顧彖是好朋友,經常登門求教;顧彖去世,為他作墓表。與董頲討論《周易》,流傳下來的有〈辯易九六論〉,是劉禹錫著作中一篇研究《周易》的專著。

劉禹錫在〈絕編生墓表〉一文中,記載了他與顧彖交往的經歷:

顧彖,蘇州人。寓居武陵沅水上,從事體力勞動,因為精於讀《周易》出名。顧彖病重將死之時,訓誡他的兒子:「我從十五歲開始跟隨老師學習《周易》,至今已經有六十三年了。沒有哪一天不吟誦〈繫〉、〈象〉這些篇章。同里的學子跟隨我讀書的很多。我死後,你一定要把我葬在鄉學的旁邊。倘若地下有知,還能聽到我教他們讀過的書。」鄉紳們說:像顧彖這樣的人,真是可以稱之專心致志於學問啊。因此,我用韋編三絕的典故私諡顧彖為「絕編生」,並且為他作了墓表。後世的史官也許可以將墓表中所記的事蹟選編入傳。

我被貶謫至朗州,初到該地之時,打聽這裡誰懂古書,並且可以與我交談的,大家向我推介了顧彖。於是,我帶著禮品請求相見。顧彖高冠寬袖,大方氣派,講究行禮,到門口迎接客人,讓客人先走,而在登階時,又是一番以禮相讓。他心中的聖人之言,顯露在其眉宇之間,雖然因為常年體力勞動,養成無拘無束,但是沒有絲毫放誕。

於是,我詢問他平時喜歡讀什麼書?顧彖回答說:「早年學習《易經》,現在老了尤其喜愛。」我又問他怎樣學習?顧彖說:「初學時聽老師講解,後來則是自己在心中揣摩。孔子兼天、地、人三才,廢除《八索》,作《十翼》而通精微之言。與伏羲、文王並行於後世,好比日、月、星三辰,同屬於太極,光彩奪目。秦始皇焚書坑儒,《周易》作為卜

筮之書流傳，而完好的保存下來。從古至今，治《周易》之學的人很多，西漢有田何、丁寬、京房、劉安，東漢有馬融、鄭玄，魏有何、荀煇、二王（王肅、王弼），吳有韋、陸績，前面的人導源開拓，後來的人疏瀹發展。豐融混雜，百派會和。至本朝（唐），僧一行才開始作《周易論》等書探尋天機，神交古人，思考斟酌人事。（據說）制止車子運轉，有塞於車輪下的制動之木，卻沒辦法根據情況而變動。漢以後說《周易》諸家，皆為我所用。其他引其端緒者，共有三十多家。將諸家的言論整理加工，闡發其意義，訪求天道與人事的關係。磅礡上下，馳神運思，用盡心思，深入鑽研，以求貫通。猶如漢代樂官，只能鏗鏘鼓舞，而不能言其義。徐生的子孫，只善於揖讓進退的禮儀，而不能通經。然而，前賢之所以能夠從中受益，是因為用盡了心力。以致於握筆的手生了繭，對燭夜讀的雙眼變得紅腫，精神氣息也因為誦讀而耗盡。我家中沒有財產，不能作為貢士應舉，又居住在偏遠的地方，沒有可與言者與之交談。內心悲苦而形跡卑微，受凍挨餓，以至年老。沒有先生（劉禹錫）您的詢問，精於《周易》又有什麼用呢？」

異日，我登門拜訪顧象，居室內左邊是飲食器具，右邊則是書籍，還有用來占卜用的中空龜甲和十分光澤的蓍草。我用手指按著龜蓍問他說：「這些龜蓍就沒有不應驗而欺騙人的時候嗎？」顧象立刻回答說：「古代的聖人都知道，道的玄妙並不是用占卜就可以了解的，所以設定卦象以表現意蘊，用有為梯以達到無。採取的辦法是粗獷的，但透過它而想要了解的，是極其精微的事物。權、衡是用來量度重量的器具，但它不是專為某個估量物品的人設定的；尋、尺是用來丈量遠近的長度單位，但它也不是為匠人精湛劈削設定的；龜蓍是用來為眾人決斷疑惑的，但它不是專為聖人了解極其細微的跡象所設定的。「幾」這種極其細微的跡象存在於人自己身上，因此《周易》要以天時為卦體，以地理為爻位，再

第十八章 同是天涯淪落人

加上人事以為卦象，結合自身的情況來斷定一卦之意。在廣闊的領域中抓住中心，於物外掌握命運，是自然的道理。不知其所以然，則雖有虛名，其說辭也沒有根據。那蓍草枯萎的莖，龜甲腐朽的外殼怎麼能用於占卜呢？如今用揲蓍法起卦，把蓍草撥來撥去，以至使其磨損不堪；用龜甲占卜，把它灼燒到快要殆盡無存，只能幫老百姓問問年成的好壞、占卜生男生女、提起訴訟、需於酒食、丟失了羊、死了牛之類的事。靠這些占卜的費用來餬口，哪裡值得在先生面前提起啊！」我認為這是關於《周易》的精深見解，所以記了下來。（譯文取自李佳）

劉禹錫〈辯易九六論〉文中提到的董生，即董頲。董頲以刑部從事退居朗州，適劉禹錫謫官至朗州，兩人因而邂逅相逢，彼此切磋、探究《周易》。

張天池在〈高亨考釋辯易九六論一例〉中，對劉禹錫的文章進行了解析，我摘其要點列於下：

〈辯易九六論〉是中唐時期著名詩人劉禹錫言易的論文。作者對「乾之爻皆九而坤六」，「孔穎達云：陽得兼乎陰，陰不得兼乎陽」提出質疑，並與一位叫做董生的儒者進行探討，這位董生從其師畢中和學易，而畢中和本其師，師之學本一行，一行，姓張氏，先名遂，曾撰《大衍論》三卷。孔穎達疏「初九潛龍勿用」時云：「然陽爻稱九，陰爻稱六。其說有二：一者乾體有三畫，坤體有六畫，陽得兼陰，故其數九，陰不得兼陽，故其數六；二者老陽數九，老陰數六，老陰老陽皆變，周易以變者為占。故杜元凱注襄九年傳，遇艮之八，及鄭康成注易，皆稱周易以變者為占，故稱九，稱六。」劉禹錫以董生揲蓍為據，用蓍以求數，得數以定爻，累爻而成卦，因卦以生辭。作者論曰：「且夫筮為乾者，常遇七斯乾矣，常遇九斯得坤矣；筮為坤者，常遇八斯坤矣，常遇六斯得乾矣。」這就與「乾之爻皆九而坤六」的解釋有了歧義，劉禹錫亦取《左氏國語》、《左氏春秋傳》昔人之筮以為證，說明他和董生言九六之義是對的。而對

世人只憑名氣和才氣的大小來斷定是非而感到悲憤。

《周易》的千變萬化，神祕莫測，正是由五個天數與五個地數合成的五十有五的變化產生的。「五十有五」的變化產生七八九六四個數字。由七八九六的變化產生爻，由爻組成卦。所謂「成變化行鬼神」即指此而言。

《周易・繫辭傳》關於筮法是這樣講的：

「天一地二，天三地四，天五地六，天七地八；天九地十。」

「大衍之數五十，其用四十有九。分而為二以象兩，掛一以象三，揲之以四以象四時，歸奇於扐以象閏，五歲再閏故再扐而後掛。天數五，地數五，五位相得而各有合。天數二十有五，地數三十。凡天地之數五十有五，此所以成變化而行鬼神也。

大衍之數五十有五，其用四十有九。筮的時候用四十九根蓍草，不是用五十五根。筮法用四十九，不用五十五，本來沒有什麼奧妙。大衍之數五十有五，是自然數，筮法是人為的。用四十九根蓍草，因為用四十九能得出七八九六，得出七八九六才能形成卦。不用五十五根蓍草，因為五十五不能得出七八九六，得不出七八九六便不能形成卦。

《周易》是用象表達思想的。卦有象，筮也有象。這是《周易》的基本特點。

曆法與筮法有關係，沒有曆法就不會產生筮法。人認識天即自然界的規律是從曆法開始的。《書經・堯典》說：「欽若昊天，歷曆象日月星辰」。即是講曆法的。歷是計數，星是天上二十八宿恆星，辰是日月相會。《書經》這句話說堯的時候人們已知道觀象授時。堯以前的曆法是火曆。火是大火即心宿二，後來發展為太陽曆。過去人們沒有關於天的概念，到了堯的時代才有。人們學會「曆象日月星辰，敬授人時」，才開始認識天，即自然界。古人對於天的認識是從這裡開始的。《周易》筮法中講到四時，講到閏月，表明當時有了曆法。更重要的是表明《周易》透過自然界本身認識自然界，把自然界視作獨立於人類主觀世界以外的客體。

第十八章　同是天涯淪落人

　　筮法與卦同樣重要。學《周易》，首先要研究筮法。研究筮法不是為了算卦，是為了了解其中蘊含的思想。在筮法中，所有的環節都用數表現出來。

　　用數來表現宇宙內涵，是人類先祖們的高超智慧。在這方面，東、西方有著相似的邏輯。與產生《周易》幾乎同時期的古希臘哲學家畢達哥拉斯，提出對宇宙的理解：「數的原則就是宇宙和萬物的原則，一切都是數」；「十是數的本質，是完滿的數」；「數可以使不確定的東西變得確定」；「德行能夠從數字上來理解：正義是四」等等。希波呂托斯在談到畢達哥拉斯學派時說：「對畢達哥拉斯學派而言，數是第一原則，這個原則在本質上是陽性的一元，像父親一樣產生其他數」；「二是陰性的，三則是陽性的。這就是說偶數是陰性的，奇數是陽性的。四產生了十這個完滿的數」（從一開始把前四個數相加其和為十）。普特洛克勒斯則暗示：畢達哥拉斯學派發現直角三角形弦的平方等於另兩邊平方之和。斯珀西波斯則指出：「對於畢達哥拉斯學派來說，一就是點，二就是線，三就是平面三角形，四就是三稜錐體。」從這些論述和記載可以看出，在資訊完全閉塞的生存環境下，相隔萬里之遙的東、西方哲人們，卻產生了「英雄所見略同」的見解。

　　柳宗元看到劉禹錫關於說《周易》的書信後，寫下〈與劉禹錫論周易九六書〉。對劉禹錫文中所提，為何陽爻稱九，陰爻稱六的問題，進行了闡述。並毫不客氣地指出了畢中和、董頲對《周易》理解的膚淺，並暢談自己所學《周易》的心得：

　　見與董生論《周易》九六義，取老而變，以為畢中和承一行僧得此說，異孔穎達《疏》，而以為新奇。彼畢子、董子何膚末於學而遽云云也？都不知一行僧承韓氏、孔氏說，而果以為新奇，不亦可笑矣哉！

柳宗元認為，董頲師承畢中和及張一行，只是得其皮毛，而並未通曉真諦。因此而人云亦云，實在可笑。柳宗元論述了自己對《周易》的見解：

　　韓氏（謂韓康伯）注「〈乾〉之策二百一十有六」曰「〈乾〉一爻三十有六策」，則是取其遇揲四分而九也。「〈坤〉之策一百四十有四」，曰「〈坤〉一爻二十四策」，則是取其遇揲四分而六也，孔穎達等作《正義》，論云：九六有二義。其一者曰：「陽得兼陰，陰不得兼陽。」其二者曰：「老陽數九，老陰數六。」二者皆變用，《周易》以變者占。」鄭玄注《易》，亦稱以變者占，故云九六也。所以老陽九、老陰六者，九遇揲得老陽，六遇揲得老陰。此具在《正義·乾篇》中，周簡子之說亦若此，而又詳備。何畢子、董子之不視其書，而妄以口承之也？君子之學，將有以異也，必先究窮其書，究窮而不得焉，乃可以立而正也。今二子尚未能讀韓氏《注》、孔氏《正義》，是見其道聽塗說者，又何能知所謂《易》者哉？足下取二家言觀之，則見畢子、董子膚末於學而遽云云也。

　　足下所為書，非元凱兼三《易》者則諾。若曰孰與穎達著，則此說乃穎達說也，非一行僧、畢子、董子能有異者也。無乃即其謬而承之者歟？觀足下出入筮數，考校《左氏》，今之世罕有如足下求《易》之悉者也。然務先窮昔人書，有不可者而後革之，則大善。謹之勿遽。

　　柳宗元指出，畢中和、董生不讀「韓氏《注》、孔氏《正義》」，僅憑「道聽塗說」，「又何能知所謂易者哉！」對劉禹錫用碟蓍筮數考校左氏的方法，亦頗有微詞，「然務先窮昔人書，有不可者後革之，則大善。」顯然，柳宗元對劉禹錫的探究持質疑態度。

　　《周易》是中華民族神奇智慧的結晶，把理性知識用抽象的概念和符號來表達，二千多年來一直保持著旺盛生命力。以太極圖來表示陰和陽的能動性，圖中黑色的陰與白色的陽是對稱的，但這種對稱不是靜止的，這種合理的對稱暗示著強而有力且無休止的運動。圖中的圓點象徵

第十八章　同是天涯淪落人

著，每當這兩種力量之一達到自己的極致時，它同時已經孕育著自己對立面的種子。

中國古代的醫學經典《黃帝內經》，與《周易》有著密切的關係。一代名醫孫思邈曾經說過：「不知易便不足以言知醫。」不了解各種疾病的病根變化，如何了解醫治之法？中國傳統的中醫，就是根據《周易》理念中的人體陰陽平衡，任何疾病都被視為這種平衡的破壞。人體可以分為陰和陽兩部分，體內是陽，體表是陰；背面是陽，前面是陰，體內則有陰陽器官。所有器官都是透過氣在經絡系統中的不斷執行而保持平衡。經絡上有固定的穴位，每一個器官與脈絡都是以這種方式聯結成一個整體。陰器官與陽脈絡相通，當陰陽之間的通路被阻塞時，人就生病了，而治療的方法就是經由針灸穴位以刺激和恢復氣的運行。

西方現代物理學，深刻改變著人類的傳統生活方式。而上個世紀末的科學研究，則在現代物理學與東方神祕的《周易》之中找到了「曲徑暗通」的關係。《周易》中六十四組「六線」圖形，都是由陰陽符號組成，它們或「斷」或「連」的組合方式，成為世間萬物的「象徵圖示」。德國數學家萊布尼茲是現代電腦二進位制的創始人，正是中國既簡單明確又變幻莫測的古老太極八卦圖，觸動其靈機，為電腦的開發提供了「理論」啟示和「技術」支持。《易傳‧繫辭上》所言：「易有太極，是生兩儀，兩儀生四象，四象生八卦」的理論，還影響了生物遺傳密碼的破譯，DNA 的鹼基由三聯體組成為 64 個排列順序，形成八卦三聯體規律性……

中國古代的《周易》被稱之為六經之首，成為中華民族取之不盡、用之不竭的思想寶庫。對其博大精深的內容，筆者一時很難對柳宗元與劉禹錫之間的爭辯，作出誰是誰非的定論。我摘錄駱正軍〈柳宗元、劉禹錫易學思想比較〉一文，以作參考：

東臺高二適先生，曾作過一篇〈柳子厚與劉禹錫論「周易九六說」書後題〉，文中說：「始吾得柳書，不能盡其理，得劉辯則盡之矣。」認為柳宗元對「揲蓍端策之法」不怎麼精通，因此認為在《易》學方面，比不上劉禹錫。

章士釗老先生在〈給高二適先生的回信〉中說，「尋柳州於《易》，似欠深造，據其自述，僅得在永貞事變之傾，從陸文通微受教誨，然亦未必向揲蓍細功，多所探討。」但他認為柳宗元對《易》學的悟性，比劉禹錫有過之而無不及（章士釗《柳文指要》，文匯出版社出版2000版）。

章老先生舉了顧亭林的《左傳杜解補正》和王船山的《續春秋左氏傳博議》為例，說明「穆姜論筮長言大篇，亦切證穆姜所得在〈隨〉，而並不在〈艮〉，凡此種種，都似與夢得所見不無出入，而展轉《易》與柳州合符，不審二適其謂之何？」「治《易》而專務於卜筮，終是旁門術業，而無關於『開物成務利安元元之為」；「夫人食肉不食馬肝，未為不知味；為學不解筮法，將何害其為通人？」「夫如是，子厚誠好學不倦，然亦未必即以此技遜於夢得。」（章士釗《柳文指要》，文匯出版社出版2000版）

筆者認為：雖然柳宗元和劉禹錫對「易學」都有非常深刻的鑽研與領悟，但劉禹錫長於「易術」，而柳宗元重在「易理」，並且將「易理」運用於文學、哲學、為人與為政之中，融會貫通，不愧為一代易學大師。因此，他們兩個在「學易、識易、用易」方面，劉禹錫跟柳宗元相比，明顯地存在著極大的差距，幾乎不可同日而語。

從他們各自涉及「易學」的詩文數量來看，柳多劉少。

柳宗元涉及「易學」的詩文有20餘篇（首），如：〈四門助教廳壁記〉——「易傳太初篇曰：『天子旦入東學，晝入南學，夕入西學，暮入北學。」〈畇民詩〉：「二公居矣，弗敢泰止，是獲泰已。」《非國語·卜》篇中，就曾公然宣告：「卜者，世之餘技也，道之所無用也。聖人明之，吾未之敢非。然而聖人之用也，蓋以驅陋民也。非恆用而徵信矣。爾後之昏邪者神之，恆用而徵信焉，反以阻大事。要之卜史之害於道也

第十八章　同是天涯淪落人

多，而益於道也少。雖勿用之可也。左氏惑於巫而尤神怪之，乃始遷就附益以成其說，雖勿信之可也。」《非國語‧筮》篇：「公子親筮之日，尚有晉國。得貞屯、悔豫，皆八筮，史占之曰不吉。司空季子曰吉……而又筮焉是問，則末矣。」他在〈祭楊憑詹事文〉中，寫道：「年月，子婿謹以清酌遮羞之奠，昭祭於丈人之靈……承訃之始，卜兆既愈，載馳斯文，出拜路隅……天道悠遠，人世多虞，寄心雙表，長恨囚拘。嗚呼哀哉！」〈賀踐祚表〉：「天地泰而聖人出，雷雨解而品物榮。」〈即位賀表〉：「重離出曜，體乾繼統」；「帝出於〈震〉，著在《易經》」；〈賀冊太上皇后表〉：「母儀有光，坤道克順」；〈送易師楊君序〉：「與《易》關涉」；〈送韓豐群公詩後序〉：「大《易》之制，〈序卦〉處末」；〈與蕭翰林俛書〉：「讀《周易‧困卦》至『有言不信，尚口乃窮也』」；《晉‧孫周》：「吾聞晉之筮之也，遇〈乾〉之〈否〉，曰『配而不終』。非曰：又徵卦，夢以附合之，皆不足取也。」〈龜背戲〉：「八方定位開神卦，六甲離離齊上下。」「四分五裂勢未已，出無入有誰能知。」「徒言萬事有盈虛，終朝一擲知勝負。」〈祈死〉：「死之長短在宗祝，則誰不擇良宗祝而祈壽焉？」〈祀〉：「夫祀，先王所以佐教也，未必神之。」〈送僧浩初序〉：「往往與《易》合」；〈雷塘禱雨文〉「唯神之居，為坎為雷」……（楊家駱《柳河東全集》，世界書局印刷、發行，1999版）

而劉禹錫涉及「易學」的詩文僅有寥寥幾篇。如〈楚望賦〉：「繫乎天者，陰伏陽驕；繫乎人者，風巫氣窕」；「我卜我居，於城之隅。」〈何卜賦〉：「極必反焉，其猶合符。……經曰剝極則貞，居貞而未曾剝者其誰？否極受泰，居否而未曾泰者又其誰？」「時乎時乎！去不可邀，來不可逃。……屠龍之伎，非曰不偉，時無所用，莫若履豨。作俑之工，非曰可珍，時有所用，貴於斲輪。絡首縻足兮，驥不能逾跬，前無所阻兮，跛鼈千里。……故曰是耶非耶，主者時耶！……得非我美，失非我恥。其去曷思，其來曷期。」〈彭陽侯令狐氏先廟碑〉：「時唯仲月，卜用柔日。」〈大唐曹溪第六祖大鑑禪師第二碑〉：「蠢蠢南裔，降生傑異，父

乾母坤，獨肖元氣。」及〈辯易九六論〉，總計不過五篇（首）（卞孝萱《劉禹錫集》，中華書局出版發行，1990版）。由此看來，柳宗元與劉禹錫在學易、用易方面的高低，已明顯有所不同。

……

三、從他們有關聯的重點文章〈與劉禹錫論周易九六書〉來看，柳宗元旗幟鮮明，而劉禹錫的態度含糊不清。

柳宗元曾寫過一篇〈與劉禹錫論周易九六書〉。此事起源於劉禹錫與人爭論《周易》中「九六」的含義，「歷載曠日，未曾有聞人明是說者。雖余憤然用口舌爭，特貌從者十一二焉。余獨悲而志之，以矣夫後覺。」爭論了很長的時間，也沒有多少人信服劉禹錫的觀點，他特地寫成了〈與董生言易辯易九六論〉兩篇文章，以尋求支持者。

柳宗元批評「何畢子、董子」之流，「不視其書，而妄以口承之也。君子之學，將有以異也。必先究窮其書。究窮而不得焉，乃可以立而正也。今二子尚未能讀韓氏《注》、孔氏《正義》，是見其道聽塗說者，又何能知所謂《易》者哉！」他還極力推崇劉禹錫，學「易」之精神，稱「足下出入筮數考校左氏，今之世罕有如足下求易之悉者也。」並告誡所有求學之人，「務先窮昔人書，有不可者而後革之，則大善，謹之勿遽。」

從這篇文章來看，柳宗元對「乾卦和坤卦」的產生，以及「九為老陽、六為老陰」的來龍去脈，了解得非常透澈，說明他不僅對周易學得精，鑽得深，而且與《周易》有關的書籍，都閱讀過了，真正「究窮昔人書」，方能達到「爛熟於心、信手拈來」的化境。

劉禹錫的〈辯易九六論〉，將九六之策的演變過程作了詳細介紹，並以晉公子撰蓍占卜得到「貞、屯、悔、豫」四卦為例子，來加以說明。雖然他對「撰蓍」的方法，非常熟悉，甚至是精於此道，但劉禹錫不敢從理論上對那些「謬而承之」的不學無術者，或一知半解卻故弄玄虛的「假道學者」們，進行駁斥。而柳宗元的〈與劉禹錫論周易九六書〉，不僅僅是在與老朋友推心置腹地探討學術，而且從道義上，堅決地聲援與支持老

第十八章　同是天涯淪落人

朋友；更從理論上對那些「道聽塗說者」、「所謂易者」，進行了痛快淋漓的抨擊。由此可見，柳宗元與劉禹錫在《周易》的學識方面，孰高孰低，已非常明顯。

駱正軍先生「揚柳抑劉」的傾向十分明顯，筆者且把它當作「一家之言」。

在唐代，中國古代哲學思想經歷了一次空前激烈的變革，從漢代開始並行唯物、唯心兩種宇宙觀，爭辯與交鋒時明時暗、時而激烈時而緩行。唐代古文運動的領軍人物韓愈與柳宗元兩人，就分屬於兩個不同陣營。劉禹錫也加入了他們的爭論，成為唐代文學史、哲學史上的一樁趣聞。

大約在寫出〈貞符〉、《非國語》、〈封建論〉後，柳宗元寫出了〈天對〉一文。〈天對〉是針對屈原的〈天問〉而寫。屈原對天地山川神靈，發出了一百七十多個疑問，柳宗元把它概括為一百二十二條，逐條進行了回答。主要回答了關於天、太陽、月亮等問題。按照神祕哲學的看法，天是上帝神靈創造的，柳宗元在〈天對〉中認為，日月晝夜，宇宙萬物，是因為有「元氣」存在而得以生存，非由哪個造物主的創造。

韓愈後來致柳宗元一封信，在信中，韓愈也提到「天」，認為天是有意志的，能夠根據「人舉」（人的行為）而行賞罰。韓愈堅持正統的儒家思想，相信「天命」，他在許多文章中都有清楚且充分的表達。柳宗元為此寫下〈天說〉，認為人生際遇並非天命所致，「天人不相預」，「功者自功，禍者自禍，欲望其賞罰者大謬」。柳宗元的〈天說〉是針對韓愈的觀點進行批判的文章。韓愈致柳宗元的信現已佚失，但柳宗元在〈天說〉中，完整地引述了韓愈的觀點：

韓愈對柳宗元說：「若知天之說乎？吾為子言天之說。」關於天的學

說你了解嗎？我向你說明關於天的學說吧。

「今夫人有疾痛、倦辱、飢寒甚者，因仰而呼天曰：『殘民者昌，佑民者殃！』又仰而呼天曰：『何為使至此極戾也？』若是者，舉不能知天。」當人們碰到疾病、痛苦、勞累、飢寒等事情，無法忍受的時候，就會把頭仰起來對著蒼天呼喊：「虐待民眾的人興盛，保護民眾的人遇險！」又悲天憫地喊道：「為什麼把事情弄得如此錯亂不堪呢？」這些情況，都是沒有完全了解天的意願。

「夫果蓏，飲食既壞，蟲生之；人之血氣敗逆壅底，為癰瘍、疣贅、瘻痔，蟲生之」；許慎《說文》：「在木曰果，在地曰蓏。」張晏云：「有核曰果，無核曰蓏。」應劭云：「木實曰果，草實曰蓏。」瓜果、食物腐爛之後，蟲子就會從裡面生長出來；《說文》：「癰，腫也。瘍，頑瘡。贅，謂贅肉。瘻，頸腫，一曰久創。」人的血氣循環紊亂，就會有瘡癰、腫瘤、瘻痔等毒瘡，蟲子就會從裡面生長出來；「木朽而蠍中，草腐而螢飛，是豈不以壞而後出耶？物壞，蟲由之生；元氣陰陽之壞，人由之生。」樹木腐爛之後，裡面就會有蠍蟲生長出來；草腐爛了，就有螢火蟲在上面盤旋，這些現象莫非不是由於自然界的事物受到損害之後才有的嗎？事物腐敗之後，蟲子就會從中長出來；元氣陰陽受到損壞，就有了人類。

「蟲之生而物益壞，食齧之，攻穴之，蟲之禍物也滋甚。其有能去之者，有功於物者也；繁而息之者，物之仇也。」蟲類的生長，讓自然界中的事物不斷地破壞，蟲用牙齒吃東西，蛀成一個個洞穴，對事物的危害日益擴大。假使有人能夠趕走這些蟲類，那他就是對自然有功的人；反之，誰要是加速了蟲類的生長，就成為自然的仇敵。

「人之壞元氣陰陽也亦滋甚：墾原田，伐山林，鑿泉以井飲，竅墓

第十八章　同是天涯淪落人

以送死,而又穴為偃溲,築為牆垣、城郭、臺榭、觀遊,疏為川瀆、溝洫、陂池,燧木以燔,革金以熔,陶甄思索,悴然使天地萬物不得其情,倖倖衝衝,攻殘敗撓而未嘗息。其為禍元氣陰陽也,不甚於蟲之所為乎?」人類對陰陽元氣的損害與日俱增:開墾田地,伐採樹木,打挖水井,掘墓埋人,還要挖鑿廁所的糞坑,建造房屋、城池、樓宇、寺廟,梳理河道、溝池,鑽木取火以燒製,將金屬融化,做成各種的陶器瓦器,刻制玉石,讓天地萬物都不能順其自然地生長,完全改變著自然規律,人們自以為是地做著,太過頻繁且無止息地索取、改造大自然,這些行為對元氣陰陽帶來的傷害,難道不比蟲子造成的傷害大嗎?

「吾意有能殘斯人使日薄歲削,禍元氣陰陽者滋少,是則有功於天地者也;繁而息之者,天地之仇也。」在我看來,誰能夠制止那些人,讓他們減少這種破壞的行為,使得元氣陰陽的損害逐漸減少,這就是對天的最大功勞了;誰要是不斷地助長這種破壞行為,那就是天地的敵人。

「今夫人舉不能知天,故為是呼且怨也。吾意天聞其呼且怨,則有功者受賞必大矣,其禍焉者受罰亦大矣。子以吾言為何如?」如今,人們根本不了解天地的意願,才有那樣的呼喊和抱怨。在我看來,在天聽到他們的呼喊和抱怨的時候,對那些有功的人會加以獎勵,對那些禍害天地的人會加以懲罰。在你看來,我講的這些對嗎?

韓愈對於「天人關係」的理解,大多繼承了漢儒的觀念。西漢時期,以董仲舒為代表的儒家學者提出「天人感應」之說,認為天有意志,人道與天道一旦忤逆,上天就會做出懲罰。而當人道順應了天道,上天也會以各種形式做出嘉獎。這種理論在演變中逐步哲學化,將天的意志與元氣、陰陽等概念相結合,使上天賞功罰過的學說形成體系。韓愈這篇文章中闡述的觀點就是儒家傳統觀念的具體化。韓愈在此文中的表達,

雖然不無過激之處，但其中所顯現的保護自然環境的積極態度，卻令人深思。

柳宗元對韓愈的觀點提出了自己不同的見解：

「子誠有激而為是耶？則信辯且美矣。吾能終其說。」你一定是心中有感慨才這樣說吧？你所陳述的確實是既雄辯又富有文采。但且聽我從頭到尾來說明其中的道理。

「彼上而玄者，世謂之天；下而黃者，世謂之地；渾然而中處者，世謂之元氣；寒而暑者，世謂之陰陽。」那些在上面的黑色的東西，人們將它稱之為天；下面那黃色的東西，人們將它稱之為地；充斥在天地中間的東西，人們將它稱之為元氣；寒冷轉為暑熱，人們將它稱之為陰陽。

「是雖大，無異果蓏、癰痔、草木也。假而有能去其攻穴者，是物也。其能有報乎？蕃而息之者，其能有怒乎？」這些顯然是很大的東西，但是與瓜果、瘡癩、草木並沒有區別。假如有誰能夠將那些鑽洞的仇敵消滅，它們會來報答嗎？讓那些仇敵肆意生長繁衍，它們能夠發怒嗎？

「天地，大果蓏也；元氣，大癰痔也；陰陽，大草木也；其烏能賞功而罰禍乎？」天地，就是大的瓜果；元氣就是大的瘡癩；陰陽就是大的草木，它們憑藉什麼賞賜功勞，懲罰罪惡呢？

「功者自功，禍者自禍，欲望其賞罰者大謬。」那些有功於天地的人按照自己的方式來對待大自然，禍害天地元氣的人也是按照自己的方式來對待大自然，想要得到天地的獎賞是十分荒謬的；「呼而怨，欲望其哀且仁者，愈大謬矣。」呼喊和抱怨，想要從天地那裡得到同情和恩賜，就更加荒唐了。

「子而信子之義以遊其內，生而死爾，烏置存亡得喪於果蓏、癰痔草

第十八章　同是天涯淪落人

木耶？」假使你一直堅持你的仁義道德在天地間生存，那麼自生至死堅持著就可以了。為什麼要將存亡興衰依託於瓜果、瘡癬、草木呢？（譯文參閱《柳宗元集》，萬卷出版公司，2008 年 12 月版）

　　柳宗元在文章中，針對韓愈認為「天」是有意志、能主宰的人格神，把「天」視為支配人世的造物主。宣揚「天公」、「天神」、「天心」、「天旨」、「天意」、「天命」等，認為國家的興亡盛衰「存乎天」，如果違背「天」的意志就要遭受「天殃」、「天罰」。柳宗元明確指出：「天」是自然存在物，天、地、元氣、陰陽和果蓏、癰痔、草木一樣，都是物質存在的具體形式，只是它們特別「大」而已。這與柳宗元〈天對〉中表達的觀念相符。

　　韓愈與柳宗元一樣，都反對「怨天」，但理由根本不同。韓愈認為：「物壞，蟲由之生」，然後進行類比，引申出「元氣、陰陽之壞，人由之生」，從而推演出天與人相對立的觀點，認為人的一切改造自然、利用自然的活動，都是破壞「天」的安排，違反「天」的意志。

　　柳宗元在〈哭張後餘辭〉中說：「激者曰：天之殺恆在善人而佑之肖」，就是指斥韓愈的這種看法。柳宗元指出韓愈的說法：「誠有激而為是。」認為韓愈的說法裡包含著偏激和怨憤。其實，柳宗元在論爭中也不無偏激和怨憤。韓愈反對「人定勝天」，強調「保護自然」的觀點，隨著今天環保意識的提升，有了某種超前思想的意味。

　　後來，劉禹錫在〈天論〉裡說柳宗元〈天說〉是「有激而云」，表明論爭雙方都是滿懷著批判的激情。不過，韓愈的看法，無論從邏輯上還是結論上，都是與柳宗元相對立的。

　　韓愈由天、人對立的觀點，再引申出「天」高不可怨的結論，表現了人在自然力和社會不公面前，「聽天由命」的無奈和悲哀。而柳宗元同樣

不主張「怨天」，卻不是因為「天意」不可違，「天」高不可怨，而是認為「天」本無知不必怨。

柳宗元在〈祭呂衡州文〉中說過這樣一番話：「聰明正直，行為君子，天則必速其死；道德仁義，志存生人，天則必夭其身。」這也道出「天之殺恆在善人而佑不肖」的社會現實，但他與韓愈的結論不同：「吾固知蒼蒼之無信，莫莫之無神。」他對天有意志、能主宰的有神論從根本上加以否定。在〈天說〉中，他提出事物是「功者自功，禍則自禍」，事物發生變化的根本原因在自身的內因，所以他認為，寄望於「天」行賞罰是「緣木求魚」。柳宗元把人類苦難歸結到自身，認為要改變和消除這些苦難，必須從改造社會入手。這也是柳宗元力推改革的價值基礎。

儒家祖師孔子、孟子都強調「知天命」，「五十而知天命」。韓愈承繼了儒家的天命思想，傳統儒家主張君子「以德配天」，「天、人合德」，這是他們設想的實現道德理想的途徑，並非絕對消極的主張。不過如此一來就把人的理想和努力限定在先驗的「天命」制約之內了。儒家的異端荀子與這種觀點相對立，提出「明於天、人之分」，因而「不求之天」。荀子也寫過一篇〈天論〉，就是基於唯物論觀點引申出來的概念。擺脫了「天命」的束縛，才能從根本上確立「人」的主動地位。柳宗元發展了荀子思想，他堅信人的道義力量和人類自身完善的能力，「信子之義以遊其內，生而死爾」，從而表現出唯物主義者的大無畏精神。

柳宗元將〈天說〉寄給韓愈，又抄一份給劉禹錫。劉禹錫與柳宗元的〈天說〉持相同觀點，而對韓愈的所謂「天命」說持批判態度。看了柳宗元的〈天說〉，劉禹錫引發強烈的共鳴，於是，在柳宗元〈天說〉的基礎上，洋洋灑灑地寫出〈天論〉上、中、下三篇。

劉禹錫〈天論〉（上篇）：

第十八章　同是天涯淪落人

世之言天者二道焉。拘於昭昭者，則曰：「天與人實影響：禍必以罪降，福必以善徠，窮厄而呼必可聞，隱痛而祈必可答，如有物的然以宰者。」故陰騭之說勝焉。泥於冥冥者，則曰：「天與人實剌異：霆震於畜木，未嘗在罪；春滋乎堇荼，未嘗擇善；蹠、蹻介焉而遂，孔、顏焉而厄，是茫乎無有宰者。」故自然之說勝焉。

余友河東解人柳子厚作〈天說〉，以折韓退之之言，文信美矣，蓋有激而云，非所以盡天人之際。故余作〈天論〉，以極其辯云。

世上討論「天」的問題的大致上有兩派，一派認為老天爺是天上的老大，管理世間萬物；另一派則認為天就是大自然，既沒有頭腦，也沒心沒肺。我的朋友柳宗元最近寫了一篇〈天說〉來反駁韓愈的觀點，文章寫得不錯，就是稍嫌偏激，未完全針對問題。所以，我必須寫這篇〈天論〉，把道理進一步講清楚。

大凡入形器者，皆有能有不能。天，有形之大者也；人，動物之尤者也。天之能，人固不能也；人之能，天亦有所不能也。故余曰：天與人交相勝耳。

凡是有形的東西都不是全能的。天，是有形之物中最大的；人，是動物裡邊最傑出的。有些事，天能做，人卻做不了；也有些事人能做，可天做不了，所以說，天和人各有所長。

天的規律是生養萬物，它能使萬物強壯，也能使萬物衰弱；人不一樣，人要依循法制，要明辨是非。

陽而阜生，陰而肅殺；水火傷物，木堅金利；壯而武健，老而耗眊，氣雄相君，力雄相長：天之能也。陽而蓺樹，陰而挈斂；防害用濡，禁焚用光；斬材竄堅，液礦硎鍔；義制強訐，禮分長幼；右賢尚功，建極閑邪：人之能也。

春夏之時萬物生長、秋冬季節草木凋零；水淹火焚能傷害萬物，木質堅實而金屬鋒利；年壯的強健有力，年老的體弱眼花；智力高的爭相為君，體力強的爭相為長。這些都是「天」的職能。人們春夏時種植莊稼，秋冬時收藏作物；防治水害而又利用水來灌溉，撲滅火災而又利用火的光熱；砍伐樹木並加工成堅實的器物，冶煉礦石並磨礪成金屬器具；用正義來制止強暴的武力與惡意的攻擊，用禮節來確定長幼尊卑的關係；尊重賢能崇尚有功，建立是非標準以防止邪惡。這些都是人的職能。

人能勝乎天者，法也。法大行，則是為公是，非為公非，天下之人蹈道必賞，違之必罰。當其賞，雖三旌之貴，萬種之祿，處之咸曰宜。何也？為善而然也。當其罰，雖族屬之夷，刀鋸之慘，處之咸曰宜。何也？為惡而然也。故其人曰：「天何預乃事耶？唯告虔報本，肆類授時之禮，曰天而已矣。福兮可以善取，禍兮可以惡召，奚預乎天邪？」

人之所以能勝天，在於制定與執行法制。法制暢行，「是」成為人們公認為正確的，「非」成為人們公認為錯誤的。普天下的人，凡遵循法制者必然受到獎賞，凡違犯法制則必然受到懲罰。應當獎賞的，即使封以三公的高官，給予萬鍾的厚祿，人們都認為合適。這是因為他做了好事的緣故。應當懲罰的，即使處以滅族的慘禍，遭受刀鋸的酷刑，人們都認為應該。這是因為他做了壞事的緣故。在這種情況下，人們都說天怎麼能干預人事呢？只有在向天表示誠敬，報答天之恩德的祭天活動，或在新君即位、出師征伐或頒布曆書等祭天儀式中，才講到天罷了。福祿可以藉由行善來取得，災禍則是由作惡召來，與天有什麼相干呢？

法小弛則是非駁，賞不必盡善，罰不必盡惡。或賢而尊顯，時以不肖參焉；或過而僇辱，時以不幸參焉。故其人曰：「彼宜然而信然，理也；彼不當然而固然，豈理邪？天也。福或可以詐取，而禍或可以苟免。」人道駁，故天命之說亦駁焉。

第十八章　同是天涯淪落人

　　當法制稍許鬆弛時，是非就混淆了。受獎賞者不一定都是好的，受懲罰者不一定都是壞的。有的人因賢能而得到尊貴的地位和顯赫的名聲，但有時品行不好的人也混雜在裡面；有的人因犯罪而受到刑殺和羞辱，但有時無辜的人也攙雜在裡面。在這種情況下，人們說，那些應當受到賞罰的而確實受到了，是合理的；不應當受到賞罰的卻也受到了賞罰，難道合理嗎？於是，人們就懷疑這是天命吧。福祿或許可以用奸詐的手段攫取，災禍有時可以僥倖避免。由於體現人的職能的法制混亂，所以關於天命的種種說法也就混亂不清了。人們對於原因不明的不合理之事，往往就歸之於「天命」，從而動搖了天論思想。

　　法大弛，則是非易位，賞恆在佞，而罰恆在直，義不足以制其強，刑不足以勝其非，人之能勝天之具盡喪矣。夫實已喪而名徒存，彼昧者方挈挈然提無實之名，欲抗乎言天者，斯數窮矣。故曰：天之所能者，生萬物也；人之所能者，治萬物也。法大行，則其人曰：「天何預人邪，我蹈道而已。」法大弛，則其人曰：「道竟何為邪？任人而已。」法小弛，則天人之論駁焉。今以一己之窮通，而欲質天之有無，惑矣！余曰：天恆執其所能以臨乎下，非有預乎治亂云爾；人恆執其所能以仰乎天，非有預乎寒暑云爾；生乎治者人道明，咸知其所自，故德與怨不歸乎天；生乎亂者人道昧，不可知，故由人者舉歸乎天，非天預乎人爾。

　　法制完全廢弛，是非就顛倒了位置。受獎賞的常常是巧言諂媚的人，而受懲罰的往往是正直的人。道義不足以制服強暴，刑罰不足以克制邪惡，人能勝天的手段完全喪失了。在法制已經喪失而空有其名的情況下，糊塗之人還孤零零地拿著這個無實的空名，想去抗衡鼓吹天命的人，這當然是沒有辦法的。所以說，天能做的是生養萬物，人能做的是治理萬物。在法制廣為推行的時候，人們就會說：天怎麼能干預人事呢？我只要遵循法制就行了。在法制完全廢弛的時候，人們就會說：法制究

竟有什麼用呢？聽天由命罷了。在法制稍有鬆弛的時候，人們對於天人關係的理解就混亂了。如果要以個人遭遇的好壞，證明天命的有無，是十分糊塗的。生在治世的人，由於實行法制，而是非分明，賞罰的由來很明確，所以得福不感激天，遭禍也不怨恨天；生在亂世的人，由於法制廢馳而是非不清，人們不知道賞罰的依據，所以把本來是人為的禍福都歸於天。其實，這並不是天在干預人事。

劉禹錫〈天論〉（中篇）：

或曰：「子之言天與人交相勝，其理微，庸使戶曉，盍取諸譬焉。」

有人說：「你講的這套『天和人各有所長』的道理太深奧了，要讓眾人皆知，最好打個比方，用通俗的方式敘述。」

劉子曰：「若知旅乎？夫旅者，群適乎莽蒼，求休乎茂木，飲乎水泉，必強而有力者先焉，否則雖聖且賢莫能競也。斯非天勝乎？群次乎邑郭，求蔭於華榱，飽於饋牢，必聖且賢者先焉，否則強而有力莫能競也。斯非人勝乎？苟道乎虞、芮，雖莽蒼猶郭邑然；苟由乎匡、宋，雖郭邑猶莽蒼然。是一日之途，天與人交相勝矣。吾固曰：是非存焉，雖在野，人理勝也；是非亡焉，雖在邦，天理勝也。然則天非務勝乎人者也。何哉？人不幸則歸乎天也，人誠務勝乎天者也。何哉？天無私，故人可務乎勝也。吾於一日之途而明乎天人，取諸近也已。」

作者回答：「譬如旅行，人們成群結隊地前往荒野，想尋找茂密的樹蔭休息，尋找清涼的泉水解渴，一定是身強力壯的人捷足先得，即使是聖人、賢人，也難以和他們競爭。體力強者勝過體力弱者，而人的體力是自然的生理條件造成的，這是『天勝』的情況。如果成群的人停留在城市裡，尋求華麗的房屋居住，飽餐豐盛的飯菜，必定是聖賢取得優先，即使身強力壯的人也沒法與他們競爭。人實行法制，法制由人所立，是人之道。人在社會範圍內可以改變體力強弱相勝的自然狀態，聖賢位尊

第十八章 同是天涯淪落人

名顯,高於普通的人,這是『人勝』的情況,即『人之道』戰勝了『天之道』。假如經過虞、芮這種是非分明的地方,即便身在荒野也如同在城市裡一般,必然互相禮讓,這也是『人勝』。但假如途經匡、宋這種是非不分的地方,雖然在城裡,也如同在荒野一樣,彼此爭奪,這就是『天勝』。因此,由此可以看出天與人互有消長。」

或者曰:「若是,則天之不相預乎人也信矣,古之人曷引天為?」答曰:「若知操舟乎?夫舟行乎濰、淄、伊、洛者,疾徐存乎人,次舍存乎人。風之怒號,不能鼓為濤也;流之溯洄,不能峭為魁也。適有迅而安,亦人也;適有覆而膠,亦人也。舟中之人未嘗有言天者,何哉?理明故也。彼行乎江、河、淮、海者,疾徐不可得而知也,次舍不可得而必也。鳴條之風,可以沃日;車蓋之雲,可以見怪。恬然濟,亦天也;黯然沉,亦天也。阽危而僅存,亦天也。舟中之人未嘗有言人者,何哉?理昧故也。」

可能還有人問:「若果真如此,天不會幫人,那麼古人為什麼常常說到天呢?」作者回答:「這就和行船的道理一樣。如果是在平靜的小河裡划船,想要快就快,想要慢就慢,想在哪裡停就停,就算翻船,人們也不會把翻船的原因歸咎於天;可是如果在大江大海裡划船,人力能控制的因素很有限,船沒翻,得謝天謝地,船翻了,那叫做天公不作美。」

問者曰:「吾見其駢焉而濟者,風水等耳。而有沉有不沉,非天曷司歟?」答曰:「水與舟,二物也。夫物之合併,必有數存乎其間焉。數存,然後勢形乎其間焉。一以沉,一以濟,適當其數乘其勢耳。彼勢之附乎物而生,猶影響也。本乎徐者其勢緩,故人得以曉也;本乎疾者其勢遽,故難得以曉也。彼江、海之覆,猶伊、淄之覆也。勢有疾徐,故有不曉耳。」

還有人問:「你的說法有些道理,但怎麼解釋那些一起行船卻一個沉、一個不沉的情況呢?」作者回答:「水和船是兩種東西,作用在一

起,其間有數有勢。勢依附在物體上,物體運動得快,它的勢就強,運動得慢,它的勢就弱。船划得慢也可能會翻,我們看得出來它是怎麼翻的;船要是划得太快,在大江大海裡行進,勢很疾,即使翻了船,也看不清楚是怎麼回事。」

問者曰:「子之言數存而勢生,非天也,天果狹於勢邪?」答曰:「天形恆圓而色恆青,週迴可以度得,晝夜可以表候,非數之存乎?恆高而不卑,恆動而不已,非勢之乘乎?今夫蒼蒼然者,一受其形於高大,而不能自還於卑小;一乘其氣於動用,而不能自休於俄頃,又惡能逃乎數而越乎勢耶?吾固曰:萬物之所以為無窮者,交相勝而已矣,還相用而已矣。天與人,萬物之尤者耳。」

還有人問:「你那麼看重數和勢,卻不重視天,天的作用難道還比不上數和勢嗎?」作者回答:「天的形體永遠是圓的,顏色永遠是青的,四季的運轉週期可以計算出來,晝夜的交替可以透過儀器觀測,就是因為『數』存在於其中。天永遠是那麼高遠,永遠在運動而不停止,就是因為『勢』在發揮作用。蒼茫無際的天,一旦形成了高大的形體,就不能再回到卑小的狀態;一旦憑藉著元氣而運動,自己就不能停止片刻。天又怎麼能逃脫『數』和超越『勢』呢?所以,我堅持說:萬物都是『交相勝,還相用』的。」

問者曰:「天果以有形而不能逃乎數,彼無形者,子安所寓其數邪?」答曰:「若所謂無形者,非空乎?空者,形之希微者也。為體也不妨乎物,而為用也恆資乎有,必依於物而後形焉。今為室廬,而高厚之形藏乎內也;為器用,而規矩之形起乎內也。音之作也有大小,而響不能逾;表之立也有曲直,而影不能逾。非空之數歟?夫目之視,非能有光也,必因乎日月火炎而後光存焉。所謂晦而幽者,目有所不能燭耳。彼狸、狌、犬、鼠之目,庸謂晦為幽邪?吾固曰:以目而視,得形之粗

第十八章　同是天涯淪落人

者也；以智而視，得形之微者也。烏有天地之內有無形者耶？古所謂無形，蓋無常形耳，必因物而後見耳。烏能逃乎數耶？」

提問題的人接著問：「就算你說的對，天因為有形體存在，而逃脫不了數的限制，那麼，對於無形的東西，你又怎麼用數來解釋呢？」作者回答：「你所謂的無形的東西，是不是空啊？空這個東西也是有形體的，只不過它的形體要依附於其他東西而存在。一間屋子，裡面是空的，這是四四方方的空；一只杯子，裡面是空的，這是圓柱體的空。不管你說什麼空，就照我這個說法自己推理好了。難道天地之內真有無形的東西存在嗎？沒那回事！古人所謂的『無形』，其實是『無常形』，也就是沒有固定的形狀，依附在物體上就現形了。所以，你所謂的無形的東西，也同樣逃不了數的限制。」

劉禹錫關於「天」的講述，與他對《周易》的研究相關連。

劉禹錫〈天論〉（下篇）：

或曰：「古之言天之曆象，有宣夜、渾天、《周髀》之書；言天之高遠卓詭，有鄒子。今子之言，有自乎？」

有人問：「古時候研究天的問題有三大學派：宣夜、渾天和《周髀》，最著名的專家有一位名叫鄒衍，你是師承哪家哪派啊？」

這裡插一段解釋：所謂「宣夜」，大意是說天是個真空的東西，日月星辰都漂浮在上，靠氣來推動；「渾天」，形容天像一顆雞蛋，地就是蛋黃，被天包著；《周髀》是書名，主張「蓋天」之說，如同拿一個碗倒扣在四方的菸灰缸上，這個碗就是天，菸灰缸就是地，「天圓地方」就是由此而來。鄒衍則是與孟子同時代的一位大學者，外號「談天衍」，是一位研究天的專家。

答曰：「吾非斯人之徒也。大凡入乎數者，由小而推大必合，由人而推天亦合。以理揆之，萬物一貫也。今夫人之有顏、目、耳、鼻、齒、

毛、頤、口，百骸之粹美者也。然而其本在夫腎、腸、心、腹；天之有三光懸寓，永珍之神明者也。然而其本在乎山川五行。濁為清母，重為輕始。兩位既儀，還相為庸。噓為雨露，噫為雷風。乘氣而生，群分匯從。植類曰生，動類曰蟲。

作者回答：「我的理論不是跟他們學的，而是自己推理得知。舉凡『入乎數』，也就是有規律的東西，都可以自小中見大，我們由人來推論天亦然。人有五官，五官之本在於內臟，天上掛著日月星辰，日月星辰之本在於山川五行，清澈的東西來自於溷濁之物，輕微的東西來自於厚重之物，而溷濁、厚重的就是地，清澈、輕微的就是天，天和地各就各位，互相發揮作用，產生了風雷雨霧，產生了植物、動物。

倮蟲之長，為智最大，能執人理，與天交勝，用天之利，立人之紀。紀綱或壞，復歸其始。堯、舜之書，首曰『稽古』，不曰稽天；幽、厲之詩，首曰『上帝』，不言人事。在舜之廷，元凱舉焉，曰『舜用之』，不曰天授；在殷高宗，襲亂而興，心知說賢，乃曰『帝賚』。堯民知餘，難以神誣；商俗以訛，引天而驅。由是而言，天預人乎？」

在天和地產生的所有生物之中，人是腦袋最好的，與天各擅勝場。人建立了人類社會的綱紀，我們可以從歷史上看到：堯舜時代是上古的黃金時代，那時候的書開頭就談『稽古』，而非『稽天』。到了周幽王和周厲王這兩位暴君的時代，文獻上一開篇就談『上帝』，而不講人事。在舜聖人的治理下，好官得到提拔，這是舜提拔他們，而不認為職位得自天授。商王武丁是有為之君，因傅說有才能，想重用他，於是假稱上帝託夢，要他提拔傅說。他這麼做，是因為他即位的時候接的是個爛攤子，不得不借上帝之口。道理很清楚，在好的世道之時，『天』這個字的使用頻率就少；在壞世道之時，為政者只好拿天命來做擋箭牌，老百姓若受到不公正待遇，也只能哭天搶地。天，不就是這麼回事嗎？」

第十八章　同是天涯淪落人

劉禹錫讀了柳宗元的〈天說〉，認為它「非所以盡天、人之際，故余作〈天論〉以極其辯。」劉禹錫認為柳宗元的看法尚不完善，因而要加以補充。但後來柳宗元看了他寫的三篇〈天論〉，卻說「凡子之論，乃吾〈天說〉傳疏耳，無異道焉。」並表示奇怪：「諄諄佐吾言，而曰有以異，不識何以為異也。」並為此又寫了〈答劉禹錫天論書〉：

宗元白：發書得〈天論〉三篇，以僕所為〈天說〉為未究，欲畢其言。始得之，大喜，謂有以開吾志慮。及詳讀五六日，求其所以異吾說，卒不可得。其歸要曰：非天預夫乎人也。凡子之論，乃吾〈天說〉傳疏耳，無異道焉。諄諄佐吾言，而曰有以異，不識何以為異也。

子之所以為異者，豈不以贊天之能生植也歟？夫天之能生植久矣，不待贊而顯。且子以天之生植也，為天耶？為人耶？抑自生而植乎？若以為為人，則吾愈不識也。若果以為自生而植，則彼自生而植耳，何以異夫果蓏之自為果蓏。癰痔之自為癰痔，草木之自為草木耶？是非為蟲謀明矣，猶天之不謀乎人也。彼不我謀，而何為務勝之耶？子所謂交勝者，若天恆為惡，人恆為害，人勝天則善者行。是又過德乎人，過罪乎天也。又曰：天之能者生植也，人之能者法制也。是判天與人為四而言之者也。余則曰：生植與災荒，皆天也；法制與悖亂，皆人也，二之而已。其事各行不相預，而凶豐理亂出焉，究之矣。凡子之辭，枝葉甚美，而根不直取以遂焉。

又子之喻乎旅者，皆人也，而一曰天勝焉，一曰人勝焉，何哉？蒼蒼之先者，力勝也；邑郭之先者，智勝也。虞、芮，力窮也，匡、宋，籍窮也。是非存亡，皆未見其可以喻乎天者。若子之說，要以亂為天理、理為人理耶？謬矣。若操舟之言人與天者，愚民恆說耳。幽、厲之云為上帝者，無所歸怨之辭爾，不足喻乎道。子其熟之，無羨言侈論，以益其枝葉，姑務本之為得，不亦裕乎？獨所謂無形為無常形者甚善。宗元白。

在我看來，劉禹錫對柳宗元的文章，做了很豐富的衍伸說明。不知為何柳宗元會武斷為「諄諄佐吾言，而曰有以異，不識何以為異也。」難道觀點相同，就沒有必要再深入闡釋、進而發揚光大？

其實，在古代社會科學技術不發達的情況下，任何人對「天」的理解，都是自己對生存環境的體驗和感悟。

孫昌武在《柳宗元評傳》一書中，對柳宗元與劉禹錫兩人關於「天」的論爭，做出這樣的評價：

柳宗元與劉禹錫的論爭，表明兩人對於對方的觀點理解上存在分歧。實際上從基本理論主張看來，柳、劉二人確實沒有什麼不同，都是堅持「天人相分」的自然哲學唯物論而反對唯心主義「天命」觀。但劉禹錫對於柳宗元的觀點確實有所發揮和補充。主要表現在兩個方面：

一是強調了「人」的作用。劉禹錫歸納「世之言天者」為兩派，一派是相信「天命」的「陰騭之說」，一派是反對「天命」的「自然之說」。他當然是同意「自然之說」的。但他補充說：「大凡入形器者，皆有能有不能。天，有形之大者也；人，動物之尤者也。天之能，人固不能也；人之能，天亦有所不能也。故余曰：天與人交相勝耳。」他具體論證說：天之道在生植，其用在強弱；人之道在法制，其用在是非。因此自然規律發揮作用的地方，季節變化、水火災害、生老病死等是非人力所可操縱的，這是「天之能」；而利用自然，改造自然，建立法制，實踐道德，這是「人之能」。因此不只是「天」能勝人，還有「有能勝乎天者，法也」。如此一來，「天」與「人」交相勝，且相用。他的這個觀點強調了人的主觀能動性，特別強調社會人形成有組織的力量以利用自然成就的理論。絕對的「自然之說」在理論上確實有忽視人主觀作用的弱點。他指出了「自然之說」會導向消極無為，結果墮入對「命運」的順從，是有見地的。所以劉禹錫的補充是有著重大理論價值的。

不過從柳宗元的立場來看，這種「交相勝」的觀點和他的說法並沒有

第十八章　同是天涯淪落人

本質的不同,反而易於導致「判天與人為四(天、生植、人、法制)」的二元論,所以他反問劉禹錫說:「子之所以為異者,豈不以贊天之能生植也歟?夫天之能生植久矣,不待贊而顯。且子以天之生植也,為天耶?為人耶?抑自生而植乎?若以為為人,則吾愈不識也。……彼不我謀,而何為務勝之耶?」柳宗元進一步明確自己的觀點:「生植與災荒,皆天也;法制與悖亂,皆人也,二之而已。其事各行不相預,而凶豐理亂出焉。」柳宗元又糾正了劉禹錫的觀點是沒有明確「天」與「人」的不同性質,而易於導致二元論,徹底堅持「天人相分」的立場。

二是說明「陰騭之說」形成和流傳的原因。劉禹錫從兩方面分析。在〈天論上〉他討論的是社會原因,即由於社會不公,人們只好用「天命」來解釋。這又分為三種情況。一種是「法大行,則是為公是,非為公非……福兮可以善取,禍兮可以惡召,奚預乎天耶」?這時人們就不會相信「天命」,這種情況下的「天」的意義只在「告虔報本,肆類授時之禮」而已,同時引出「神道設教」的觀念。柳宗元也有這種觀念。第二種情況是「法小弛」,社會上賞罰不當,賢不肖易位,「福或可以詐取,而禍亦可以苟免,人道駁,故天命之說亦駁焉」,這時人們就會產生關於「天命」的爭論。第三種情況是「法大弛」,是非完全顛倒,道義不行,「人之能勝天之具盡喪」,這時「天命」說便大行於世,「抗乎言天者斯數窮矣」。由此,他揭露了「天命」迷信的社會原因。

在〈天論中〉,他又以水中行舟作譬喻。他說,在平靜的水流裡行舟,疾徐存乎人,人可以掌握自己的命運,「舟中之人未嘗有言天者。何哉?理明故也。」而在大江大海之中,「疾徐不可得而知也,次舍不可得而必也」,人們掌握不了自己的命運,「舟中之人未嘗有人言者。何哉?理昧故也。」他用水與舟這二「物」的關係,說明「物之合併必有數存乎其間焉」,即存在著事物間的規律;而「數存然後勢形乎其間焉」,即這種規律決定著事物發展的形勢,「當其數,乘其勢」就會得到一定的結果;當人們「不曉」即昧於這個規律的時候,才會歸結到「天命」。他指出了

人掌握事物規律的能力局限，也就是「天命」論的概念根源。

劉禹錫對「天命」論產生原因的探討相當全面。不過他還不能把社會因素和理論來源梳理清楚，所以柳宗元反過來說他的這種看法容易使人誤以為「亂為天理，理為人理」，結果又可能陷入二元論。柳宗元還說「若操舟之言人與天者，愚民恆說耳；幽、厲之云為上帝者，無所歸怨之辭爾，不足喻乎道」，即把「言天」之說歸為「愚人」之談。因此他認為劉禹錫是「羨言侈論以益其枝葉」。實際上劉禹錫的補充是有特殊的理論意義的。

柳宗元、劉禹錫這一對難兄難弟，並未因為關係匪淺，而像庸俗文人一般相互抬轎、相互吹捧，他們口無遮攔、秉理直言。正是在相互爭辯之中，豐富了自己的學說理論，也形成了良好的學術氛圍。

孫昌武在《柳宗元評傳》一書中也認為：

柳、劉的「天人相分」思想，作為思想史上「天人之際」問題長期爭論的總結，創造了古代自然哲學唯物主義的新高峰。他們不僅在對「自然」之天、物質之天的理解上更加明晰，說明上更加確切，而且在理論上較前人有所發展。一是從方法論角度看，以前的「天人相分」論者如荀子、王充在做出論證時主要是用直觀或類比的方法，例如荀子為證明「治亂非天」，就以日月、星辰、瑞歷「桀、禹所同」為依據（《荀子·天論》）；王充為證明「天之自然」，就以「天無口目」為依據（《論衡》卷一八〈自然〉）。這種直觀或類比的論證，在邏輯上並不能做出絕對的、充分的證明。而柳、劉則利用了當時自然科學的新成果和社會歷史實踐經驗來論證自己的觀點，在內容和邏輯上都更有說服力。二是他們的思想更加徹底，更具系統性。荀子筆下的聖人仍然沒有擺脫「天命」的色彩；王充主張「自然」之天卻又相信妖異；而柳、劉卻對一切天命、災異、妖祥、符瑞等超驗的、有神的迷信一概加以否定。劉禹錫把自古以來流傳下來的，被朝廷和民眾所認可，施行的祭祀僅當做「告虔報本，

第十八章　同是天涯淪落人

肆類授時之禮」(〈天論上〉)；而柳宗元則認為是「以愚嗤嗤者」(〈斷刑論下〉)的「神道設教」，或乾脆當做「愚民恆說」。第三點，也是十分重要的一點，就是他們把對「天命」的理論批判與對現實政治批判緊密結合起來。

柳宗元(還有劉禹錫)是古代思想史上少數主張「天人相分」的思想家中的傑出者。「天人合一」論本是中國歷史上占主導、統治地位的，為封建統治階級所維護的思想理論。柳宗元在這一方面的建樹表現出強烈的反潮流精神，也體現了他的理論勇氣。也因此，後來封建時代的許多思想家對他這方面的理論也就難以理解，他常常遭到激烈的反對和批評。宋代的黃震說〈天對〉「不可曉」(《黃氏日鈔》卷六十)；朱熹則說：「至唐柳宗元、始欲質以義理，為之條對，然亦學未聞道，而誇多炫巧之意，猶有雜乎其間。是以讀之常使人不能無遺恨」(《楚辭集註》卷三)；清何焯說：「柳子則直以天為無心矣。則古聖人曰『天位』、曰『天祿』、曰『天職』者，豈其誣歟？天既無心，人之仁義又何能自信歟？言之似正，而實昧其本，韓之庚詞，亦有所不察也。」(《義門讀書記》卷35〈河東集上〉)而且，儘管宋代理學發展出更加精緻的唯心主義哲學，改變了「天人合一」論的具體內容和形式，形成了新的封建統治思想體系，但那種粗糙形式的「天命」迷信，直到後來仍有很大的市場。但也正因此，柳宗元等人的「天人相分」思想也一直保持著鮮活的生命力。

後代有些思想家從他們那裡汲取思想資料，直接的表現如楊萬里的《〈天問〉、〈天對〉解》、王廷相的〈答天問〉九十五首、王夫之的《楚辭通釋》等都借鑑了〈天對〉的觀點。近代啟蒙主義思想家章太炎則說：「昔無神之說，發於公孟(《墨子·公孟》篇：『公孟子曰：無鬼神。』是此說所起，非始晉代阮瞻。阮瞻但言無鬼，而公孟兼言無神，則識高於阮矣)；排天之論，起於劉、柳(王仲任已有是說，然所排者唯蒼蒼之天而已，至劉、柳乃直拔天神為無)。」這也明確肯定了柳宗元等人在發展「天人相分」思想中的重要地位及其理論價值。

駱正軍在〈易學——柳宗元哲學思想的重要基石〉一文中，更是明確指出柳宗元的《周易》研究，對其哲學思想「隨雨潛入夜，潤物細無聲」的影響：

柳宗元曾經寫過〈天對〉、〈天說〉、〈天爵論〉三篇文章，都是與天地自然相關的政論文。文章中，充分運用「易學」方面的觀點與知識，吸收當時自然科學方面的研究成果，總結歷史方面的經驗和教訓，揭示大自然的構造和人類的命運，並非由鬼神來主宰，充分體現事在人為的積極進取精神。他清醒地認識到，宇宙是無限的，人類社會不斷發展和變化著；對當時流行的一些錯誤觀點或思想傾向，以及不合理的社會現實，進行了強烈的批判和抨擊；對中國古代哲學思想的形成與豐富，具有特別重要的意義。

關於命運，數千年來一直是文學、哲學、社會學等幾乎所有學科都在關注和研究的問題。早在先秦諸子的思想中，就有關於「天命」的論述。孔子之「知命」，墨子之「非命」，孟子之「立命」，莊子之「安命」，老子之「覆命」，荀子之「制命」，不一而足。儘管命題百出，但歸根究柢大致可分為兩大類，即「定命」和「宿命」。一切都被決定了，或者一切都無法決定；前者把人生理解成絕對的必然，後者把人生理解成絕對的偶然。《白虎通義·壽命》中，把命運分為「三命說」：壽命、隨命、遭命；王充《論衡·命義》篇則分為正命、隨命、遭命。壽命即人壽的長短；隨命即隨行為之善惡而獲得福禍，即「善有善報，惡有惡報」；遭命即行善得禍、行惡得福；正命則是不假操行而福吉自至，即福人自有天相，一切聽天由命。儘管眾說紛紜，但萬變不離其宗，還是這種「定命」和「宿命」的繁衍和變異。兩種截然相反的天命觀之對峙和爭論，從遠古一直延續至今。

柳宗元崇尚佛教，禪語中有這樣一個故事：香客請教禪師：「我想知

第十八章　同是天涯淪落人

道自己的命運。」禪師答：「請借看掌心。」禪師端詳其掌，將生命線、情感線、事業線一一指明。香客仍然茫然地問：「我又該如何應對命運呢？」禪師閉目良久，緩緩答曰：「握緊拳手，命運已在你的掌控之中了。」

柳宗元的家族可謂是書法世家。中國四大書法名家之一柳公權，即是他的族叔。柳宗元從小喜歡書法和音樂，在書法方面下過一番努力。他家中珍藏著許多魏晉時期的書法作品，還博覽長安城內書藝愛好者的收藏。柳宗元擅長楷書、隸書、章草。章草是隸書的草寫，是由草隸發展而成的字型。柳宗元以工書自詡，是唐代章草大家，對筆法很有研究。柳宗元曾在〈永字八法頌〉中，頗有見地地論及書法：「側不愧臥，勒常患平。努過直而力敗，趯宜峻而勢生。策仰收而暗揭，掠左出而鋒輕。啄倉皇而疾罨，磔趯趙以開撐。」（《全唐文》卷五八三）

唐朝趙璘《因話錄》說：「柳柳州書，後生多師效，就中尤長於章草，為時所寶。湖湘以南童稚悉學其書，頗有能者。」湖湘以南的兒童學習書法，多以柳宗元為師。柳宗元與劉禹錫早年曾一起師從皇甫閱學習書法，後來柳宗元的書法成就較大，所以劉禹錫的兩個孩子阿孟、阿崙也不例外，平時所臨之帖就是柳宗元的書法。劉禹錫有一次寫信告訴柳宗元，他家大兒殷賢在書帖後寫了許多話，引出柳宗元與劉禹錫之間，在詩中討論書法的一番互動。

柳宗元收到劉禹錫的信後，寫了一首詩〈殷賢戲批書後寄劉連州並示孟崙二童〉作答：

書成欲寄庾安西，紙背應勞手自題。
聞道近來諸子弟，臨池尋已厭家雞。

庾安西名庾翼，東晉安西將軍，少時書法與右軍（王羲之，字逸少）齊名。家有王羲之書，每在紙背上題云：「王會稽六紙，二月三十日。」

在荊州,與都下人書曰:「小兒輩賤家雞,皆學逸少書,須吾還叱之。」宋陳師道(號後山居士)亦嘗用此事作詩云:「不解徵西諸子弟,卻憐野鶩厭家雞。」

詩中庾安西喻指劉禹錫,「家雞」喻自家書法。意說,我把寫好的書法寄給劉禹錫,劉也許會在我的書法後題字吧。聽說近來劉禹錫家的子弟厭惡了劉家書法,學起我的書法來,不知劉會不會像庾安西一樣發怒呢?

收到柳宗元的詩作後,劉禹錫大笑,答以〈酬家雞之贈〉:

日日臨池弄小雛,還思寫論付官奴。
柳家新樣元和腳,且盡薑芽斂手徒。

小雛指阿孟、阿崙,官奴是王羲之女兒的名字。褚遂良撰《右軍書目》正書五卷,第一〈樂毅論〉四十四行,書賜官奴。行書五十八卷,其第十九有與官奴小女書。是時柳宗元尚未有子,故劉禹錫以此戲之。薑芽,指手。相書云:手如薑芽者貴。詩的大意是:我每天告訴阿孟、阿崙習你的字,還想寫幾句話給你家女兒,要她們也習你的字。要讓柳氏書法發揚光大。

柳宗元又寫了酬詩〈重贈二首〉給劉禹錫:

聞道將雛向墨池,劉家還有異同詞。
如今試遣隈牆問,已道世人那得知。
世上悠悠不識真,薑芽盡是捧心人。
若道柳家無子弟,往年何事乞西賓?

《漢書》:劉向父子俱好古,博見強志,過絕於人。劉歆以為左丘明親見夫子,而《公羊》、《穀梁》在七十子後,傳聞之與親見,其詳略不

第十八章　同是天涯淪落人

同。劉歆數次以此難劉向，劉向不能非間也。《晉史》：謝安問王獻之曰：「君書何如君家尊？」王獻之答曰：「固當不同。」謝安再問：「外論不爾。」王獻之再答：「人那得知。」

《莊子‧天運篇》記載：「西施病心而矉其里，其里之醜人見之而美之，歸亦捧心而矉其里，其里之富人見之，堅閉門而不出。」矉，蹙額也。傳說西施有「心臟病」或「胃潰瘍」，發病時雙手捂胸，眉頭緊鎖。東鄰有醜女，認為人們欣賞西施之美貌，乃是一種「病態美」，「弱不禁風」才引得人「憐香惜玉」。於是也學西施捂胸蹙額。結果適得其反，學了人的短處，矯揉作態、愈顯其醜，被人嘲笑為「東施效顰」。班固〈西都賦〉：「有西都賓問於東都主人。」

柳宗元的詩一如其文，引經據典、汪洋繁衍，充滿著調侃之意。一會兒自謙地說，盛名之下，其實難符；一會兒又自嘲地說，學自己的書法，不要弄成「東施效顰」的笑話。

劉禹錫再以〈答前篇〉、〈答後篇〉作答。

〈答前篇〉：

小兒弄筆不能嗔，涴壁書窗且賞勤。
聞彼夢熊猶未兆，女中誰是衛夫人？

王羲之任會稽內史時，他的兒子王敬才七、八歲，王羲之從後掣其筆不脫，嘆曰：「此兒書後當有大名。」後來王敬外出見北館新白土壁白淨，於是取帚沾泥汁，書「方丈」二字，觀者如堵。涴壁事即指此。《詩》：「維熊維羆，男子之祥。」柳宗元寫此詩時，兒子周六尚未出生。衛夫人，中國古代著名書法家，尤善隸書。王羲之幼年時曾拜她為師。所以劉禹錫以衛夫人戲之。一個不小心，真把女兒寫成了衛夫人。

〈答後篇〉：

　　昔日慵工記姓名，遠勞辛苦寫〈西京〉。

　　近來漸有臨池興，為報元常欲抗行。

　　項籍年少之時，屢學書法而不見長進，季父梁怒斥他無才。項籍回答：「書足以記姓名而已。」表示他志不在此。班固寫〈西都賦〉花費了一番辛苦。王羲之曾與人書云：張芝臨池書，池水盡黑，表示寫書法的濃厚興趣。王右軍曾說：「吾書比之鍾繇，當抗行。比張芝，猶雁行也。」鍾繇、張芝，皆古代著名書法家。

　　柳宗元再答以〈疊前〉、〈疊後〉二首。

〈疊前〉：

　　小學新翻墨沼波，羨君瓊樹散枝柯。

　　在家弄土唯嬌女，空覺庭前鳥跡多。

　　瓊樹枝柯，意喻劉禹錫家子弟，學書法大有前途。左思〈嬌女〉詩曰：「吾家有嬌女，皎皎頗白皙。握筆利彤管，篆刻未期益。執書愛綈素，誦習矜所獲。」說自家小女學書法。相傳倉頡造字，觀鳥跡因而遂滋，則謂之字。詩意謂小女學書，其紙散落庭中，覺鳥跡之多也。

〈疊後〉：

　　事業無成恥藝成，南宮起草舊連名。

　　勸君火急添功用，趁取當時二妙聲。

　　《禮記》：「德成而上，藝成而下。」柳宗元耿耿於懷自己不能成就大事，而只是徒有雕蟲小技。柳宗元與劉禹錫曾同為禮部員外郎，朝中文書多為兩人起草。《晉書》記載：衛瓘為尚書令，與尚書郎索靖俱善草書，時人號為「一臺二妙」。柳宗元在詩中，勉勵劉禹錫努力練習，以求

第十八章　同是天涯淪落人

在書藝上獲得更大進步,像古人一樣取得「一臺二妙」美譽。

柳宗元如此盛名的書法大家,卻沒有為後世留下什麼墨寶,實在是一件匪夷所思的事情。

呂世康在〈柳宗元墨寶今何在?〉文中,做出以下考證:

關於柳的書法淵源,《中國藝術家辭典》列了一個表,幾十人,可以上溯到徐浩、張旭。作為書法家的柳宗元,書法作品之所以未能保存,主要是三個方面的原因:一是柳子生前遭貶,背著沉重的政治包袱,受人歧視,得不到關注。二是死後「寂寞」,一百多年無人問津,直到宋代柳開等人的倡導,柳文才引起重視。三是柳子遺址的保存尚未引起足夠重視,由於各種原因,碑刻被毀。

根據柳集,子厚在永州的書法作品不少。如〈下殤女子墓磚記〉,為女兒和娘因病早逝而作,「劍用緇褐,銘用磚甓,葬零陵東郭門外第二崗之西隅。」〈鈷鉧潭西小丘記〉結尾說:「書於石,所以賀茲丘之遭也。」〈石渠記〉說:「惜其未始有傳焉者,故累記其所屬,遺之其一,書之其陽,俾後好事者求之得以易。」〈零陵三亭記〉記載:「余愛其始,而欲久其道,乃撰其事以書於石。薛拜手曰:『吾志也。』遂刻之。」〈愚溪詩序〉說「於是作〈八愚詩〉,紀於溪石上。」北宋至和二年(西元1055年),柳拱辰由尚書職方員外郎任永州知府,他在〈柳子厚祠堂記〉中說:「今建州學成,立子厚祠堂於學舍東偏,錄在永所著詞章,漆於堂壁,俾學者朝夕見之,其無思乎?」另外,柳的書信大部分寫於永州,若保存一、二,便是書法珍品。目前,唯有〈漁翁〉詩模刻保留在朝陽巖下側洞的石壁上,至今清晰可辯。詩的字型為章草,落款為「唐柳公愚題,明愚復重模」。柳的真跡難尋,模刻的價值顯得尤為珍貴。正如零陵東山所存的懷素草書「千字文」殘碑一塊,雖係清代摹刻,全文保留不到五分之一,但字型龍飛鳳舞,堪稱一絕。

除南嶽曾留有柳宗元為彌陀和尚、大明和尚寫的碑刻外，在柳州的柳書石刻也有十多方，迄今尚未發現。只有明代出土的〈龍城石刻〉（〈劍銘碑〉）一直存在爭議。有人認為是柳宗元所寫，有人說「縱非元和間物，亦是宋人臨摹之筆。」以章士釗為代表，持否定意見者較多。2003年12月尚永亮教授所撰《柳宗元詩文選評》一書，由上海古籍出版社出版，在插頁中選用了「柳宗元書〈龍城柳〉石刻」，內容為「龍城柳，神所守，驅厲鬼，山左首，福土氓，制九醜。元和十三年，柳宗元。」從字型而言，自成一格，也有章草。此件可供研究柳宗元書法參考。

　　2000年初，柳宗元於貞元十八年所寫〈獨孤申叔墓誌〉在長安縣大兆鄉三益村重見天光，保存基本完好。開頭為「故祕書自校書郎獨孤君墓誌承務郎行京兆府藍田縣尉柳宗元纂」，但誌文未言書者，而書法不錯，「於楷書中間雜行書筆法，流暢舒朗，法度自然，惜刻工不佳。」有專家認為，或許書法亦出自柳宗元之手，值得重視。

　　最近，柳哲先生在北京發現了柳宗元的一篇佚文及其手跡（照片附後）。據介紹，柳宗元書法是徐術佳先生提供的，載於江蘇徐氏所修的《徐氏宗譜》。文為〈懿王像贊〉，僅為63字：「余稽徐氏，若木肇封，屹屹徐城，曰其故里。伯益之裔，歷千載而靡窮，迄今譜系，遭秦火而當識。所從覯焉，爵土未彌縫，有心人得睹瓜緜瓞莩。柳宗元敬題。」據考證，31世徐綏，徐偃王之父，周昭王（西元前995年至西元前977年）時，封為列國侯不受，隱居泗州干原東、徐理山中，追封懿王。韓愈曾寫有〈徐偃王廟碑記〉，柳宗元為徐偃王父親懿王作像贊正是情理之中。從書法來看，字型清新秀麗，嫵媚淡雅，用筆工整，似有王羲之〈聖教序〉和〈蘭亭序〉筆跡，也有明代唐寅、文徵明等書法名家之風格，屬行楷書體。但該書體中「裡、迄、覯」帶有章草筆意。且有柳宗元的落款和分別為「柳氏」和「宗元之印」的篆體印章。這一發現，值得重視，是否為柳宗元真跡，尚需進一步考證。搜尋柳宗元墨寶，除了寄希望出土碑刻之外，還可在民間徵集柳子碑刻拓本。

第十八章　同是天涯淪落人

　　柳宗元與劉禹錫兩人，對《周易》的研討爭辯，對「天人觀」的同和殊異，以及詩歌的往來贈答，以書法為題的互相調侃戲謔，為文壇書界留下了千古傳誦的逸聞趣話。

第十九章
從柳河東到柳柳州

柳宗元被貶謫柳州後，曾寫下〈種柳戲題〉一詩：

柳州柳刺史，種柳柳江邊。

談笑為故事，推移成昔年。

垂蔭當覆地，聳幹會參天。

好作思人樹，慚無惠化傳。

當初唐憲宗將柳宗元貶謫為柳州刺史，也許有著柳宗元姓柳，正好把你派往柳州做官，帶有嘲諷和戲弄的惡作劇意味。柳宗元以此自嘲，戲言種柳樹之事，說一位姓柳的人做了柳州刺史，在柳江邊種上柳樹（四柳相逢），將來會成為歷史上的一個典故吧？《左傳》云：「思其人猶愛其樹。」柳宗元希望前人栽樹、後人乘涼，將來樹大成蔭，後世睹樹思人，一如周召公載種甘棠，後人不忍剪伐的故事。詩的表面是說自己未能遺惠後代而慚愧，實際上「垂蔭當覆地，聳幹會參天」，抒發了自己無論在如何貧瘠的土地，仍要「為官一任，造福一方」的積極用世思想。忠於職守，仁政愛民，補偏救弊，替民眾做好事，留下「惠化」，做一個好的地方官。

當年的柳州還是一片蠻荒之地，窮山惡水，古木參天，在古木和野葛之間，到處是毒蛇和猛獸、瘴癘霧氣。大部分土地山林荒無人煙，僅有一些疏疏落落的居民。據史料記載，當時的柳州轄五縣（馬平、龍城、象縣、洛封、洛溶），治所在馬平，據《舊唐書》卷41〈地理志四〉

第十九章　從柳河東到柳柳州

記載:「舊領縣四,戶六千六百七十四,口七千六百三十七;天寶領縣五,戶二千二百三十二,口一萬一千五百五十。」這些數字限於當時條件,未必準確,但能反映出這一地區人煙稀少及因為戰亂而戶籍減少的大致趨勢。

柳宗元到柳州的那年已 44 歲。長年受到貶斥,特別是徵召回京之後再次立即被貶斥遠州,使他失去了東山再起的希望。經過世事滄桑,坎坷變幻,已經磨損了早年的年輕氣盛,原有的批判精神大為削弱。所處地位,又無以施展鋒芒,但心中那種不甘寂寞的性格和希圖有所作為的心情,促使他即便在邊荒小州,也要運用手中的權力,在有限的範圍內,實現經世愛民的志願。所以他「既至(柳州),嘆曰:『是豈不足為政邪?』因其土俗,為設教禁,州人順賴」(韓愈〈柳子厚墓誌銘〉語)。

柳宗元的愛民意識與他的人本主義精神密切相關。柳宗元一生寫過大量同情民眾、關心民間疾苦、批判統治者苛政暴治的作品。早在貶謫永州的十年間,柳宗元廣泛接觸到基層民眾生活,於大量詩文中反映了他們的痛苦,從中我們可以窺見儒家思想「以民為本」的一面。柳宗元的詩文如〈田家三首〉、〈捕蛇者說〉等等,正是因為「以民為本」的概念和精湛的藝術手法巧妙結合,才成為千古傳誦的名篇,從而奠定了柳宗元在中國文學史及哲學史上不可動搖的地位。當他對基層人民生活了解越深,就越覺得「上慚王官,下愧農夫」。他為自己作為「官」,不能解除人民的疾苦而感到內疚。由於對百姓深深地同情,促使他始終自強不息,在逆境之中,「輔時及物」之志更加堅定。在永州期間,「以生人為主」的思想更加明確。他繼承儒家「兼濟天下」的理念,提出「賢者之作,思利乎人」、「仕雖未達,無忘生人之患」,等一系列閃耀著人本主義光輝的主張。

〈田家三首〉即柳宗元當年深入永州附近村落，廣泛接觸貧苦農民，與他們交談，傾聽他們的訴說與嘆息，進而有感而作，飽含了對貧苦農民的深切同情。

〈田家三首〉其一：

> 蓐食徇所務，驅牛向東阡。
> 雞鳴村巷白，夜色歸暮田。
> 札札耒耜聲，飛飛來烏鳶。
> 竭茲筋力事，持用窮歲年。
> 盡輸助徭役，聊就空自眠。
> 子孫日以長，世世還復然。

農民早出暮歸，終歲辛勞，然而僅有的一點收穫，都作為賦稅交給了官府，還要付出沉重的徭役，終年不得清閒。尤為可悲的是，他們這種生存狀況，子子孫孫也難以改變。

其二：

> 籬落隔煙火，農談四鄰夕。
> 庭際秋蟲鳴，疏麻方寂歷。
> 蠶絲盡輸稅，機杼空倚壁。
> 里胥夜經過，雞黍事延席。
> 各言官長峻，文字多督責。
> 東鄉後租期，車轂陷泥澤。
> 公門少推恕，鞭樸恣狼籍。
> 努力慎經營，肌膚真可惜。
> 迎新在此歲，唯恐踵前跡。

第十九章　從柳河東到柳柳州

這是一首小敘事詩。講述柳宗元在東鄉之鄰鄉的經歷。暮色降臨，庭院的秋蟲鳴叫，疲倦不堪的農人回到家，柳宗元走上前去與他們攀談。正在這時，催租的里胥來到，家徒四壁的家人停止談話，趕忙殺雞煮黍招待里胥。里胥對農人說，也不是我們要來催督，而是上級長官嚴厲。上次東鄉人因車陷泥澤，遲了租期，就遭到了肆意的鞭打。農人聽了很害怕，表示要想盡一切辦法交租，以免招來皮肉之苦。農人的處境與悲戚，使柳宗元聽後心情很是沉重。

其三：

古道饒蒺藜，縈迴古城曲。
蓼花被堤岸，陂水寒更綠。
是時收穫竟，落日多樵牧。
風高榆柳疏，霜重梨棗熟。
行人迷去住，野鳥競棲宿。
田翁笑相念，昏黑慎原陸。
今年幸少豐，無厭饘與粥。

一個秋後的傍晚，柳宗元在零陵古城邊漫步，他沿著蓼花堤岸，看落日下榆柳，及霜後的梨棗，看著看著，竟然迷了路。一個老農把他引到家裡歇宿，並煮粥招待他。老農笑著說，今年幸獲豐收，家裡尚能以粥餬口，請你不要嫌棄。老農純樸的話語，隱含心酸，令人欲淚。

在永州期間，柳宗元寫出傳世名篇〈捕蛇者說〉：

永州之野產異蛇，黑質而白章，觸草木盡死，以齧人，無禦之者。然得而臘之以為餌，可以已大風、攣踠、瘻癘，去死肌，殺三蟲。其始，太醫以王命聚之，歲賦其二，募有能捕之者，當其租入，永之人爭奔走焉。

永州的野外出產一種奇異的蛇，黑色身體，白色花紋，接觸到草木，草木全部枯死；被咬到的人，沒有能生還的。但是捕殺它，然後風乾做成藥物，可以治麻風、屈肢、頸部膿腫、毒瘡，除去壞死的肌肉，殺死危害人體的三尸蟲。當初，太醫奉皇帝的命令徵集這種蛇，每年徵收兩次，招募能夠捕捉到它的人，可用蛇來充抵應納的租稅。永州的人都搶著去做。

　　有蔣氏者，專其利三世矣。問之，則曰：「吾祖死於是，吾父死於是，今吾嗣為之十二年，幾死者數矣。」言之，貌若甚戚者。余悲之，且曰：「若毒之乎？余將告於涖事者，更若役，復若賦，則何如？」

　　有家姓蔣的人，專門從事捕蛇工作已有三代了。我問起這件事，他說：「我的祖父及父親都死於這件工作，如今我繼承此職也已經十二年了，好幾次差點死掉。」說著，表情變得很悲戚。我替他難過，就說：「如果你怨恨這件工作，我去向管事的人說情，讓他更換你的工作，恢復你的稅賦，你覺得怎樣？

　　蔣氏大戚，汪然出涕曰：「君將哀而生之乎？則吾斯役之不幸，未若復吾賦不幸之甚也。向吾不為斯役，則久已病矣。自吾氏三世居是鄉，積於今六十歲矣，而鄉鄰之生日蹙。殫其地之出，竭其廬之入，號呼而轉徙，飢渴而頓踣，觸風雨，犯寒暑，呼噓毒癘，往往而死者相藉也。曩與吾祖居者，今其室十無一焉；與吾父居者，今其室十無二三焉；與吾居十二年者，今其室十無四五焉，非死即徙爾。而吾以捕蛇獨存。

　　姓蔣的人聽了更為傷心，眼淚汪汪地說：「你是哀憐我，想讓我活下去嗎？其實我的這個工作要說不幸，遠遠比不上恢復我的納稅來得嚴酷。若當初我不做這件捕蛇工作，早就貧困不堪了。自從我家三代居住在此地，到如今已經六十年了，而鄉鄰們的生活卻一天比一天困難。他們拿出農地的全部產出，交出家裡的所有收入，哭哭啼啼地遷徙故鄉，

第十九章　從柳河東到柳柳州

飢寒交迫地倒斃在地；一路上風吹雨淋，冒著嚴寒酷暑，呼吸毒霧瘴氣，死掉的人成堆地躺倒路邊。從前和我祖父同居於此的人，現如今十家中只剩不到一家；和我父親同居於此的人，現在十家中只剩不到兩、三家；和我一起住了十二年的人，如今十家中也剩不到四、五家了，不是死去就是搬走，我卻因為捕蛇而能倖存。

「悍吏之來吾鄉，叫囂乎東西，隳突乎南北，譁然而駭者，雖雞狗不得寧焉。吾恂恂而起。視其缶，而吾蛇尚存，則弛然而臥。謹食之，時而獻焉。退而甘食其土之有，以盡吾齒。蓋一歲之犯死者二焉，其餘則熙熙而樂，豈若吾鄉鄰之旦旦有是哉！今雖死乎此，比吾鄉鄰之死則已後矣，又安敢毒耶！」

凶狠的差役來到我們村時，到處吵鬧，嚇得人們亂叫亂嚷，連雞狗也不得安寧。我只要小心翼翼地起來，看看那個瓦罐，我捕到的蛇還在裡面，就安然睡下。平時小心地餵養，到規定的時間就交上去。回來後就能自在地享用農地的產出，以安度天年。因此我一年中只有兩次冒著生命危險，其他的時候都過著心情舒暢的生活，哪像我的鄉鄰們天天經歷危險呢？現在即使我死在捉蛇的工作中，比起我的鄉鄰們的死亡已經晚很多了，又怎麼敢怨恨呢！

余聞而愈悲。孔子曰：「苛政猛於虎也。」吾嘗疑乎是，今以蔣氏觀之，猶信。嗚呼！孰知賦斂之毒，有甚是蛇者乎！故為之說，以俟夫觀人風者得焉。

我聽了更覺得難過。孔子曾說：「暴政比老虎更凶猛。」我曾經懷疑過這句話，如今以蔣姓的遭遇來看，的確是如此。唉，誰知道橫徵暴斂對老百姓的毒害竟比毒蛇更厲害呢！因此我才將此事記下，留待考察民情民俗的官吏參考。

《禮記‧檀弓》記載：「孔子過泰山側，有婦人哭於墓而哀。夫子式而聽之，使子路問之，曰：『子之哭也，壹似重有憂者。』而曰：『然。昔者吾舅死於虎，吾夫又死焉，今吾子又死焉。』夫子曰：『何為不去也？』曰：『無苛政。』夫子曰：『小子識之，苛政猛於虎也。』」

柳宗元的〈捕蛇者說〉因其大膽揭露了統治者的橫徵暴斂，描繪了官吏的凶殘如虎，為基層人民呼喊出悲憤的心聲，所以成為千年來傳誦的經典名篇，感動著數以萬計的讀者。

在永州的十年，柳宗元的足跡幾乎走遍了永州的農村，翻開其詩集，我們會看到：〈首春逢耕者〉、〈夏初雨後尋愚溪〉、〈夏晝偶作〉、〈秋曉行南谷經荒村〉、〈早梅〉、〈聞黃鸝〉等。

這些在永州對民間民情的體察，成為柳宗元到柳州後積極施行「仁政」的情感基礎。

柳宗元在柳州的身分與在永州不同。在永州是個閒官，而在柳州則是主職，是最高的行政長官。最高行政長官就要負起「利安元元」的責任，為轄區百姓做好事。

唐代在武德四年（西元621年）置昆州，後更名南昆州，貞觀八年（西元634年）改柳州，一度改稱龍城郡。柳州在唐天寶年間為龍城，乾元初復為柳州。據郁賢皓《唐刺史考》，在此的歷任地方官，均未見紀錄做出哪些政績。而柳宗元是唐代為柳州的開發做出貢獻的官員，留下許多趣聞逸事。

柳宗元到柳州後，走遍了柳州的山山水水。他的〈柳州山水近治可遊者記〉，可說是一幅柳州全貌的俯視：

古代柳州州治所在地，處於潯水南面的山石中間。如今搬遷到了潯水的北面，方圓四十里的地方，四周都有河流包圍著。

第十九章 從柳河東到柳柳州

柳州城的北面有兩座山峰互相對峙著,這兩座山峰之間的山路旁的山峰,是那樣的高大陡峭,人們稱之為背石山。有一條河是潯水的支流,從這裡向東流向潯河的方向。因此潯水也就由此轉而向東,沿著懸崖絕壁流淌著。這座絕壁稱之為龍壁。在它的下面,可以看到許多精美的石頭,都可以用來做硯臺。

柳州城南,過了潯水,有一座山峰挺拔地樹立在那裡,在山腳下見不到舒緩的山坡和樹木,寬度有八百尺的樣子,有五丈高,上下形狀很勻稱,人們都叫它甑山。在山南,到處都是連綿的山脈,十分奇特。從甑山出發向南,然後向西,有座山叫做駕鶴山,擁有挺拔的身姿,在古代,柳州的州治就在它的身後。在深谷中有一條泉水,那裡的水總是滿的,而且很少流動。從駕鶴山向南看,有這樣的一座山,是正方形的,高聳入雲,像一道屏風,因此它的名字就叫做屏山。它的西邊有一座叫做四姥山的山峰,也是孤零零地佇立,沒有任何的依靠。北面流過來的水都被潯水的急流捲走了。

在四姥山的西面,是一座能夠用來下棋的山峰。山峰的西面有可以登上去的路,山頂上有洞穴,裡面有屏風,房子,屋簷。屋簷下有各式各樣的鐘乳石,有像肺片的,有像蓮蓬的,有一堆堆在地下的,像人,像鳥,像器物等等,形狀各異。寬度有九十尺,南北各約占一半。從東邊進入了小洞穴,大概有二十尺寬,寬敞空闊。沒有洞,黑黑的,用蠟燭照亮後,從高處看,只看得見屋簷,其他都是各式的鐘乳石。從屏風向南而行,到了小洞穴裡面,大概寬度有二丈二尺,一開始很黑,走著走著就漸漸亮了起來,原來是上面的石室。從這裡再往上走,會看到一個洞穴,一片廣闊的原野就呈現在面前,鳥自在地在下方飛翔著,能看到是牠們的背部。最早到這座仙人峰下棋的人,在這上面見過棋盤,黑色的石頭上刻著紅色的線條,一共十八條,剛好夠下棋,因此就把這山

叫做是仙弈山。仙弈山的樹木長得特別奇怪，多櫾，多簹箐之竹，多橐吾。山上還有很多的杜鵑鳥。

還有一座石魚山，它完全是石頭拼成的，上面沒有長草，也沒有高的樹木，山雖然很小但很高，樣子就好像是一條站立著的魚，這裡的杜鵑鳥就更多了。在這座山的西邊有洞穴，和仙弈山差不多。進入山中洞穴，從東邊出來，在西北方向的位置上，靈泉沿著東面山腳流出，周圍有很多樹木，水流很急，水流之聲像是車輪滾動的聲音，轟轟如雷。泉水往西二十尺，匯成了一個漩渦，到了石澗這個地方，便潛伏起來看不見了，水中有好多魚是青綠色的，有石鯽、鰷魚等。

還有雷山，兩座山體是東西走向，雷水從它們中間流出。兩座山中間的水聚合為水池，那裡雲霧繚繞，雷雨很容易在這裡產生，忽明忽暗地閃著光，有不少人會來這裡祈禱降雨，假使用器皿裝魚、肉、乾肉、米、酒，並且虔誠以待，就會應驗。石魚山之南，有很多美麗的山峰還沒有名字，它們都十分深幽。峨山坐落在原野中，上面沒有樹木植被，峨水從山體中流出，直至向東和潯水匯合……

後世讀到柳宗元的〈柳州山水近治可遊者記〉，把它看作是「山水遊記」、「旅遊指南」。其實，文中這種平鋪直敘的記述，更像是一篇調查報告，顯示作者對柳州山水的關注和熱愛，也為此後的地方官做出榜樣，每到任所，都要先走遍自己轄區的山水。

柳州以前總被認為是蠻夷之地，經濟文化比較落後，民風剽悍，燒殺搶掠的惡習嚴重，而且「董之以禮則頑，束之以刑則逃」，這種惡習長期以來都未能得到改善。柳宗元到任後，針對柳州百姓愚昧落後的風俗習慣，大力興辦學堂，修復寺院，啟迪民智，鼓勵向善。據《柳州縣誌》記載，柳宗元到柳州不久就重新修復廢棄多年的「府學」，並招徠柳州士子，到此讀書學習。州治馬平原有四座佛寺，三座在柳江北岸，一座在

第十九章　從柳河東到柳柳州

柳江南岸,叫大雲寺,頗負盛名,可惜百年前一場大火,化為灰燼。柳江南岸百姓信仰無所依歸,乃亂立神祠,濫殺牲口占卜。柳宗元在〈柳州復大雲寺記〉中,有如此記載:

「越人信祥而易殺,傲化而偭仁。」柳州一帶越地的人,迷信鬼神、巫術而且濫殺牲畜,對待教化的態度非常傲慢而且不講仁義。「病且憂,則聚巫師,用雞卜。始則殺小牲;不可,則殺中牲;又不可,則殺大牲;而又不可,則訣親戚飭死事,曰『神不置我矣』,因不食,蔽面死。」因為生病而愁苦的時候,就會請來一些巫師,聚集在一起,用雞骨頭進行占卜,乞求能夠去除災禍。為了祭祀神靈,最初是殺些雞鴨類的小家禽,如果不靈驗,就會宰殺豬羊一類的中等牲口;又不靈驗,就會宰殺牛馬一類的大牲口;如果再不靈驗,病人就會和自己的親人朋友們訣別,交待準備後事。說:「神靈拋棄我了」,於是不吃不喝,用東西遮蓋臉上,等待死亡的到來。

「以故戶易耗,田易荒,而畜字不孳。董之禮則頑,束之刑則逃,唯浮圖事神而語大,可因而入焉,有以佐教化。」因此,人口數量非常容易減少,田地很容易荒蕪,家養的牲畜也很難繁殖增加。用禮義道德來開導他們,他們卻是頑固不化;用刑罰來懲治約束他們,他們就會逃跑躲藏起來。只有佛教僧人既是侍奉神靈而又遵守道德禮儀,因此可以順應當地百姓心理而又合乎習俗的喜好,達到輔助教化的作用。

「柳州始以邦命置四寺,其三在水北,而大雲寺在水南。水北環治城六百室,水南三百室。俄而水南火,大雲寺焚而不復且百年。三百室之人失其所依歸,復立神而殺焉。」柳州當初奉朝廷之命建造了四座佛寺,其中有三座建在柳江的北面,只有大雲寺建於江水的南邊。江北環繞著柳州城有六百戶人家居住,江南則有三百戶人家。大雲寺剛建成不久,

江南發生了火災，大雲寺被燒毀了，過了大約百年一直沒有得到修葺。江南的三百戶人家因而失去了精神依託，於是巫神、占卜、殺生的迷信活動又開始盛行。

元和十年，刺史柳宗元來到此地不久，「逐神於隱遠而取其地。其傍有小僧舍，闢之廣大，逵達橫術，北屬之江。告於大府，取寺之故名，作大門，以字揭之。」開始管理立神之所，將當地人所崇拜的怪神都趕到偏僻荒遠之處。這裡旁邊恰好有一座僧人居住的小房舍，就在此基礎上擴建成一座寬闊高大的寺廟，寺廟門前的道路縱橫交錯，四通八達，向北可以延伸至江邊。還將擴建佛寺之事向桂管觀察使府報告，為佛寺取名為大雲寺，大門建造好後，在門額上書寫寺名作為標誌。

「立東西序，崇佛廟，為學者居。會其徒而委之食，使擊磬鼓鐘，以嚴其道而傳其言。而人始復去鬼息殺，而務趣於仁愛。」在廟內建起東、西兩個廂房，充實寺廟設施，作為學生居住的場所。會集了很多僧侶，並送食物給他們，讓他們在寺內擊磬敲鐘，念唱佛經，以便顯示佛教道義的尊嚴和傳播佛教教義。從此以後，當地百姓就將迷信鬼神、巫術的陋習拋棄了，也不再濫殺禽畜，開始趨向於講究仁愛。

「病且憂，其有告焉而順之，庶乎教夷之宜也。凡立屋大小若干楹，凡闢地南北東西若干畝，凡樹木若干本，竹三萬竿，圃百畦，田若干膵。」人們生病之後想要祭拜神靈，就讓他們用恰當的方法去做，這對於教化當地百姓也許是一種好方法。修復大雲寺的同時，還在此地建造了若干間房屋，開墾了若干畝荒地，栽種了若干株樹木，種了三萬竿竹子，開闢上百畦菜地和若干塊田地。

「治事僧曰退思、曰令寰、曰道堅。後二年十月某日，寺皆復就。」掌管修寺事務的僧人是退思、令寰、道堅。兩年之後的十月某日，寺廟

第十九章　從柳河東到柳柳州

就完全修復成功了。

柳宗元修復了曾被大火焚毀的大雲佛寺，讓僧侶們大力宣揚佛不殺生的思想，教化百姓，引導百姓保護牲畜，從事生產，破除迷信，治病要求醫而非巫術。

柳宗元久病成醫，不僅懂病理、識藥性，對「有形之藥」頗有研究。《柳宗元全集》共收入他寫給親朋好友的書信35篇，其中，談到自己患病和醫藥方面情況的竟有14篇之多。柳宗元在與疾病對抗的過程中，累積了不少經驗，對醫藥也有所探索，他從自身防病、治病和保健的需要出發，擠出時間來移栽和採集各種草藥。

孫昌武教授對柳宗元習醫識藥的情況有較高的評價，認為：

「他對《本草》有著相當深入的研究，並有長期實際種植藥草的經驗。」柳宗元在永州時曾種植過仙靈毗（淫羊藿）、朮、白蘘荷等藥材，到柳州後，他繼續種植這些藥材，並親自採製和研究它們的藥用價值。柳州人常患疔瘡、霍亂，他廣泛收集「治療瘡方」、「治霍亂鹽湯方」等民間驗方。柳宗元把這些藥材和民間驗方反覆向州民們推廣，使州民們懂得有病必醫，醫必用藥的道理，有效地制止了巫術的流毒。韓愈在〈柳州羅池廟碑〉中記載，州民們高興地說：「茲土雖遠京師，吾等亦天氓，今天幸惠仁侯，若不化服，則我非人。」

柳宗元在柳州，本著其「統合儒釋」的宗旨，一方面提倡佛教，修復佛廟大雲寺；一方面提倡儒教，修孔子廟。柳宗元認為孔子思想的宣揚，有助於國家政令的推行，於是從教育百姓著手，大力倡導儒家思想，改變當地愚昧落後的觀念，對百姓「動以禮法」。

柳宗元在孔廟修好之後，親自撰寫了〈柳州文宣王新修廟碑〉。碑文中寫下這樣的教化：「仲尼之道，與王化遠邇。唯柳州古為南夷，椎髻卉

裳，攻劫鬥暴，雖唐、虞之仁不能柔，秦、漢之勇不能威。」這種頹勢只到唐朝才見改觀：「學者道堯、舜、孔子，如取諸左右，執經書，引仁義，旋辟唯諾。中州之士，時或病焉。然後知唐之德大以遐，孔氏之道尊而明。」柳宗元進一步指明：「昔者夫子嘗欲居九夷，其時門人猶有惑聖言，今夫子代千有餘載，其教始行，至於是邦。人去其陋，而本於儒。孝父忠君，言及禮義。」

中國古代的學堂，大多建立在廟觀、寺院。柳宗元赴任柳州大修廟宇，正是大力舉辦和發展文化教育事業的舉措。柳州由於地處偏僻的少數民族區域，遠離文明發達的都市，所以一直處於封閉落後的環境，教育相對落後。弊風陋俗長期控制著人民的思想和心靈。柳宗元上任後，親手創辦了很多學堂，並採取各種方法鼓勵小孩積極唸書，從根本上提升柳民的教育素養。在政事之餘，柳宗元還耐心接受年輕學子的拜訪，對他們循循善誘。柳宗元不只滿足於知識的傳播，更致力於改變陳舊的思想觀念和思考方式。在柳宗元看來，儒、釋皆重視人生的道德價值。儒家雖有性善與性惡論的分歧，但都強調可以依靠個人修養的力量使人性同歸於善。佛教談慈悲，也是勸人向善；宣揚因果，也是勸善懲惡，故佛性也歸於性善。柳宗元在《歷代法寶記》中，肯定了慧能等大德高僧始終以性善教人，並稱其可以「豐佐吾道」，以「性善」觀念通同儒、佛兩家。佛教初傳入中原，因其「滅其天常，子焉不父其父，臣焉不君其君，民焉不事其事」而受到儒家的抨擊。此後，佛教開始吸收儒家思想，以適應士人的倫理意識，遂有了佛經中《大報恩》、《父母恩重經》等宣揚孝道的內容。柳宗元在〈送僧浩歸淮南觀省序〉中，將儒家孝道與佛家的「性空」觀念統合，提出「蓋本於孝敬而後積以重德，歸於空無」。

柳宗元「統合儒釋」的思想，在柳州得到了付諸實踐的機會。

第十九章　從柳河東到柳柳州

柳宗元在柳州所致力的布新革弊，都與當地民眾的生活息息相關。

韓愈〈柳子厚墓誌銘〉記載：「其俗以男女質錢，約不時贖，子本相侔，則沒為奴隸。」柳宗元一到柳州，就發現這裡「典貼良人男女作奴婢驅使」的現象很普遍。百姓們交不起地租或者是借了高利貸到期還不了，就要用自己的子女作抵押，未能及時贖回，就會利滾利，最終這些還不起債的窮家子女便淪為奴婢，終身任人驅使，沒有人身自由，以至於「豪家婢妾百餘，男僕數百」，而貧窮之家妻離子散、家破人亡。

唐朝初年，宮廷和官營手工業作坊，以及貴族、富豪人家，蓄奴現象十分普遍。在南方福建、黔中等經濟落後地區，掠賣奴隸的風氣盛行。唐太宗李世民曾專門頒布法律，規定「不許典貼良人男女作奴婢驅使」。

在《唐律疏議》裡已有禁止買賣奴婢的規定；在《全唐文》卷60，還可看到在唐憲宗年間，朝廷嚴令頒布〈禁飼遺人口詔〉，明令禁止掠賣兒童為奴。但由於戰亂和藩鎮割據，禁令徒成一紙空文，上至宮廷、貴族，下到民間富戶，奴婢買賣的現象仍大量存在。

柳宗元釋出政令，決定「革其鄉法」，廢除這種毫無人性的陋習。他制定一項釋放奴婢的辦法：規定已經淪為奴婢的人，在為債主服役期間，都可以按勞動時間折算工錢。工錢抵完債後，立即恢復人身自由，回家與親人團聚。柳宗元還盡自己的能力出資，幫助窮人贖回子女。

柳宗元的這一改革措施，不僅大幅地造福窮苦百姓，還受到上級官員桂管觀察使裴行立的讚賞，並在其所管轄的區域內大力推行。

韓愈〈柳子厚墓誌銘〉記載：「比一歲，免而歸者而且千人。」不到一年的時間，桂州就有數以千計的奴婢得到釋放。這項措施不僅減輕了窮人的痛苦，也抑止了人口流失，在一定程度上保護了社會生產力，維

護了社會的穩定。韓愈很欣賞柳宗元的辦法,在他擔任袁州刺史時,也採用過同樣的措施。

柳宗元在柳州期間,寫過一篇〈童區寄傳〉,生動地講述了一件買賣奴婢的陋習現象:

柳宗元說:「越人很少有恩情,生了孩子,必定將他們視作貨物,七歲以上的孩子,父親兄長就會把他們賣了,以貪圖利益。孩子若未滿七歲,就去偷別人家的孩子,捆綁銬住,至於那些年老的人,不能以力取勝的,便屈服作為僕人。在當道口,賊寇攔路搶劫綁架小孩已經司空見慣,完全是弱肉強食的叢林法則,強壯有力的人就束縛捆綁幼小柔弱的。一些地方官為了自己的利益,倘若能夠得到僕人,就會放縱這些行為,不加過問。因此,柳州人口越來越少。兒童被綁架賣為奴僕,很少有能夠逃脫的。只有十一歲的兒童區寄,從強盜手中成功逃脫,成為一則神奇的傳說。桂部從事杜周士對我提到了這件事情。

兒童區寄是柳州一名砍柴放牧的孩子。一天,他正在放牧砍柴,兩個強盜劫持捆綁了他,把他的手反捆起來,用布塞住他的嘴,把他帶到四十多里以外的市集上,要把他賣掉。區寄故意假裝像小孩子一樣啼哭,嚇得渾身發抖,像常見的小孩那樣。這兩個強盜就覺得他很好對付,互相對飲,後來就喝醉了。一個強盜到市場上去找買主;另一個強盜臥躺著,把刀插在地上。孩子偷偷地觀察著,等強盜睡著了,就把捆綁著手的繩子湊到刀刃上,用勁地上下摩擦,繩子割斷了,於是他拿起刀就殺了那個強盜。

區寄還未來得及逃遠,到市場上去的那個強盜就返回來抓住了他,區寄十分驚恐。強盜將要殺區寄的時候,區寄趕緊說:「當兩個人的隨從,哪裡能比得上替一個人當僕人?他對我不好,你倘若真的能保全我

第十九章　從柳河東到柳柳州

的性命,好好對待我,什麼我都能替你做。這個強盜考慮了很久,心想:與其殺了這個孩子,不如把他賣了;與其把他賣了兩人分錢,不如我獨自占有。幸好這個孩子把他殺了,正是成全了我。於是就把那個賊寇的屍體掩藏起來,帶著孩子去找買主。當然,他把孩子捆綁得更加結實了。半夜的時候,區寄自己轉過身,把捆綁的繩子靠近火爐,燒斷了繩子,雖然手也被燒傷了,但並不害怕。他又拿起刀把那個到市場上賣他的強盜殺了。而後大聲哭叫,市集上的人都十分吃驚。孩子說:「我是區家的兒子,不應該成為被拐賣的兒童。有兩個強盜抓住了我,很幸運地我把他們都殺了。希望有人為我報案,讓官府知道這件事情。」

管理市集的小吏向州官稟報,州官又向太府稟報,太府召見區寄,他是個年幼老實的孩子。刺史顏證覺得他很奇特,想要區寄留下來當小吏,區寄不肯。於是刺史贈送他一些衣服,讓小吏護送他回鄉。鄉里那些搶劫綁架的人,都不敢正視他,不敢從他家門前經過,都說:「這孩子比秦武陽當時還要小兩歲呢,卻已經殺了兩個強盜,怎麼敢接近他呢?」

《戰國策》記載:「燕太子丹欲以匕首刺秦王,燕國有勇士秦武陽,年十三,殺人,人不敢忤視,乃令為荊軻副而往。」司馬遷在《史記》中也有記載,不過是名字寫作「秦舞陽」。

從柳宗元的〈童區寄傳〉一文,也可見當年柳州買賣人口之猖獗。

柳宗元家裡也有「女隸」等奴婢,但這不必苛責,一種體制下,「入鄉隨俗」,幾人能特立獨行?但柳宗元對於奴婢人格的尊重是超越時俗的,比如在永州時期,他們家的馬伕張進死後骸骨暴露,他加以掩埋並撰詩〈掩役夫張進骸〉悼之:

生死悠悠爾,一氣聚散之。

偶來紛喜怒,奄忽已復辭。

> 為役孰賤辱？為貴非神奇。
> 一朝纊息定，枯朽無妍媸。
> ……
> 佇立唁爾魂，豈復識此為？
> 畚鍤載埋瘞，溝瀆護其危。
> 我心得所安，不謂爾有知。
> 掩骼著春令，茲焉適其時。
> 及物非吾輩，聊且顧爾私。

柳宗元認為，無論是貴人還是賤奴，生命都是一氣之聚散，「為役孰賤辱？為貴非神奇」，沒有貴賤之分「枯朽無妍媸」。我今天掩埋你的骸骨「不謂爾有知」，只是求得「我心得所安」，表達了柳宗元的眾生平等思想，也因此他能夠在力所能及的情況下，積極解救當地奴僕的人身自由。

柳宗元始終把關注的目光投向轄地的民生民情。傳說柳宗元到柳州以前，柳州找不到一口水井，千戶人家，萬餘人口，吃水、用水，都要背負著小口大肚子的罌瓶，極其艱難地沿著狹窄的崖路，上下往返到柳江邊汲水。如果天旱水淺，到江邊的距離就更遠了；到了雨季，路險泥滑，汲水更加危險，稍有不慎，腳下一滑，汲水的人就會從陡坡上翻滾下去，輕者跌斷手足，重者還會送命。

柳宗元到柳州後，透過調查了解，體察民情，決定鑿井供居民飲用。柳宗元鑿井之前，也曾有人試挖，但都造成崩塌，說是傷了「龍脈」，破壞「風水」，因此，柳人都不敢繼續開鑿。柳宗元不信「訛言」，投入大量人力、物力，他請和尚談康、軍事牙將米景勘察地形，又命令部下蔣晏，率領數十名軍士，在城北隍上開鑿第一口水井。經過一段時

第十九章　從柳河東到柳柳州

間，不分白天黑夜的施工，一直鑿到 66 尺深，才打出井水。這口井水源充足，不僅解決了百姓的飲用水，而且還能灌溉田地，造福了一方百姓。井水噴湧那天，柳州城裡的百姓，都扶老攜幼跑來觀看這一奇蹟。在這些百姓當中，有的活到七、八十歲都還沒有見過井水，當他們喝到清冽的井水時，都不禁高興得歡呼雀躍起來。柳宗元讓從來不敢打井的柳州，接連打出了好幾座井，世世代代靠天吃飯，靠喝雨水和河水長大的柳州人，從此喝到了乾淨甘甜的地下水。柳宗元也十分高興，寫下〈井銘〉、〈祭井文〉記載此事。後來，照此方法又打了幾口井，使受益州民進一步擴大。至今在柳州民間還流傳著「三川九漏（井）」的民謠。

柳宗元還把關注的目光投向柳州落後的農業。當地是丘陵地區，城外有著大片的荒地。看到百姓艱苦貧困的生活，柳宗元決心改善這樣的生存環境。他以父母官的身分，號召鄉間的閒散勞力，開荒墾地，種樹種菜，鼓勵生產。有了足夠的土地，才能生產出足夠的糧食和蔬菜，人民的生活才能走出飢餓和貧窮。在柳宗元的努力下，柳州可耕種土地面積大增。據〈柳州復大雲寺記〉記載，僅大雲寺附近開墾出的荒地就種了三萬竿竹子，種菜百畦。柳宗元為改造當地水土，立下了不朽的功勳。

柳宗元為改變柳州貧窮落後的面貌，還在柳州大力推廣中原的生產技術，發展農、林、牧業，並親自動手植樹造林。他在柳州城西北種植二百株柑橘，當它們綠樹成蔭時，寫了〈柳州城西北隅種柑樹〉詩：

　　手種黃柑二百株，春秋新葉遍城隅。
　　方同楚客憐皇樹，不學荊門利木奴。
　　幾歲開花聞噴雪，何人摘實見垂珠？
　　若教坐待成林日，滋味還堪養老夫。

柳宗元在柳州時所作〈柳州城西北隅種柑樹一詩，抒發自己種柑樹的心情和感想。首先描述了自己對柑橘「情有獨鍾」，親手栽種。經過精心培植而葉綠桔黃，一片繁盛。屈原〈橘頌〉中有言：「後皇嘉樹，橘來服兮；受命不遷，生南國兮。」王逸注云：「言皇天后土，生美橘樹，異於眾木。來服習南土，便其性也。」屈原自喻材德如橘樹。柳宗元表白心志：自己所以這麼熱衷於種植柑橘樹，只是因為讀過「楚客」屈原的〈橘頌〉，要以前賢為榜樣。三國時東吳丹陽太守李衡，種柑橘千株。臨死，敕兒曰：「汝母惡吾治家，故窮，然吾州里有千頭木奴，不責汝衣食，歲止一匹絹，亦可足用爾。」吳末橘成，歲得絹數千匹。柳宗元以此典故為喻，自己種植柑橘，並不是要像李衡那樣，透過種橘來發家致富，為子孫後代留下財寶。而是心交古賢，寄情橘樹。看似心緒淡泊清高，然而內心卻似翻江倒海，效法屈原當年以橘樹「閉心自慎，終不過失」和「秉德無私」的品質作頌自勉。

而今天柳宗元與古賢有了同樣的心境：「幾歲開花聞噴雪，何人摘實見垂珠？」自己的一番良苦用心，如今可向誰表？又有誰知？只有這些不會說話的橘樹，才是自己的知音。無奈之下，也只有「坐待成林日」，難道自己真要苦苦等待到柑橘開花結果的那一天嗎？這對於一個胸懷經世報國之志的人來說，是何等悽苦的等待。以致清代姚鼐說：「結句自傷遷謫之久，恐見甘之成林也。而託詞反平緩，故佳。」

柳州是少數民族聚居的地方，柳宗元在對待少數民族的態度上也有足資稱道的地方。他尊重少數族人的生活習俗，有別於古代一般知識分子的華夷偏見。他有詩〈柳州峒氓〉，描寫了少數民族聚居地的風光和習俗。

郡城南下接通津，異服殊音不可親。

青箬裹鹽歸峒客，綠荷包飯趁虛人。

第十九章 從柳河東到柳柳州

鵝毛御臘縫山罽，雞骨占年拜水神。

愁向公庭問重譯，欲投章甫作紋身。

唐李德裕〈登崖州城作〉詩：「青山似欲留人住，百匝千遭繞郡城。」郡城：郡治所在地。柳州城南連接著四通八達的渡口。

《禮記·王制》：「作淫聲、異服、奇技、奇器以疑眾，殺。」鄭玄注：「異服，若聚鷸冠、瓊弁也。」殊音：異音。特殊的樂音或聲音。《後漢書·西南夷傳論》：「夷歌巴舞殊音異節之技，列倡於外門。」峒人的語言和服飾都與漢民族迥然不同。

宋周密《武林舊事·進茶》：「仲春上旬，福建漕司進第一綱蠟茶……護以黃羅軟盝，藉以青箬。」回家去的人拿青箬竹葉裹著鹽巴。

宋錢易《南部新書》：「端州已南，三日一市，謂之趁虛。」趕集來的人用綠色荷葉包著食品。

元倪瓚〈次韻曹都水〉：「蕭闐館裡挑燈宿，山罽重敷六尺床。」御臘：就是御寒的意思。山罽（ㄐㄧˋ）：山村居民用毛製作的氈毯一類的織物。用鵝毛裝填被褥抵禦冬寒。

宋蘇軾〈雷州〉詩之一：「呻吟殊未央，更把雞骨灼。」雞的骨頭，古時用以占卜。《史記·秦始皇本紀》：「始皇夢與海神戰，如人狀。問占夢，博士曰：『水神不可見，以大魚蛟龍為候。』」以雞骨占卜年景祭拜水神。

唐王勃〈梓州玄武縣福會寺碑〉：「懷道術於百齡，接風期於四海，依然梵宇欣象，教之將行莞爾公庭，惜牛刀之遂屈。」公庭：公堂，法庭。為判決案件還要為找翻譯而發愁。

《禮記·儒行》：「丘少居魯，衣逢掖之衣；長居宋，冠章甫之冠。」紋身：在身上刺畫花紋。這是古代越地的一種習俗。

這些迥異於中原的少數民族習俗，在柳宗元眼中顯得可愛而又親切。他說，我真想脫下官服、官帽，學他們在身上刺花紋的樣子，與他們打成一片。

柳宗元還寫有〈南省轉牒欲具江國圖令盡通風俗故事〉：

聖代提封盡海壖，（《漢書·食貨志》：提封萬井。李奇注曰：提，舉也。舉四封之內也。海壖者，海邊地。）狼荒猶得紀山川（狼荒，荒遠之境）。

華夷圖上應初錄，風土記中殊未傳（《晉書》：周處有《風土記》十卷）。

椎髻老人難借問（《前漢書·西南夷傳》：自滇以北，此皆椎髻。注：謂髻如椎之形也），黃茆深峒敢留連（峒，山穴也。柳州之民多有居巖峒間者）。

南宮有意求遺俗（南宮，南省也），試檢周書王會篇（周武王時，遠國歸款，周史集其事為〈王會篇〉）。

柳宗元在詩中表達了要深入到少數民族中的意圖，同時把自己在現實中感受到漢族官吏與少數民族之間的隔閡，也一併寫入詩中。

儘管柳宗元對少數民族採取親善和睦相處的態度，但對於朝廷與少數民族之間的矛盾及討伐，也只能隨聲附和、無可奈何。這是關涉「愛國主義」的敏感問題。

在柳州，柳宗元與之交流最多的是上司裴行立。元和十二年，裴行立以御史中丞徙為桂州刺史、桂管觀察使，都督二十七州諸軍州之事，正是柳宗元的上司。到任不久，裴行立在署地之左訾家洲建亭，召柳宗元往觀，裴行立很欣賞柳宗元的才華，邀其前往當然是希望其寫下文字。柳宗元為此撰寫〈上裴行立中丞撰訾家洲亭記啟〉。柳宗元為了寫此

第十九章　從柳河東到柳柳州

篇文章，真可謂是絞盡腦汁：「伏受嚴命，不敢固讓，退自揣度，惕然汗流。」「伏以境之殊尤者，必待才之絕妙以極其詞。」當寫一篇文章涉及今後的前程命運，怎不讓人「竊復詳忖，進退若墜。久稽篆刻，則有違慢之辜；速課空薄，又見疏蕪之累。」當然是十分用心「尤所戰慄，謹修撰訖」、「不知所裁，無任隕越惶恐之至。」然而，這篇用心良苦、耗神費心，「吟安一個字，撚斷數徑須」的讚美頌揚文字，卻成為柳宗元錦繡文章中的敗筆。如今還有誰人會提起？

柳宗元為上司裴行立還起草過諸篇文章，也使他的官聲留下質疑。

裴行立邕管（治邕州，今廣西南寧市）屬下的黃洞蠻是一個強悍的少數民族部落，世聚呈豪，叛服無常。自貞元年間起，因不堪忍受官軍的橫徵暴斂，多次起兵反叛朝廷。元和十四年，以黃少卿為首，黃家洞的少數民族揭起反叛之旗。黃家洞的少數民族，唐人稱「黃洞蠻」，是「西原蠻」的一個分支，元和十四年這次反叛規模很大，黃少卿父子占領了唐朝十三州。邊將為立戰功，紛紛請命討伐。桂管觀察使裴行立和邕管經略使陽旻利其捕虜，邀功生事，奏請討伐以黃少卿為首的黃洞蠻。裴行立請命，令柳宗元撰〈為裴中丞上裴相乞討黃賊狀〉。當時方定淮西，憲宗驕矜自恃，允其用兵。柳宗元是裴行立的下屬，又深得裴行立的賞識，於是應命而作，為裴行立代撰〈代裴中丞謝討黃少卿賊表〉、〈奏邕管黃家賊事宜狀〉、〈乞討黃賊狀〉、〈舉人自代討黃賊狀〉等文書；裴行立出兵時，他又代寫了〈祭纛文〉、〈禡牙文〉。文字中難免與朝廷保持一致口徑，有不少誣衊少數民族、歌頌朝廷鎮壓的內容。

柳宗元的這些應命之文，與「我手寫我心」的率性之作，表現出複雜的矛盾心理，說明人在官場、身不由己的窘境。

結果出兵討伐，官軍慘敗，參與軍事的江西、鄂嶽、湖南、嶺南等

鎮兵馬百無一回。詩人李賀寫有一首〈黃家洞〉詩，記載了黃洞蠻與官軍的一次戰役，結尾兩句是「閒驅竹馬緩歸家，官軍自殺容州槎」。槎讀察，是當地方言，指老百姓。戰鬥的結果是「黃洞蠻」獲勝，而官軍為謊報戰功，竟屠殺老百姓來充當殺敵戰功。《新唐書‧南蠻下》也有類似記載：「桂管觀察使裴行立輕其軍弱，首請發兵盡誅叛者，徼倖有功，憲宗許之。行立兵出擊，彌更二歲，妄奏斬獲二萬，罔天子為解。自是邕、容兩道殺傷疾疫死者十八以上。調費鬥亡，繇行立、陽旻二人，當時莫不咎之。」又引韓愈言：「自行立、陽旻建征討，生事詭賞，邕、容兩管，日以凋弊，殺傷疾患，十室九空。百姓怨嗟，如出一口，人神共嫉，二將繼死。」官軍例來有濫殺無辜平民而冒領軍功的現象。

　　元和十四年，淄青都知兵馬使劉悟斬淄青節度使李師道，歸順朝廷。柳宗元代裴行立寫〈為裴中丞賀克破東平赦表〉，表達「抃舞歡慶，倍百恆情」之意。淄青平定後，朝廷分原淄青十二州為三道，柳宗元又代裴行立寫〈代裴中丞賀分淄青為三道節長驅表〉，歡呼「蛇豕之穴，忽為樂郊；氛浸之餘，盡成和氣」。

　　柳宗元筆下的裴行立形象，與李賀詩中的描寫大相逕庭，與史料的記載亦不相符。這是可以理解的。柳宗元作為裴行立的下屬，很難客觀評價上司。即使看出蛛絲馬跡，也不可能批其逆鱗。柳宗元已經有了慘痛的前車之鑑，在二度受貶，好不容易遇到一個賞識自己的上司，只好「為尊者諱」，寫出違心之言。

　　柳宗元在柳州度過的最後四年裡，作為一個地方官，鞠躬盡瘁，用自己畢生的才華和心血，為當地人民建造了一條通往文明的大道。柳宗元在柳州的四年，從他個人的角度來說，是其政治生涯中令人嘆息的悲情結局；然而作為柳州歷史上名垂青史的好官，他付出的精力和做出的

第十九章　從柳河東到柳柳州

貢獻，卻是令人懷念，不能遺忘。柳宗元就像一根風中的殘燭，頑強地燃燒自己，盡其所有的光芒，照亮了一方荒蕪，以至身後留下「柳柳州」的稱呼。

由於柳宗元在柳州治所的顯赫政績，柳州百姓非常懷念他，為他立祠，千百年來持續祭祀他，有關他的傳說亦廣為流傳。

在柳州縣誌〈失而復得的荔子碑〉一文中，記載有這樣的文字：

「荔子碑」是過去每年祭祀時柳宗元時用的祭歌，摘自唐代著名文學家韓愈寫的〈柳州羅池廟碑〉中的〈享神體〉，此碑是西元1217年（宋代嘉定10年）刻的，因開頭有「荔子」二字，所以叫做「荔子碑」。由於碑文是韓愈寫的絕好文章，又是宋代名書法家蘇東坡寫的絕好行書，歌頌的是柳宗元絕好故事；因而叫做「韓詩蘇字柳事碑」，又被人們美譽為「三絕碑」。

此碑現巍然聳立於柳侯祠堂內，我們可以看到碑身為斷裂合拼而成。柳州流傳著一個故事，明嘉靖年間，在戰亂中，「荔子碑」被毀壞。後來在築柳州外城時，有軍士撿得半截「荔子碑」，拿來砌城牆，但是每次砌進牆內，城牆就崩塌，後來才發現是「荔子碑」的一部分，在場的人終於醒悟過來，知道拿來砌牆是對柳侯的不敬，而受到崩塌的懲罰。只好把斷碑抬回柳侯祠，與殘留原處的「荔子碑」拼合在一起，使這一珍貴的文物得以完整地保留下來。

柳州的柳侯祠，現存〈龍城石刻〉複製品，是一塊長一尺多、高六寸的殘缺石碣，上面刻有「龍城柳，神所守；驅厲鬼，出匕首，福四民，制九醜。元和十二年。柳宗元。」相傳這塊〈龍城石刻〉從土裡挖出來時，旁邊還有一把短劍，所以又稱「劍銘碑」。

這是柳宗元逝世前兩年，一次向其部下魏忠、謝寧、歐陽翼等人交代後事時，寫下的一篇銘文。當他揮毫時，在場的圍觀者都認為筆法蒼

勁、雄健，內容表達了柳宗元愛護百姓，詛咒邪惡勢力，是不可多得的佳作。大家提出為了使它傳之後世，不如鎸刻在石塊上，經柳宗元同意，叫來石匠，將這篇銘文鎸刻成碑，連同他佩戴的一把短劍一起埋入土中。歷經千年滄桑，被一位百姓無意挖掘到，可惜不久即失落，只留下拓片。

由於這是一件被認為埋入土中可以鎮宅、攜帶身上可以護身的神物，所以清代南方赴京應考的士子和長年經商在外的商賈，多有隨身收藏〈龍城石刻〉拓片往來於旅途，以求逢凶化吉。「政聲人去後，民意閒談時」。柳州民間的這些傳說和碑刻，無不反映著柳州民眾千百年來，對柳宗元「為官一任，造福一方」之政績的懷念。

第十九章　從柳河東到柳柳州

第二十章
何處青山埋忠骨

柳宗元居廟堂之高則憂其民，處江湖之遠則憂其君。即使發配柳州，「身貶滄州，心繫天下」，仍然關心著國家時事。就在柳宗元顛沛流離、風塵僕僕趕赴柳州之途，朝廷發生了驚天鉅變。

唐朝自安史之亂始，對藩鎮，特別是北部邊防的節度使，盡量採取睜一隻眼、閉一隻眼的政策。當時北部凋敝，中央在財政上依賴江淮地區，如果這一帶有自行其是的藩鎮，甚至影響到從江南至開封（汴河）的運河航運，那就威脅到唐王朝的生命線，所以唐王朝無法容忍。自肅宗寶應元年（西元762年）開始，李忠臣、李希烈、吳少誠等人在淮西坐大。德宗貞元十七年（西元801年），趁著吐蕃在中亞與阿拉伯人對峙的機會，唐王朝和回紇、南詔聯手大破吐蕃。憲宗即位後，唐王朝終於可以從西部的邊境戰事中喘口氣，專心對付淮西的心腹大患。

元和九年（西元814年），領有申、光、蔡三州的彰義軍（治所在蔡州，即今河南省汝南縣）節度使吳少陽死，其子吳元濟請自立為留後。唐憲宗正想著從此革除藩鎮世襲制，不准其請，吳元濟便起而造反，「遂燒舞陽，犯葉、襄城，以動東都，放兵四劫」。

憲宗臨朝徵求諸臣意見，除了武元衡、裴度一、二臣外，皆曰：「蔡帥之不廷受，於今五十年，傳三姓四將，其樹本堅，兵利卒頑，不與他等。因撫而有，順且無事。」蔡州之帥不由朝廷授予官職，已經延續五十年之久，他們父亡子承已傳了三輩四人。根基牢固，武器堅銳，士兵強

第二十章　何處青山埋忠骨

悍,不能與其他藩鎮相比。只能對吳元濟實行安撫,承認他當節度使,才能夠相安無事。

「大官臆決唱聲,萬口和附,併為一談,牢不可破。」當時朝中諸多大臣,畏懼於藩鎮勢力強盛,都主張以妥協換和平。

但由於武元衡、裴度兩人極力贊同憲宗用兵,憲宗當時豪情壯志地說:「唯天唯祖宗所以付任予者,庶其在此!予何敢不力?況一二臣同,不為無助。」上天和祖先託付予我重任,大概就是削平藩鎮的割據吧?我怎敢不奉天承運。何況還有一、兩個大臣贊成我的主張討伐淮西,不能說我是孤家寡人了。

於是,元和十年正月,憲宗發旨討伐。但由於參與討伐的官兵各懷私心,相互掣肘,加上監軍宦官的干預,戰事進展不順。從元和九年冬到元和十二年秋,雖然官軍小有斬獲,戰事仍處在僵持狀態。暗幫淮西的藩鎮,焚燒從運河轉運的軍糧,甚至騷擾東都洛陽。朝中屢次有人建議罷兵,但是中書門下平章事(宰相)裴度堅持要打下去,裴度慷慨發誓:「臣若賊滅,則朝天有期;賊在,則歸闕無日。」憲宗聞言也為之流淚。

就在討伐大軍與叛逆之兵形成僵持態勢之際,元和十年(西元815年)六月,成德鎮王承宗、淄青鎮李師道生怕唇亡齒寒、兔死狐悲,為呼應吳無濟的叛逆,製造混亂,牽制朝廷用兵,竟派人刺殺了力主對藩鎮割據用兵的宰相武元衡,另一強硬派御史中丞裴度,也被刺成重傷。在天子輦轂腳下公然刺殺執政,訊息傳出,朝議譁然。一些當權的朝官,懼於藩鎮的威脅,不敢認真去搜捕和追查凶手,主張大事化小,對叛賊不必採取行動。對受害者武元衡等寵贈厚葬了事,以求「穩定」。此議遭致許孟容、白居易等堅決反對,主張必須嚴懲叛逆,不能姑息養奸。兩種意見針鋒相對,而憲宗由於初戰不利,變得首鼠兩端,莫衷一是。白

居易正是在此事件中，因直言諫諍得罪而被貶江州。

　　剛到柳州任上的柳宗元得知這一情況，無比悲憤。作為南方偏僻小州的地方官，本來沒有置喙的必要和可能，況且，武元衡是堅定的永貞革新反對派，他曾極力反對重新啟用五司馬留京。但柳宗元一向反對藩鎮割據，事關國家安定，他仍義憤填膺地寫下〈古東門行〉一詩，表明自己的立場。由於此時詩人身處逆境，官微言輕，不能直抒己見，於是用樂府舊題〈古東門行〉的形式表明了自己的政治態度。從某種意義上看，也只是發發牢騷而已。詩中多典故，皆隱語，借古諷今，隱而有指，十分曲折含蓄地表達了柳宗元此時此刻複雜矛盾的思想感情：

　　漢家三十六將軍，東方雷動橫陣雲。

　　漢景帝三年，吳、楚等七國反。皇上乃任命中尉周亞夫為太尉，統帥三十六將軍出征討伐劉濞等叛逆。當年唐朝之大勢，先是「王承宗拒命，上怒，削其官爵，討之。會淄青、盧龍數表請赦，乃詔浣雪，畀以故地。及元濟反，承宗與李師道上書請宥，使人白事中書，元衡叱去。承宗怒，與師道謀殺元衡。」柳宗元此詩借漢朝之事，暗示武元衡之變亦是源於削藩收地。《史記‧天官書》：「陣雲如立垣。」描繪官兵戰陣之雄偉宏大。

　　雞鳴函谷客如霧，貌同心異不可數。

　　《史記》：「孟嘗君夜半至函谷關，關法，雞鳴而出客。孟嘗君恐秦追至，客有為雞鳴而雞盡鳴，遂得出。」孟嘗君賴門客「雞鳴函谷」之力出關逃逸，暗射王承宗之流居心叵測，渾水摸魚，刺殺忠良之歹心。柳宗元並不贊成雞鳴狗盜，因為「客如霧」，因為「貌同心異」，潛伏著諸多的後遺症，因而釀成了武元衡被刺的悲劇。用「雞鳴」之典便是一語雙關：既是一種否定，又是一次警策。

第二十章　何處青山埋忠骨

赤丸夜語飛電光，徼巡司隸眠如羊。

《前漢‧尹賞傳》：「長安中奸猾浸多，閭里少年群輩殺吏，受賕報仇。相與探丸為彈，得赤丸者斫武吏，得黑者斫文吏，白者主治喪。」把刺殺官吏視同兒戲賭博。

《漢‧百官表》：「中尉掌徼巡。注云：徼，遮徼。司隸，謂司隸校尉，掌察三輔徼巡。司隸不舉職而眠如羊，故不知有變。」四皓謂「太子將兵，無異以羊將狼。」蓋弱不能以敵強，況又眠耶？詩句影射武元衡被刺殺情景：武元衡住在靖安里第，正是夜半三更、夜漏未盡，刺賊乘暗呼曰：「滅燭！」射殺武元衡。而巡邏的官兵們，竟然睡得如同死豬一樣渾然不覺。

當街一叱百吏走，馮敬胸中函匕首。

〈賈誼傳〉：「陛下之臣，雖有悍如馮敬者，適啟其口，匕首已陷其胸中矣。」如淳云：「馮敬，無擇子，名忠直，為御史大夫，奏淮南厲王誅之。」《通俗文》曰，「匕首，劍屬。」刺賊當街高聲一呼「無事者讓開」，周圍之人都畏賊而散走，武元衡於是像馮敬一樣剛欲呼救，胸部已經被刺入致命之劍。刺客行凶之前，官府捕快只要稍加防備，多點警惕，叛逆們決不可能輕易得手。

凶徒側耳潛慛心，悍臣破膽皆吐口。

叛逆刺客凶頑囂張，而群臣一個個噤若寒蟬。

魏王臥內藏兵符，子西掩袂真無辜。

《史記》：「魏安釐王使將軍晉鄙將十萬眾救趙，實持兩端。王弟信陵君無忌之客侯生曰：『嬴聞晉鄙之兵符在王臥內，而如姬最幸，力能竊之。』公子誠一開口請如姬，如姬必許諾，則得虎符，奪晉鄙軍，北救

趙而西卻秦，此五伯之伐也。」「臣客朱亥，力士，可與俱。晉鄙不聽，可使擊殺之。」這個著名的竊符救趙的典故，暗指唐憲宗平叛猶如魏王救趙，乃是出於無奈之舉，因而首鼠兩端、猶豫不決。以此喻武元衡無辜殉國的悲劇。魏王不下令，救趙乃是一句空話，吳元濟等叛逆之徒益發猖狂；

《左傳》哀公十六年，「白公殺子西、子期於朝而劫惠王，子西以袂掩面而死。」此謂武元衡被暗殺，其實是為朝廷綏靖政策當了替死鬼。借子西「以袂掩面而死」的故事，子西固死得無辜，難道武元衡死得其所？

羌胡轂下一朝起，敵國舟中非所擬。

司馬相如〈諫獵疏〉曰：「陛下好陵阻險，射猛獸，卒然遇軼材之獸，駭不存之地，是胡越起於轂下，而羌夷接軫也。」吳起舟中勸諫武侯曰：「君不修德，舟中之人盡為敵國也。」此二句為勸誡提醒唐憲宗之語，潛伏在您身邊的危險遠比當年大得多，稍有懈怠，便有車翻舟覆的悲劇發生。所幸的是，現在這些危險已暴露無遺，皇上您該採取措施了吧！

安陵誰辨削礪功？韓國詎明深井里？

《史記·袁盎傳》：「梁孝王欲求為嗣，袁盎進說，其後語塞。以此怨盎，使人刺盎安陵郭門外。」〈梁孝王世家〉：太史公曰：「王使人殺盎刺之。刺者置其劍，劍著身。視其劍，新治。問長安中削礪工，工曰：『梁孝王子某來治此劍。』以此知而發覺之。」刺客的行蹤再隱密，也已經露出了蛛絲馬跡，只要思路明確，查到真凶並非難事。

《史記·刺客傳》：「聶政，河內軹縣深井里人。嚴仲子事韓哀侯，與韓相俠累有隙，請政為之報仇。政刺殺俠累，因自皮面抉眼，自屠出腸。韓取屍暴於市而問，莫知誰子。其姊嫈聞而往哭之，曰：『是軹深井裡聶政也。以妾在，自刑以絕從，妾奈何畏歿身之誅，終滅賢弟之名。』

第二十章　何處青山埋忠骨

遂死於屍旁。」此謂當時武元衡為賊所殺，初不知主名，吏卒不敢窮捕。後下詔積錢東西市以募告者，而王士則、王士平始以賊聞也。不能因為投鼠忌器而掩沒了鬥士英名。

　　絕　斷骨那下補，萬金寵贈不如土。

再多的贈予和恩寵都不能使人死而復生，對死者的最好祭奠是學周亞夫率三十六將軍，直搗淮西老巢。

這首詩用樂府古題、借古諷今的筆法，以西漢景帝時討伐吳王劉濞等「七國之亂」的戰事，影射當時朝廷與藩鎮衝突的形勢；又用漢代馮敬因舉奏淮南王劉厲而被殺的典故，暗示主持討伐淮西的武元衡被刺殺，過在朝廷，而凶徒猖狂，群臣噤口，被殺的人只得到無用的寵贈，這更是對朝廷措置失當的揭露和譏諷。

封建王朝的皇帝是至高無上的。歷朝歷代，臣下對皇上進諫，必須投其所好，只能用前朝故事或看似不相干的生活趣聞引喻取譬，轉彎抹角地表達自己的意見，皇上才有可能恩准採納。無人敢逆龍鱗，違聖聽。否則，輕者丟掉烏紗，為民為奴；重者人頭落地，甚至九族遭誅。所以，自古以來，文武百官諷諫啟奏都很講究，唯恐龍顏大怒。柳宗元〈古東門行〉幾乎句句有典故，鋒芒內斂，表面看來，所引者皆前朝之事；但細細思索，所影射者乃當朝之政。話中有話，弦外有音，言發於此而意歸於彼，言有盡而意無窮。

章培恆、駱玉明對柳宗元的詩有此評價：「柳宗元詩確如蘇軾所說，兼有簡潔、靖深、溫麗、含蓄之長，在自然樸素的語言中蘊含了幽遠的情思。」柳宗元在惋惜「掩袂而死」的子西時，何嘗不也是在悲嘆武元衡的殉國：忠君報國者未必有好下場，子西、武元衡如此，「二王八司馬」亦如此，古往今來，概莫能外。「念天地之悠悠，獨愴然而涕下」，柳宗

元分明是借別人的酒杯，澆自己心中的塊壘！

後世評價柳宗元的〈古東門行〉，在讚嘆其文學成就的同時，也誇讚其表現出的崇高境界：以大局為重，不以政治觀點定親疏。然而，我的理解，柳宗元對武元衡被刺事件的態度，與其說是一種胸懷，不如更準確地說是在無情的現狀下，向對立面發出的一個妥協訊號：希望能緩解來自對立陣營的敵視情緒，為自己的再次復出做好鋪陳。此一點，在柳宗元生命的最後幾年表現得猶為明顯。

韓愈在〈平淮西碑〉一文中，對憲宗皇帝的削平藩鎮作了如此記載：「睿聖文武皇帝既受群臣朝，乃考圖數頁曰：『嗚呼！天既全付予有家，今傳次在予。予不能事事，其何以見於郊廟？』群臣震懾，奔走率職。明年平夏，又明年平蜀，又明年平江東，又明年平澤潞，遂定易、定，致魏、博、貝、衛、澶、相，無不從志。」

唐憲宗一聲「嗚呼」，於是一個「新官上任三把火」的明君應運而生。唐憲宗考察版圖，計算貢賦，說：「上天既然把天下交付給大唐，按次序降大任於我，我若不能有一番作為，何顏去見列祖列宗於祖廟？」於是群臣誠惶誠恐、各盡其職，先後平定了夏州的叛亂，蜀州的叛亂，浙西的叛亂，易、定二州和魏、博、貝、衛、澶、相六州皆歸順朝廷。

元和十二年（西元817年），唐憲宗無法忍受藩鎮的咄咄逼人，力排眾議，啟用重傷復癒的裴度為宰相，派他親赴淮西前線，都統諸軍。「愬武古通作牙爪」，統籌李愬、韓公武、李道古、李文通諸將，集中河南、湖北、安徽三省兵力，從西、北、東南、東四個方向圍剿淮西。

韓愈〈平淮西碑〉記載：「曰：『度！汝長御史，其往視師』」；「曰：『廣度！唯汝予同，汝遂相予，以賞罰用命不用命！』」；「曰：『度！汝其往，衣服飲食予士。無寒無飢，以既厥事。遂生蔡人，賜汝節斧，通

第二十章　何處青山埋忠骨

天御帶，衛卒三百。凡茲廷臣，汝擇自從。』」唐憲宗三次任命裴度於「危難時節」：第一次是元和九年，命其以御史之長身分去視察軍隊；第二次是元和十年，命其擔任宰相之職，前往行營去慰問征伐淮西的將士；第三次是元和十二年，賜其節斧，通天御帶和衛卒三百前往淮西督戰，使將士們有衣穿，有飯吃，還使蔡地的民眾得以生活。賦予裴度對戰場中事，「將在外君命有所不授」，可以自行決策，就此扭轉了平淮西一役的戰局。

由於唐憲宗此次用人得當，裴度的猜想非常正確：「若臣自詣行營，諸將恐臣奪其功，必爭進破賊矣。」其統領下的李愬在一個大風雪之夜，不顧「旌旗裂，人馬凍死者相望」，強行軍一百二十里，從今日京廣線上的河南遂平向東奔襲蔡州（今河南汝南），在敵軍毫無戒備的情況下，攻進州城，活捉了吳元濟，「入蔡縛賊獻太廟」。這就是中國軍事史上的著名戰役——李愬雪夜入蔡州。罔顧朝廷號令五十餘年的淮西，終於回到了中央的懷抱。

韓愈〈平淮西碑〉一文記載：

顏、胤、武合攻其北，大戰十六，得柵城縣二十三，降人卒四萬。道古攻其東南，八戰，降萬三千。再入申，破其外城。文通戰其東，十餘遇，降萬二千。愬入其西，得賊將，輒釋不殺；用其策，戰比有功。十二年八月，丞相度至師，都統弘責戰益急，顏、胤、武合戰亦用命。元濟盡並其眾洄曲以備。十月壬申，愬用所得賊將，自文城因天大雪，疾馳百二十里，用夜半到蔡，破其門，取元濟以獻。盡得其屬人卒。辛巳，丞相度入蔡，以皇帝命赦其人，淮西平，大饗賚功。師還之日，因以其食賜蔡人。凡蔡卒三萬五千，其不樂為兵，願歸為農者十九，悉縱之。斬元濟京師。

討伐戰士們從北、東南、東、西四面開花，艱苦奮戰，協力配合，奪取據點，俘獲降卒，節節勝利。吳元濟顧此失彼，把兵力集中於洄曲

一線，造成了老巢空虛，名將李愬以降俘帶路，率軍雪夜突襲入蔡州，生擒吳元濟，將其押回京城斬首，割據一方的淮西鎮一舉蕩平。「平淮夷」是中唐歷史上的重要事件。

這一仗震駭了河北、山東的藩鎮，紛紛表示輸誠效忠。元和天子似乎重建了中央的權威，借用黃仁宇先生的詞彙：「復興了第二帝國」。

聞此喜訊，柳宗元情不自禁，寫下〈獻平淮夷雅表〉、〈平淮夷雅二篇並序〉，獻給朝廷。

這篇文章寫於元和十三年。是柳宗元在柳州時所做，頌揚大唐帝國平定淮西鎮叛亂勝利的兩篇仿古詩歌。柳宗元在詩歌中將唐王朝平定淮西鎮叛亂的勝利與《詩經・大雅・江漢》一詩中所讚頌的西周召虎奉周宣王之命平定淮西的戰績相比，寫成了兩篇〈平淮夷雅〉。「雅」是《詩經》中為統治者歌功頌德的詩歌形式。柳宗元為了將這兩首詩獻給憲宗皇帝，又特別寫了〈獻平淮夷雅表〉一文。「表」在古代是臣子向皇帝上書言事的一種文體。〈獻平淮夷雅表〉就是這兩首詩歌的總序。

章表這種文體，由於君臣地位的懸殊，力求雅實莊重，要嚴守《文心雕龍・章表》中「對揚王庭，昭明心曲」的寫作規律。在寫作技巧和文辭修飾方面要求不是很高，只要做到語言平實，態度謙恭就可以了。頌揚時要掌握好分寸，自謙之詞要有尺度，切勿弄巧成拙。文章將憲宗與周宣王相比較，談到了憲宗的八項功績，提出了很多事實，都是選取了極為巧妙的角度。

柳宗元〈獻平淮夷雅表〉：

下臣柳宗元說：「臣負罪竄伏，違尚書籤奏十有四年。聖恩寬宥，命守遐壤，懷印曳紱，有社有人。臣宗元誠感誠荷，頓首頓首。」我負罪流落在地方之上，遠離尚書省的籤奏職務已經十四年。有了聖明君主的

第二十章 何處青山埋忠骨

寬恕，派我到邊遠去保衛國土，佩帶著賜予的繫印絲帶，前去保護百姓的安危。下臣柳宗元至今心存無限的感激，一拜，再拜。

「伏唯睿聖文武皇帝陛下，天造神斷，克清大憝。金鼓一動，萬方畢臣。太平之功，中興之德，推校千古，無所與讓。臣伏自忖度，有方剛之力，不得備戎行，致死命，況今已無事，思報國恩，獨唯文章。」睿聖文武皇帝陛下，就像是天地造化、擁有過人的思辨能力，剷除一切的惡事，只要用金鼓之聲發號施令，全國各地都俯首聽命。太平的功勞和中興的大德，放在歷史的長河中相比，也都是無需謙讓的。臣自認，即使身懷平定割據的謀事之才，也不可能有加入平叛軍隊的機會了。況且現在國家已經進入太平盛世，要表達對君王及國家的感恩之情，也只能靠寫作文章了。

「伏見周宣王時稱中興，其道彰大，於後罕及，然徵於《詩》大、小〈雅〉：其選徒出狩，則〈車攻〉、〈吉日〉；命官分土，則〈嵩高〉、〈韓奕〉、〈烝人〉；南征北伐，則〈六月〉、〈采芑〉；平淮夷，則〈江漢〉、〈常武〉。鏗鎗炳耀，蕩人耳目。故宣王之形容與其輔佐，由今望之，若神人然。此無他，以〈雅〉故也。」中興的盛世在周宣王的時代也有出現，那時，道義的大度彰顯，是後代人難以企及的。在《詩經》之〈大雅〉、〈小雅〉中就能夠看到很多，要知道選徒出狩時的情形，就到〈車攻〉、〈吉日〉中去找；看官員的任命、諸侯的分封，就到〈嵩高〉、〈韓奕〉、〈烝人〉中去找；要看各地徵戰，就到〈六月〉、〈采芑〉中去找，要看平定淮夷的記載，就到〈江漢〉、〈常武〉中去找。這些文章讀了之後，都會覺得周宣王光輝照人，令人耳目一新。因此，周宣王和那個時候的大臣們，在今人眼中，和神的地位是一樣的。其中只有一個原因，就是由於《詩經》中的〈大雅〉、〈小雅〉流傳下來的緣故。

下臣我看到陛下從即位之日起，就接連平定了夏州（永貞元年八月

乙巳，憲宗即位。其年冬，夏綏銀節度留後楊惠琳反。元和元年三月，夏州兵馬使張承金斬惠琳）、夷劍南（永貞元年八月癸丑，劍南西川節度使韋皋卒，行軍司馬劉闢自稱留後。元和元年正月，命高崇文與李元奕、嚴礪等軍以討闢，擒闢以獻。十月，闢伏誅）、取江東（元和二年十月，鎮海軍節度李錡反，殺留後王澹。乙丑，命王鍔討之。癸酉，鎮海軍兵馬使張子良執錡以獻。十一月，錡伏誅）、定河北（元和七年八月，魏博節度使田季安卒，其子懷諫自稱知軍府事。十月，魏博軍以田季安之將田興知軍事。是月，興以六州歸於有司。十一月，赦魏、博、貝、衛、澶、相六州，詔興充魏博節度使，賜名弘正。元和四年，成德軍節度使王承宗反。五年，赦之。至十年，有罪，絕其朝貢，詔六鎮節度進討。十三年，承宗獻德、棣二州降）等地。現在不斷奮發，一舉平定了淮右的叛亂。「而〈大雅〉不作，臣誠不佞，然不勝憤懣。」然而像〈大雅〉這樣的作品還沒有人創作出來。

　　下臣我雖然才智平平，但也為此感到遺憾。「伏以朝多文臣，不敢盡專數事，謹撰〈平淮夷雅〉二篇，雖不及尹吉甫、召穆公等，庶施諸後代，有以佐唐之光明。」由於朝廷中人才濟濟，所以不敢以為獨自所能，只有安靜的在這裡寫〈平淮夷雅〉兩篇小文，儘管不能和尹吉甫、召穆公之輩如椽巨筆相比，就算只是流傳於後代，也還是能夠顯示唐王朝的光輝。所以謹冒昧以死拜敬獻此文。

　　柳宗元自知一時無法成全自己的「政治情結」，只能退而求其次，試圖以文章為朝廷盡心盡力。

　　柳宗元向憲宗皇帝敬呈上〈平淮夷雅二篇〉，一篇是頌揚宰相裴度，一篇是讚賞以軍功任襄陽節度使的李愬。二篇被後世文人認為是四言詩中的扛鼎之作。

第二十章　何處青山埋忠骨

……雨雪洋洋，大風來加，於燠其寒，於邇其遐。汝陰之茫，懸瓠之峨，是震是拔，大殲厥家。狡虜既縻，輸於國都，示之市人，即社行誅。乃諭乃止，蔡有厚喜，完其室家，仰父伏子。汝水瀿瀿，既清而彌，蔡人行歌，我步逶遲。蔡人歌矣，蔡風和矣，孰類蔡初，胡瓩爾居。式幕以康，為願有餘……

四言詩形式上典雅古樸，本難於鋪陳，柳宗元以簡潔的筆墨再現了李愬進軍的場面和勝利的喜悅，表現了正義之師所向無敵的精神。所以後人評說，柳宗元的〈平淮夷雅二篇〉是唐人四言詩中最佳的篇章。

我無法推斷唐憲宗是否看到柳宗元的「傳世文字」，但歷史的實情是，唐憲宗把記錄這一歷史時刻的「話語權」交給了韓愈。韓愈在平淮西之戰中，「行軍司馬智且勇」，是裴度的隨行人員，是這場戰鬥的親歷者。近水樓臺先得月，皇上旨意要在蔡州樹碑記功，「汝從事愈宜為辭」，撰寫碑文的重任落在了韓愈身上。接到聖諭，韓愈「公退齋戒坐子閣，濡染大筆何淋漓。點竄堯典舜典字，塗改清廟生民詩（李商隱〈平淮西碑〉）」。碑文千八百字，如行雲流水，如大江出峽，汪洋恣意，一揮而就。文章之華美，所謂「下筆煙飛雲動，落紙鸞回鳳驚」。韓愈〈平淮西碑〉落成之時，國人視為奇文爭相誦之。

記敘平淮西這一重大歷史事件，是一樁彪炳千秋的美事，然而也是一件眾口難調的苦差事。

參戰的人個個加官進爵，裴度封為晉國公，李愬封為涼國公，韓愈也升為刑部侍郎。如何在碑文中擺平眾多功臣的關係，成為一個難題。韓愈也算乖巧，凡是有功之人，他在〈平淮西碑〉的序裡一一提到：「愬為左僕射，帥山南東道。顏、胤皆加司空，公武以散騎常侍帥鄜坊、丹、延，道古進大夫，文通加散騎常侍，丞相度朝京師，道封晉國公，進階金紫光祿大夫，以舊官相，而以其副總為工部尚書，領蔡任。」然而

即便如此，仍難達成平衡。在這次平叛戰役中，裴度是皇帝的代言人，赦免蔡州降將，讓叛兵解甲歸田，豁免淮西兩年捐稅，這些「貪天功為己有」的美事都是裴度執行。韓愈在為文處理關係疏密時，自然會對裴度濃墨重彩。於是有好事者多嘴，說「帝曰汝度功第一」，把裴度的功勞說得太重，而低估了取得這場勝利的主角李愬的功績。其實李愬本人很低調、虛懷若谷，打下蔡州後，他迎接裴度進城，拜謁道旁。裴度不好意思接受，李愬很誠懇地說：「蔡人頑悖，不識上下之尊，數十年矣，願公因而示之，使知朝廷之尊。」李愬認為，他的奇襲之所以能夠成功，也是因為韓公武、李光顏和烏重胤自北面猛攻，迫使吳元濟的主力沿汝水布防，以至西面門戶洞開。但是李愬的妻子就不這麼想了。這位貴夫人是唐安公主（憲宗姑母）的女兒，得以在皇宮出入。在她的慫恿下，「讒之天子言其私」，說韓愈是裴度的部下，出於私情撰寫碑文失實。憲宗於是下令磨去韓愈的碑文，讓翰林學士段文昌重新撰寫。

有了皇帝的旨意，這座立於汝南城北門外的「碑高三丈字如斗，負以靈龜蟠以螭」的平淮西碑，在立好後不久，便被李愬的部將石忠孝「長繩百尺拽碑倒，粗沙大石相磨治」（李商隱〈平淮西碑〉）了。這還不算，石碑被拽倒之後，仍未消氣的石孝忠又親自揮錘將其砸斷。

據《舊唐書‧韓愈傳》記載，後來因為所記述的史實有所偏頗和謬誤，遭到批駁和質疑。如果從一篇紀實性的歷史著作判斷，韓愈之碑文確實有缺點。如對戰爭的描述不是很準確；特別是對作戰不力，甚至「倚賊自重」、「不願淮西速平」的韓弘加以美化等，但韓愈的碑文畢竟為歷史留下了珍貴的第一手資料。所以蘇東坡在〈臨江驛站小詩〉中評價云：「淮西功業冠吾唐，吏部文章日月光。千載斷碑人膾炙，不知世有段文昌。」後世提起「平淮西碑」，只知是韓愈撰文，還有誰人記得段文昌？

第二十章　何處青山埋忠骨

據《大清一統志》記載，「平淮西碑在汝寧府城內裴晉公廟中。」〈平淮西碑〉之所以有名，其一碑文是出於名家之手，其二是一碑二文，天下少有。韓愈、段文昌都是中唐時期名滿天下的大文豪。到了宋代，又有好事者把「顛倒的歷史再顛倒過來」，磨去段文，重刻韓文，但是已經不是韓愈的手跡了。

柳宗元沒有得到撰寫碑文的機會，是幸抑或不幸？禍兮福所伏，福兮禍所依。

如果把柳〈雅〉和韓〈碑〉作一比較，就會發現，韓〈碑〉以記述為主線，而柳〈雅〉則以頌揚為主調。韓〈碑〉是遵命文字，而柳〈雅〉則是主動撰寫的獻辭。兩文相映成趣，都表達了各自當時的心理狀況。

柳宗元向憲宗皇帝敬呈上〈平淮夷雅二篇〉的同時，因這兩篇文章，一篇頌美裴度，一篇讚揚李愬，所以又分別投書獻給他們二人。

柳宗元在〈上裴晉公度獻唐雅詩啟〉的信中說：「宗元雖敗辱斥逐，守在蠻裔，猶欲振發枯槁，決疏潢汙，罄效蚩鄙，少佐毫髮。謹撰〈平淮夷雅〉二篇（一曰〈皇武〉，為晉國公裴度作；一曰〈方城〉，為涼國公李愬作）。恐懼不敢進獻，私願徹聲聞於下執事，庶宥罪戾，以明其心。出位僭言，惶戰交積，無任踴躍屏營之至。」

柳宗元在〈上襄陽李愬僕射獻唐雅詩啟〉信中又寫道：「宗元身雖陷敗，而其論著往往不為世屈，意者殆不可自薄自匿以墜斯時，苟有輔萬分之一，雖死不憾。謹撰〈平淮夷雅〉二篇，齋沐上獻。誠醜言淫聲，不足以當金石，庶繼代洪烈，稗官里人，得采而歌之，不勝憤踴之至。輕黷威嚴，戰越交深。」

儘管柳宗元把話說得十分含蓄得體，但希望「苟有輔萬分之一，死而無憾」，不免「圖窮匕首現」，透露出盼望早日得到朝廷重新啟用的殷

切心情。柳宗元「位卑未敢忘憂國」，密切關注朝廷大事，正說明他直到生命的最後時刻仍未放棄爭取為朝廷所用。

淮西平定後，朝廷聲威大震，強藩紛紛歸順。元和十三年（西元818年），在淮西平定之後，成德鎮勢單力薄，王承宗上表求自新。接著，朝廷即命宣武、魏博、義成、武寧、橫海諸鎮兵專力攻討淄青鎮。到元和十四年二月，駐守在職谷縣的李師道部將、都知兵馬使劉悟倒戈入鄆州（今山東壽張縣東），擒殺李師道，淄青平。至此，自廣德年間以來六十餘年盤踞河南、河北的強藩終告平定。朝廷派戶部侍郎楊於陵為淄青宣慰使前往宣慰，又分原淄青為三道，分命統帥。

柳宗元得到這些消息，非常興奮，接連寫了〈柳州賀破東平表〉、〈賀中書門下誅淄青逆賊李師道狀〉、〈賀平淄青後肆赦表〉、〈賀分淄青諸州為三道節度表〉等文。柳宗元的這些作品，不應僅僅視為應景或獻媚的官樣文書，它們表達了柳宗元對強藩的一貫態度。他猛烈抨擊了李師道「蠢爾凶渠，敢行悖亂，締交於雷霆之下，效逆於化育之辰，逞豺聲以欺天，恣狼心以犯上」（〈賀誅淄青李師道狀〉）；稱讚裴度「廟略初定，異議紛然，詆訕盈朝，萋菲成市。閣下秉心不惑，定命彌堅，討淮右之凶，則下車而授首，服恆陽之虜，則馳使而革心」（〈為裴中丞上裴相賀破東平狀〉）。歌頌藩鎮平定後「五兵永戢，七德無虧，含生比堯舜之仁，率土陋成、康之俗。介丘霧息，已望翠華之來；沂水風生，更起舞雩之詠。千歲之統，實在於斯」（〈柳州賀破東平表〉）。這些文章，柳宗元都是在衰病之中奮力寫出，可看作是他生命終止前的「垂死掙扎」，柳宗元以這種方式，試圖引起朝廷關注。心中仍舊放不下纏繞終生的政治理想。

柳宗元死前這兩年，裴度主朝政，正努力延攬人才。貶臣柳宗元進入了他的視線。柳宗元在永州的好友吳武陵簡書推薦，他的上司裴行立也大力舉薦，劉禹錫在〈祭柳員外〉文中說：「自君失意，沉伏遠郡。近

第二十章　何處青山埋忠骨

遇國士，方申眉頭。亦見遺草，恭辭舊府。」形勢開始向柳宗元有利的方面轉化。可見眾人的推薦已見成效，柳宗元眼前重新閃現出一線希望。

元和十三年，李夷簡被召為御史大夫，進門下侍郎同中書門下平章事（相當於宰相）。柳宗元寫了〈上門下李夷簡相公陳情書〉。

這裡有必要插一段對李夷簡背景的介紹：

據《新唐史・夷簡傳》，李夷簡（西元 757 年至 823 年），字易之。唐高祖李淵第十三子鄭惠王李元懿四世孫，屬皇親國戚李唐宗室。歷官山南節度，御史大夫，官至門下侍郎同平章事。元和十三年七月，罷相，為淮南節度使。唐穆宗時，以檢校左僕射兼太子少師，分司東都。長慶三年卒，贈太子太保。尤其需要提到的是他與柳宗元家族的一段「過節」：元和年間，時拜御史中丞的李夷簡，彈劾柳宗元岳父大人，當年正志得意滿的京兆尹楊憑「貪汙僭侈」，御史中丞親自出面，何況還有皇家的背景，於是楊憑被貶臨賀尉。柳宗元為此事曾寫下為岳父鳴冤的文章。

令人百思不得其解的是，元和六年（西元 811 年），李夷簡鎮襄陽時，卻又主動示好，以書慰問柳宗元。作為答謝，柳宗元回有〈謝襄陽李夷簡尚書委曲撫問啟〉一文。似乎兩人間已經盡釋前嫌。還有一個細節需要記錄在案：當楊憑被貶臨賀尉，至交親人無一敢相送，獨徐晦送之於藍田。李夷簡聞聽後，推薦徐晦為監察御史，徐晦不知為何升官，李夷簡說：「君不負楊臨賀，肯負國乎？」從這些情節看來，李夷簡是「對事不對人」的耿直敢言性格。

正是出於這種複雜情感，柳宗元寫下〈上門下李夷簡相公陳情書〉：

「宗元聞有行三塗之艱，而墜千仞之下者，仰望於道，號以求出。過之者日千百人，皆去而不顧。」《左傳》昭四年，晉司馬侯曰：「四嶽、三

塗、陽城、太室、荊山、終南,九州之險也。」杜氏注云:三塗,在河南陸渾縣南。宗元聽說,人生行路之艱險,為攀登山岳而不幸墜入千丈懸崖的人,呼天搶地希望有人施以援手,每天路過的人何止成百上千,卻都視若無睹。

「就令哀而顧之者,不過攀木俯首,深矉太息,良久而去耳,其卒無可奈何。然其人猶望而不止也。」就算偶爾有人可憐地望上一眼,也不過是撐著樹木低頭望一望,付出一聲廉價的嘆息,誰叫你要好高騖遠,落到今日下場,我也是愛莫能助。然後你只能眼巴巴地望著他揚長而去。

「俄而有若烏獲者,持長縆千尋,徐而過焉,其力足為也,其器足施也,號之而不顧,顧而曰不能力,則其人知必死於大壑矣。」烏獲,秦武王時力能舉鼎的大力士。即使僥倖遇到烏獲,手持千尋之長的汲井繩,他的力量足夠,他的器具也沒問題,但仍然聽到呼號而不施援手,推託自己沒有能力。落難之人就明白,自己已經注定是要葬身於溝壑之下了。

「何也?是時不可遇而幸遇焉,而又不逮乎己,然後知命之窮,勢之極,其卒呼憤自斃,不復望於上矣。」為什麼呢?機會可遇而不可求,你只有經歷過才能體驗到,時來天地齊奮力,運去英雄不自由。世人多為錦上添花之輩,少有雪中送炭之人。你落到這一地步,還抱什麼奢望呢?

「宗元曩者齒少心銳,徑行高步,不知道之艱以陷於大阨,窮躓殞墜,廢為孤囚。」宗元少不知利害,心高氣傲,不知不覺中已經陷入了困厄泥沼。窮途末路,如同軟禁的囚徒一般。

「日號而望者十四年矣,其不顧而去與顧而深矉者,俱不乏焉。然猶仰首伸吭,張目而視曰:庶幾乎其有異俗之心,非常之力,當路而垂仁

第二十章　何處青山埋忠骨

者耶？」望眼欲穿已經煎熬了十四個年頭，期間袖手旁觀或幸災樂禍之人見得太多了。然而我還在抱著一絲僥倖之念：世上大概還有排世俗之見，施仁愛之心的善人吧？

「今閣下以仁義正直，入居相位，宗元實竊拊心自慶，以為獲其所望，故敢致其辭以聲其哀，若又舍而不顧，則知沉埋踣斃無復振矣，伏唯動心焉。」今天您眾望所歸地入居宰相之位，宗元聽說不勝欣喜若狂，慶幸自己又有了希望。所以斗膽寫下這些言辭，向您訴說心裡的苦惱和悲哀。如果這時還顧及自己的面子，則恐怕這輩子再也沒有出頭之日了。因此我彷彿古井一般的心又蕩起了波瀾。

「宗元得罪之由，致謗之自，以閣下之明，其知之久矣。繁言蔓辭，只益為黷。」宗元走到如今這一步，一切咎由自取。但其中尚有難言之隱情，我想以您之明察秋毫，我如果再絮絮叨叨，對您就是一種褻瀆了。

「伏唯念墜者之至窮，錫烏獲之餘力，舒千尋之緪，垂千仞之艱，致其不可遇之遇，以卒成其幸。」只奢求您存一絲憐憫之心，稍施烏獲舉手之勞，放下救命的繩索，拯救罪人於深淵之下。這就是成全了我不幸之幸，無望之望。

「庶號而望者得畢其誠，無使呼憤自斃，沒有餘恨，則士之死於門下者宜無先焉。生之通塞，決在此舉，無任戰汗隕越之至。」呼號者得其誠之所至，金石為開；則我必當滴水之恩、湧泉相報，即便斃於門下，也死而無憾了。為了開啟一條生路，只得破釜沉舟，我不禁汗流浹背、發出最後的呼喊。

讀柳宗元的〈上門下李夷簡相公陳情書〉，真可謂「字字淚，聲聲血」，「搖尾乞憐」之情溢於言表。這對一向清高的柳宗元而言，恐怕還是第一次。大概此時的柳宗元，感覺到自己時日已經不多，再不捉住這

根救命稻草，恐怕再也沒有報效朝廷的機會了。

讀《柳河東集》，可以看到不少諸如此類的求援信。貶謫的十四年中，柳宗元掩住傲骨，主動求援，每當有官員寫信慰問時，他都積極回應，表示希望量移；或者是主動呈上詩文，以求垂青。而且隨著歲月的推移，信中的言辭越來越是懇切、越是急迫。

對此，後世頗多微言非議，歷來評價不一。

其實，我們應該給予柳宗元更多的理解和同情。

柳宗元是一個值得敬仰的文學大家，但他首先是一個有著七情六欲、喜怒哀樂的平常人。人生在世，往往同時承擔著多種角色。被貶後的柳宗元，身分產生了變化，他一人兼有朝廷罪臣、不得志的政治家、不盲從的思想家、眾人敬之妒之的才子、遠離親友的孤獨者和惡疾纏身的病人等多重角色。不同的角色產生不同的需求：作為罪臣，他要忍辱含詬；作為政治家，他難斷復出的念頭；作為思想家，他要堅持探索；而作為病人，希望有機會換個好的環境。這幾種需求時常產生衝突，於是他的詩文時而豁達，時而哀傷。傅璇琮先生講得好：「作家也是有血有肉的人，柳宗元不是那種『受難的聖者』，他有他的感情生活，有他的追求，也有他的個人欲望。他一旦陷於流放的境地，哭訴哀求，希求援引，這是不難理解的，也不必責備的，最重要的是要理解，不要誤解。（金濤主編《柳宗元詩文賞析集》）」要理解，就要從設身處地的角度去看問題。

人們最難接受的是柳宗元的最後一封求援信〈上門下李夷簡相公陳情書〉。這封信寫得實在太淒厲哀切了，以至於偏愛柳宗元的章士釗先生竟懷疑這不是他寫的。該信寫於元和十三年，此時的柳宗元已經病入膏肓。兩年內，他三次重病垂危。「元和十一年，得丁瘡，凡十四日，

第二十章　何處青山埋忠骨

日益篤，善藥傅之，皆莫能和⋯⋯元和十一年十月，得了霍亂，上不可吐，下不可利，出冷汗三大斗許，氣即絕。⋯⋯元和十二年二月，得腳氣，夜半痞絕，脅有塊，且死，因大寒，不知人三日，家人號哭」（見卞孝萱《劉禹錫叢考》）。幾次和死亡擦肩而過的柳宗元可能已經預感到自己將不久於人世，求生的願望便分外強烈。我們沒見過他的遺書，但劉禹錫在祭文中形容那遺書是「絕弦之音，悽愴徹骨」。這兩封書信的基調應是相同的，因此從他給李夷簡的信中，我們聽到的是一種絕望的掙扎聲。這不像是柳宗元，這又恰恰是柳宗元，是一個自然人對生命的眷戀。

《唐宋詩醇》在寫到韓愈被貶謫後，委曲求全求人「牽復」時說了這樣的評語：「有求於人，易涉貶屈，而齒缺鼻塞等語，借失志衰換寫意，似有懲創，然只以詼諧出之，固知倔強猶昔，不肯折卻腰骨也。意纏綿而詞悽婉，神味極似〈小雅〉。」其實評價韓愈之語，也不妨看作是為柳宗元的開脫之詞。

柳州生存環境之惡劣，柳宗元到柳州後不久，在給學生寫的長詩〈寄韋珩〉中，已經介紹得很清楚：

初拜柳州出東郊，道旁相送皆賢豪。
回眸炫晃別群玉，獨赴異域穿蓬蒿。
炎煙六月咽口鼻，胸鳴肩舉不可逃。
桂州西南又千里，灕水斗石麻蘭高。
陰森野葛交蔽日，懸蛇結虺如蒲萄。
到官數宿賊滿野，縛壯殺老啼且號。
飢行夜坐設方略，籠銅枹鼓手所操。
奇瘡釘骨狀如箭，鬼手脫命爭纖毫。

今年噬毒得霍疾，支心攪腹戟與刀。
　　邇來氣少筋骨露，蒼白齒汨盈顛毛。
　　君今矻矻又竄逐，辭賦已復窮詩騷。
　　神兵廟略頻破虜，四溟不日清風濤。
　　聖恩倘忽念地蕐，十年踐蹈久已勞。
　　幸因解網入鳥獸，畢命江海終遊遨。
　　願言未果身益老，起望東北心滔滔。

　　讀著這些詩句，不用多做解釋，僅從字眼看也讓人怵目驚心：「炎煙六月咽口鼻，胸鳴肩舉不可逃。陰森野葛交蔽日，懸蛇結虺如蒲萄。」六月天氣酷熱，使人感到胸悶氣喘，舉目所見，皆是大樹野葛，參天蔽日，在大樹野葛上，隨時隨處可以看見如葡萄般懸掛盤結的毒蛇。

　　「奇瘡釘骨狀如箭，鬼手脫命爭纖毫。今年噬毒得霍疾，支心攪腹戟與刀。邇來氣少筋骨露，蒼白齒汨盈顛毛。」這裡的環境病毒肆虐，自己剛來這裡就長上了奇瘡，差點要了命，接著又得了霍疾，心頭如同攪戟拉刀般疼痛。才不過幾天時間，已是瘦骨嶙峋，滿頭白髮。

　　尤其這裡山高皇帝遠，治安狀況十分差：「到官數宿賊滿野，縛壯殺老啼且號。飢行夜坐設方略，籠銅枹鼓手所操。」盜賊非常猖獗，他們綁架殺人，以至於這裡哭聲遍野，人心惶惶不可終日，人們手裡拿的不是勞動工具，而是一支鼓槌，隨時準備擊鼓報警⋯⋯

　　柳宗元在〈得盧衡州書因以詩寄〉中，回答盧衡州刺史說：「林邑東回山似戟，牂牁南下水如湯。」你不要嘆衡陽遙遠，北雁至此就不南下了。你看柳州在林邑與牂牁之間，山似鋒戟，水如沸湯，連大雁的影子也看不見。

　　柳宗元在〈柳州寄京中親故〉中又寫下詩句：「林邑山聯瘴海秋，牂

第二十章　何處青山埋忠骨

泖水向郡前流。勞君遠問龍城地，正北三千到錦州。」龍城為柳州的郡名，柳州北行三千里才到錦州，而錦州到長安還有三千五百里，可見柳州到長安是多麼遙遠！所以柳宗元在〈銅魚使赴都寄親友〉中還有詩句：「行盡關山萬里餘。」

柳宗元在〈登柳州城樓寄漳、汀、封、連四州〉：「城上高樓接大荒，海天愁思正茫茫」、「嶺樹窮遮千里目，江流曲似九迴腸」。柳宗元沒有感到風景的奇崛，反而觸景傷情，徒增傷感。

柳宗元寫鄉愁，渲染柳州的遙遠，是他對現實的絕望。在永州之際，他還寄望於朝廷詔回，經過十年的憔悴，他終於回到朝廷，「誰料翻為嶺外行」，迎來的是更為遙遠的流放。這次柳宗元是覺得徹底地無望了。在無望之中，他把柳州的山水視為一種精神上的負擔，看見這裡的奇山異水，他就覺得恐怖和哀傷。

在這種惡劣的環境下，柳宗元的身體和精神受到雙重打擊和折磨。他在永州時已病魔纏身，只靠一點渺茫的希望在支撐。現在幾乎瀕臨絕望，身體更是糟糕。雖然剛剛年過四十，已然是「白髮蒼顏」了。

柳宗元在柳州所撰詩文中，隨處可感受到這類頹喪的情緒：

〈與肖翰林俛書〉：「長來覺日月蓋促，歲歲更甚，大都不過數十寒暑，則無此身矣。是非榮辱，又何足道。……居蠻夷中信，慣習炎毒，昏眊重膇，意以為常。勿遇北風晨起，薄寒中體，則肌革瘝懍，毛髮蕭條。」

「夙志隨狀盡，殘肌觸瘴深」；

「窮陋闕自養，癘氣劇囂煩」；

「瘴茆葺為宇，潦暑恆侵肌」。

自貶謫柳州之後，柳宗元一直生活在毒瘴陰影的籠罩和摧殘之下。

柳宗元甚至「守道甘長絕」，想到了自殺。

俄羅斯的心理學家巴夫洛夫說：「一切頑固沉重的憂鬱和焦慮，足以為各種疾病大開方便之門。」

到柳州後發生的一場變故，也帶給柳宗元極大的刺激。在永州的十年流放生涯中，一直追隨柳宗元的從弟柳宗直原本體弱多病，此次仍追隨柳宗元流放柳州。在跋涉途中得了瘧疾，到柳州後，經過一段時間的治療，已有好轉。他跟隨柳宗元到雷塘祈雨，又到附近的靈泉游泳，回來時還是一副高興的樣子，但沒想到第二天就死了。握著從弟柳宗直逐漸冰涼的手，柳宗元第一次這樣近距離地感受到了死亡。原來生命竟然如此脆弱，生與死僅僅是一步之遙。柳宗元與柳宗一一起料理後事，七天以後，將柳宗直埋葬在柳州城西北，並為之寫了〈誌從弟宗直殯〉和〈祭弟宗直文〉。

眼看著身邊親近的人因自己牽累而一個個離去，如此近距離目睹死亡，同病相憐、兔死狐悲，可想而知對柳宗元造成的心理陰影。據韓愈〈柳州羅池廟碑記〉載：柳宗元去世前一年，在一次與部將魏忠、謝寧、歐陽翼飲酒棋亭時，突感心臟不適，相對無言、悲從中來，說了這樣一番話：「吾棄於時，而寄於此，與若等好也。明年吾將死，死而為神。後三年，為廟祀我。」（韓愈〈柳州羅池廟碑〉）難道柳宗元有了某種預感？

劉禹錫在〈祭柳員外文〉中寫道：「自君失意，沉伏遠郡。近遇國士，方申眉頭。亦見遺草，恭辭舊府。」柳宗元被人舉薦，已經有了結果，上書向桂管觀察使裴行立辭別，可是還沒有等到上路，就走上了不歸之路。柳宗元最終未能等到大用，就被病魔奪去了生命。齎志而歿，令人扼腕痛惜。

唐元和十四年（西元819年）11月8日，進入柳州任職僅四年，年

第二十章　何處青山埋忠骨

僅 47 歲的柳宗元死於柳州任上。

柳宗元在柳州病逝前，料想難以完成書稿的整理任務，於是，寫下遺囑，要僕人在他死後將書稿交與劉禹錫，讓他妥為保管。在書信中說：「吾不幸，卒以謫死，以遺草累故人。」這年冬，劉禹錫丁母憂，罷連州刺史北歸。劉母病重的時候，柳宗元三次專門派人問候，這次劉禹錫到衡陽，就是當年與柳宗元分手的地方，突然遇到從柳州來送訃告的信使。劉禹錫展讀遺書，驚號大慟，悲傷異常，為友人的淪歿無比惋惜。此後，劉禹錫不負好友臨終重託，花費畢生之力，整理柳宗元的遺作，並籌資刊印，使其得以問世，從而以告慰黃泉之下的柳宗元的靈魂。柳宗元的集子，為劉禹錫所編，題《河東先生集》，宋初穆修始為刊行。《四庫全書》所收宋韓醇《詁訓柳先生文集》45 卷、外集 2 卷、新編外集 1 卷，為現存柳集最早的本子。

劉禹錫「南望桂水，哭我故人」，寫下深情綿邈的〈祭柳員外文〉：

維元和十五年歲次庚子正月戊戌朔日，孤子劉禹錫銜哀扶力，謹遣所使黃孟萇具清酌庶羞之奠，敬祭於亡友柳君之靈。

嗚呼子厚！我有一言，君其聞否？唯君平昔，聰明絕人；今雖化去，夫豈無物？意君所死，乃形質耳；魂氣何託？聽余哀詞。嗚呼痛哉！嗟余不天，甫遭閔凶。未離所部，三使來弔。憂我哀病，諭以苦言。情深禮至，款密重複。期以中路，更申願言。途次衡陽，云有柳使。謂復前約，忽承訃書。驚號大叫，如得狂病。良久問故，百哀攻中。涕淚迸落，魂魄震越。伸紙窮竟，得群遺書。絕弦之音，悽愴徹骨。初託遺嗣，知其不孤。末言歸輤，（輤，音茜，載柩車。）從祔先域。凡此數事，職在吾徒。永言素交，索居多遠。鄂渚差近，表臣分深，想其聞訃，必勇於義。已命所使，持書徑行，友道尚終，當必加厚。退之成命，改牧宜陽。亦馳一函，候於便道。勒石垂後，屬於伊人。安平、宣英，（韓

泰，字安平。韓曄，字宣英。）會有還使。悉已如禮，形於具書。嗚呼子厚！此是何事？朋友凋落，從古所悲。不圖此言，乃為君發。自君失意，沉伏遠郡。近遇國士，方伸眉頭。亦見遺草，恭辭舊府。志氣相感，必逾常倫。顧余負纍，營奉方重。猶冀前路，望君銘旌。古之達人，朋友則服。今有所厭，其禮莫申。朝晡臨後，出就別次。南望桂水，哭我故人。孰云宿草，此慟何極！（《禮記》云：朋友之墓有宿草則不哭。）嗚呼子厚，卿真死矣！終我此生，無相見矣！何人不達？使君終否。何人不老？使君夭死。皇天后土，胡寧忍此？知悲無益，奈恨無已。君之不聞，余心不理。含酸執筆，輒復中止。誓使周六，（子厚之子。）同於己子。魂兮來思，知我深旨。嗚呼哀哉！尚饗。

八個月後，劉禹錫仍覺意猶未盡，再寫〈重祭柳員外文〉：

嗚呼，自君之沒，行已八月。每一念至，忽忽猶疑。今以喪來，使我臨哭。安知世上，真有此事？既不可贖，翻哀獨生。嗚呼！出人之才，竟無施為。炯炯之氣，戢於一木。形與人等，今既如斯。識與人殊，今復何託？生有高名，沒為眾悲。異服同志，異音同嘆。唯我之哭，非弔非傷。來與君言，不言成哭。千哀萬恨，寄以一聲。唯識真者，乃相知耳。庶幾倘聞，君倘聞乎？嗚呼痛哉！君有遺美，其事多梗。桂林舊府，感激主持。俾君內弟，得以義勝。平昔所念，今則無違。旅魂克歸，崔生實主。幼稚在側，故人撫之。敦詩、退之，各展其分。（崔群，字敦詩。韓愈，字退之。）安平來賵，禮成而歸。其他赴告，咸復於素。一以誠告，君倘聞乎？嗚呼痛哉！君為已矣，余為苟生。何以言別，長號數聲。冀乎異日，展我哀誠。嗚呼痛哉！尚饗。

劉禹錫在〈重祭柳員外文〉中，向故友報告了所託後事的安排情況。

這一年十月，韓愈從潮州轉任袁州，劉禹錫立即寫信給他，請他為柳宗元撰寫墓誌銘。

韓愈雖然與柳宗元政見不同，存在某種誤解和偏見，但也表現了對

第二十章　何處青山埋忠骨

其人生的深刻理解，寫下了千古流芳的〈柳子厚墓誌銘〉：

　　子厚諱宗元。七世祖慶，為拓跋魏侍中，封濟陰公。曾伯祖奭，為唐宰相，與褚遂良、韓瑗俱得罪武后，死高宗朝。皇考諱鎮，以事母，棄太常博士，求為縣令江南。其後，以不能媚權貴，失御史。權貴人死，乃復拜侍御史，號為剛直。所與遊皆當世名人。

　　子厚少精敏，無不通達。逮其父時，雖少年，已自成人，能取進士第，嶄然見頭角，眾謂柳氏有子矣。其後以博學宏詞授集賢殿正字，俊傑廉悍，議論證據今古，出入經史百子，踔屬風發，率常屈其座人，名聲大振，一時皆慕與之交。諸公要人爭欲令出我門下，交口薦譽之。貞元十九年，由藍田尉拜監察御史。順宗即位，拜禮部員外郎。遇用事者得罪，例出為刺史。未至，又例貶州司馬。居閒，益自刻苦，務記覽，為詞章，氾濫停蓄，為深博無涯涘，而自肆於山水間。元和中，嘗例召至京師。又偕出為刺史，而子厚得柳州。既至，嘆曰：是豈不足為政邪？因其土俗，為設教禁，州人順賴。其俗以男女質錢，約不時贖，子本相侔，則沒為奴婢。子厚與設方計，悉令贖歸。其尤貧力不能者，令書其傭，足相當，則使歸其質。觀察使下其法於他州，比一歲，免而歸者且千人。衡湘以南，為進士者，皆以子厚為師。其經承子厚口講指畫，為文詞者悉有法度可觀。其召至京師而復為刺史也，中山劉夢得禹錫亦在遣中，當詣播州。子厚泣曰：「播州非人所居，而夢得親在堂，吾不忍夢得之窮，無辭以白其大人，且萬無母子俱往理。」請於朝，將拜疏願以柳易播，雖重得罪，死不恨。遇有以夢得事白上者，夢得於是改刺連州。

　　嗚呼！士窮乃見節義。今夫平居里巷相慕悅，酒食遊戲相徵逐，詡詡強笑語以相取下，握手出肺肝相示，指天日涕泣，誓生死不相背負，真若可信，一旦臨小利害，僅如毛髮比，反眼若不相識，落陷阱不一引手救，反擠之，又下石焉者，皆是也。此宜禽獸夷狄所不忍為，而其人自視以為得計，聞子厚之風，亦可以少愧矣。

　　子厚前時少年，勇於為人，不自貴重顧藉，謂功業可立就，故坐廢

退。既退，又無相知有氣力得位者推輓，故卒死於窮裔，材不為世用，道不行於時也。使子厚在臺省時，自持其身已能如司馬、刺史時，亦自不斥。斥時，有人力能舉之，且必復用不窮。然子厚斥不久，窮不極，雖有出於人，其文學辭章，必不能自力以致必傳於後如今無疑也。雖使子厚得所願，為將相於一時，以彼易此，孰得孰失，必有能辨之者。

子厚以元和十四年十一月八日卒，年四十七，以十五年七月十日歸葬萬年先人墓側。子厚有子男二人：長曰周六，始四歲；季曰周七，子厚卒乃生。女子二人，皆幼。其得歸葬也，費皆出觀察使河東裴君行立。行立有節概，重然諾，與子厚結交，子厚亦為之盡，竟賴其力。葬子厚於萬年之墓者，舅弟盧遵。遵，涿人，性謹慎，學問不厭。自子厚之斥，遵從而家焉，逮其死不去。既往葬子厚，又將經紀其家，庶幾有始終者。銘曰：

是唯子厚之室。既固既安，以利其嗣人。

韓愈還情真意切地寫下〈祭柳子厚文〉：

維年月日，韓愈謹以清酌庶羞之奠，祭於亡友柳子厚之靈。

嗟嗟子厚，而至然邪！自古莫不然，我又何嗟？人之生世，如夢一覺。其間利害，竟亦何校？當其夢時，有樂有悲。及其既覺，豈足追唯？凡物之生，不願為材。犧樽青黃，乃木之災。子之中棄，天脫馽羈。玉珮瓊琚，大放厥辭。富貴無能，磨滅誰紀？子之自著，表表愈偉。不善為斲，血指汗顏。巧匠旁觀，縮手袖間。子之文章，而不用世。乃令吾徒，掌帝之制。子之視人，自以無前。一斥不復，群飛刺天。

嗟嗟子厚，今也則亡。臨絕之音，一何琅琅？遍告諸友，以寄厥子。不鄙謂余，亦托以死。凡今之交，觀勢厚薄。余豈可保，能承子托。非我知子，子實命我。猶有鬼神，寧敢遺墮？念子永歸，無復來期。設祭棺前，矢心以辭。嗚乎哀哉！尚饗。

第二十章　何處青山埋忠骨

　　柳宗元按說也算是一州之長，但由於為官清廉，家無遺財，死時家徒四壁，以至無資發喪。所幸桂管史裴行立為孤兒寡母籌措了喪葬費用。柳宗元身後留有兩子兩女。長子周六，年僅四歲，次子周七是遺腹子；大女兒將近十歲，小女兒比周六大一些。晚年與柳宗元同居的婦人是誰、後來如何，典籍上沒有記載。一直與柳宗元同住的表弟盧遵處理後事，於次年七月靈柩才運回京兆萬年縣棲鳳原（今陝西西安），歸葬於萬縣先人墓側。《柳州縣誌》記載：「宗元原厝於古州治，其櫬雖扶歸，而封土尚存。」這封土就是現在的柳宗元衣冠墓。原毛石砌墓是清代重建的，墓碑題「唐刺史文惠侯柳公宗元之墓」，有對聯「文能壽世，惠以養民」。文革時墓被毀平。1974年修復，郭沫若題碑：「唐代柳宗元衣冠墓」。

　　柳宗元寫給劉禹錫、韓愈的「遺書」已經佚失，柳宗元撰寫的〈貶嘆格訓〉，也許可視為其遺囑。其中有這樣警戒後人的詞句：「成名勿宣門庭。」一位稜角崢嶸，富有不屈不撓抗爭精神的人，臨終竟然說出這樣的話語，怎不令人唏噓悲嘆。

尾聲　從青鋒劍到柔指繞

一個深秋的午後，我追尋著柳宗元靈魂的足跡，走進了西文興村。

走過一條河流。走近一個村落。走進一座古居。

時間流水帶不走兩岸積澱的歷史記憶；斑駁村落訴說著一個家族興衰的血脈淵源；滄桑民居展示著時空演繹出的人物傳奇。

柳宗元臨終向盧遵囑託後事，請他按照先太夫人的指點，把自己的遺孀遺孤送回先父在天寶末年避戰亂的王屋山。再也不要重蹈凶險的官場，而潛心回歸著書立說，從此隱姓埋名、不事聲張。

我在西文興村遇到一位柳氏民居的研究專家王良，他生動風趣而又不失史實嚴謹地作了詳細講解。

王良先生說：「柳氏家族一隱就是數百年，恪守祖訓，秉讀為本、淡泊處世、書香繼世。在明朝永樂四年，柳琛中舉，殿試三甲。柳琛中舉後，為了完成先祖的遺願，封官也不做，從翼城南關的『河東舊家』，攜妻楊氏重返先祖隱居地，再造西文興，所以這個村名叫西文興。因為祖訓說『以為文人代興者，為世居在所』，所以，這個村也稱為西代興。為什麼要用東西的西呢？因為柳宗元是河東柳氏西眷之後。遺訓受書，其後人遺腹子柳周七在盧遵的掩護下，隨母隱居在中條山之東的沁水歷山，於是河東柳氏西眷在這裡等待振興，故名曰：西文興。這個村名從唐末到現在從沒有改過，從那時起，河東柳氏世世代代居住在這個村裡，所以這個村到現在百分之九十六以上的人都姓柳，是柳氏一脈同宗。」

尾聲　從青鋒劍到柔指繞

　　王良先生又講解了柳氏故居中，三雕藝術與隱士文化關聯：「西文興柳氏民居的古建築細部裝飾和工藝及文化內涵，展現了柳氏的隱士文化。以一束蠶絲和書卷，象徵了『詩書傳家』；以木柱上方的三副麒麟和橫梁上的六匹駿馬，意味著『梁上奉六馬，立柱遇三奇（麒）』；在梁眉的兩端刻兩隻喜鵲，寓意『喜上眉梢』；還有『漁樵耕讀』、『坐食俸祿』、『宦海沉浮』刻於屋簷的木廊上方，激勵後人『書山有路勤為徑，學海無涯苦作舟』。總共13種門檻，48種窗花圖案，18副石礎，102個石獅，1018個樓欄扶手木刻，都是柳氏民居獨特的、有其深刻寓意、且只能意會不可言傳的隱士文化傑作。」

　　王良先生的講解中，一再提到「隱士文化」，令我留下深刻印象，也帶來極大的心靈衝擊。

　　王良先生還說：「這座民居之中，最著名的是明代的兩座牌坊。一座叫『丹桂傳芳』是明嘉靖二十三年（西元1544年），朝廷表彰居於西文興柳氏後人柳縣。另一座『青雲接武』，是明嘉靖二十九年（西元1550年），朝廷為表彰西文興柳氏後人柳遇春。正是從柳縣開始，柳府進入了鼎盛時期。在明朝，就非常興盛，當官的經商，所以叫官商。柳府已經是三代做官，他們的商號遍布全中國。『京歸吾府，勿宿異姓』，從北京到西文興他的府第，沿途上千里，不需要住其他姓的旅店。所以說當年柳府非常輝煌，也非常有經濟實力。然後才有我們現在看到的這個規模。柳府一直到柳遇春時期，達到頂峰。在明朝，柳府興盛了二百年。」也許，柳氏後人是文人經商的先驅者？！

　　在王良先生的講解之中，為我留下最深刻印象的是對柳氏祖先的兩座牌樓下那八尊石獅的介紹。

　　在「丹桂傳芳」和「青雲接武」兩座牌樓下，有八尊造形各異、形態

生動的沙石雕獅子。

王良先生介紹說,這八尊獅子被稱之為「教化獅」。是西文興村柳氏民居最為精采的部分。它取其諧音,「獅」者,是誨人不倦的「師」之意。表達著教誨後代子孫的為人之道、處世哲學。

「丹桂傳芳」牌坊下有四尊獅子:第一尊獅子,尾巴高翹,嘴裡含一繩索,寓意年輕人涉世未深,讀了一點書就尾巴高翹不知天高地厚,喜歡高談闊論、口無遮攔,容易病從口入、禍從口出,所以嘴裡勒一根繩子,噤口訥言;第二尊獅子高昂著頭,耳朵直聳,似乎在傾聽他人說話,尾巴收於兩腳之間。前腳下踏著一隻小獅子,十分馴順,似乎接受了「夾著尾巴做人」的家訓;第三尊獅子的腳下有一個大圓球,兩隻小獅子嬉鬧於旁邊,這大概是教誨為人處世要圓滑圓通,守於中庸;第四尊獅子則蹲伏著,一副安詳淡定的神情。腳下兩小獅,一隻小獅子騰躍而出,另一隻小獅則匍匐不語,此寓意著讀書人不要淺嘗輒止、自鳴得意,不知世事凶險,不諳審時度勢。

「青雲接武」牌坊下也有四尊獅子:則是教誨柳氏族人,官場凶險,在朝為官應遵循的「官鑑」、「官箴」。第一尊獅子胸前佩一朵花,低首斂容、雙目微閉,寓意著即使科舉高中、金榜題名,也不要得意忘形,而要恪守低調做人;第二尊獅是體態挺拔、耳朵直聳,寓意著在朝為官須大度為懷,谷得不同意見,切忌剛愎自用;第三尊獅子腳下,按住一鳳頭鹿尾獅身的動物,胸前有紅花,側身有祥雲,頭向上引頸張望,寓意著身居高位,高處不勝寒,一定要謹小慎微、如臨如履;第四尊獅子已損壞,一時還難以理解其寓意,但也不妨推測是揭示著「官場潛規則」。

八尊教化獅,異曲同工,奏響的是同一「主旋律」。

在西文興的柳氏民居,有許多諸如此類的「教化碑刻」,如「四箴

尾聲　從青鋒劍到柔指繞

碑」:「父子箴」、「夫婦箴」、「兄弟箴」、「朋友箴」;如「文昌帝君諭訓碑」;如「王陽明諭俗碑四條」;再如「河東柳氏訓道碑」、「河東柳氏傳家遺訓碑」、「柳氏家訓碑」等等。千篇一律,都是宣揚著儒家「中庸之道」、「寬恕之道」、「隱忍之道」。而那塊〈孟子語〉碑:「居天下之大廈,立天下之正位,行天下之大道,得志與民由之」、「富貴不能淫,貧賤不能移,威武不能屈,此之為大丈夫也」,卻被棄之於一個被遺忘的角落,在整個參觀過程中無人提及。

王良的講解,把我帶入對歷史的深深沉思之中。

民居古建築是無言的文化敘述,是再現歷史的活化石。險象環生的生存壓力,泛化為逢凶化吉的生命記憶。

從河東到長安,再到永州、柳州,最後魂歸西文興,柳宗元的生命軌跡,同時也是封建王朝文人士大夫心理嬗變的歷史軌跡!

從柳下惠、柳宗元,到柳驥、柳遇春,一門宗嗣血脈,傳承綿延的遺傳基因中,滲透著儒家聖典「詩書傳家」、「逆來順受」、「吾日三省吾身」、「識時務者為俊傑」等思想。這些潛移默化的觀念意識,為歷朝歷代的封建統治鍛鑄出一座「大熔爐」,在其中九轉成丹,鑄造成維護整部封建機器運轉的一個齒輪或螺絲釘。

經由研究柳宗元的身世和經歷,也就明白了數千年封建王朝的「八卦爐」,是如何把所向披靡、銳不可當、具有批判鋒芒的「青鋒劍」,熔鍊成委曲求全、苟且偷生的「柔指繞」。

明智也可能意味著「聰明誤」。

附錄 1：柳宗元生平大事紀要

西元 773 年（唐代宗大曆八年）生於長安。

　　祖籍河東（今山西永濟）。父柳鎮，時為長安主簿（主管文書、簿籍的官吏）；母盧氏，涿郡范陽人。

西元 776 年（大曆十一年），四歲。

　　隨母在長安城西開始識字。

西元 784 年（唐德宗興元元年），十二歲。

　　父柳鎮為鄂嶽沔都團練使判官。柳宗元隨父遊至夏口。

西元 785 年（唐德宗貞元元年），十三歲。

　　李懷光在河中兵敗自縊死。柳宗元作〈為崔中丞賀平李懷光表〉。南遊長沙、江西，依父命與虢州弘農（今河南靈寶縣南）楊憑女訂婚。

西元 788 年（貞元四年），十八歲。

　　父柳鎮入朝為殿中侍御史。

西元 789 年（貞元五年），十七歲。

　　父柳鎮因平冤獄事觸犯宰相竇參，被貶為夔州司馬。

西元 792 年（貞元八年），二十歲。

　　竇參被賜死，父柳鎮回京復為殿中侍御史。

附錄1：柳宗元生平大事紀要

西元 793 年（貞元九年），二十一歲。

考中進士。父柳鎮死於長安，年五十七歲。

西元 794 年（貞元十年），二十二歲。

遊邠州，訪故老卒吏，得段秀實逸事。

西元 796 年（貞元十二年），二十四歲。

任祕書省校書郎，管理國家經籍圖書。是年秋，與禮部郎中弘農楊憑女結婚。

西元 798 年（貞元十四年），二十六歲。

考中博學宏詞科，為集賢殿書院正字。作〈國子司業陽城遺愛碣〉，對陽城備加讚揚。

西元 799 年（貞元十五年），二十七歲。

淮西節度使吳少誠叛亂。在集賢殿書院正字任上作〈辯侵伐論〉，主張討伐淮西。妻揚氏死，無子女。

西元 800 年（貞元十六年），二十八歲。

在集賢殿書院正字任上作〈韋道安〉詩。

西元 801 年（貞元十七年），二十九歲。

由集賢殿書院正字調藍田任縣尉。

西元 803 年（貞元十九年），三十一歲。

由藍田縣尉遷為監察御史里行。作〈裼說〉。

西元 805 年（貞元二十一年，八月改永貞元年），三十三歲。

正月德宗死，順宗繼位。參加王叔文集團，積極投身政治改革運動。自監察御史里行遷禮部員外郎。八月，順宗退位，憲宗即位。「永貞革新」失敗。九月，被貶為邵州刺史，行至半路，十一月改貶為永州司馬。母同去永州，居永州龍興寺。作〈貞符〉、〈戶部侍郎王君先太夫人河間劉氏誌〉、〈《弔屈原文》。

西元 806 年（唐憲宗元和元年），三十四歲。

唐憲宗改年號為「元和」，頒布大赦令，柳宗元等「八司馬」不在被赦之列。母死於永州，年六十八歲。王叔文賜死。凌准死於連州，作〈哭連州凌員外司馬〉。

西元 807 年（元和二年），三十五歲。

作〈懲咎賦〉。

西元 809 年（元和四年），三十七歲。

朝廷頒布大赦令，柳宗元等仍不在被赦之列。作《非國語》、〈晉文公問守原議〉、〈六逆論〉、〈守道論〉、〈寄許京兆孟容書〉、〈與楊京兆憑書〉、〈與呂道州論非國語書〉、〈永州八記〉前四記——〈始得西山宴遊記〉、〈鈷鉧潭記〉、〈鈷鉧潭西小丘記〉、〈至小丘西小石潭記〉。

西元 810 年（元和五年），三十八歲。

續娶「影子夫人」馬室女。作〈愚溪對〉、〈愚溪詩序〉及詩〈冉溪〉。

西元 811 年（元和六年），三十九歲。

呂溫死於衡州。作〈同劉二十八哭呂衡州〉詩。

附錄 1：柳宗元生平大事紀要

西元 812 年（元和七年），四十歲。

　　作〈永州八記〉後四記——〈袁家渴記〉、〈石渠記〉、〈石澗記〉、〈小石城山記〉。

西元 813 年（元和八年），四十一歲。

　　作〈答韋中立論師道書〉、〈報袁君陳秀才避師名書〉。

西元 814 年（元和九年），四十二歲。

　　作〈封建論〉、〈與韓愈論史官書〉、〈段太尉逸事狀〉。此段時期文章很多，具體時間已不可考。

西元 815 年（元和十年），四十三歲。

　　得憲宗詔書召赴長安，二月至長安。途中作〈界圍巖水簾〉、〈汨羅遇風〉、〈詔追赴都二月至灞亭上〉等詩。三月，因劉禹錫詩〈再遊玄都觀〉，改貶柳州刺史。劉禹錫改貶連州刺史。柳宗元與劉禹錫兩人自長安同路至衡陽分手。「八司馬」中除韋執誼已死於崖州，凌准已死於連州，程異已遷官外，餘者皆改貶為邊州刺史。作〈衡陽與夢得分路贈別〉、〈重別夢得〉、〈三贈劉員外〉等詩。六月，到達柳州。作〈登柳州城樓寄漳汀封連四州〉詩。

西元 816 年（元和十一年），四十四歲。

　　在柳州刺史任上，興利除弊，開鑿水井，種植樹木，鼓勵開荒，造福一方。生長子周六。作〈井銘〉、〈祭井文〉。

西元 817 年（元和十二年），四十五歲。

在柳州刺史任上，制定解放奴隸的辦法。聞平定吳元濟叛亂，作〈平淮夷雅〉二篇。

西元 818 年（元和十三年），四十六歲。

在柳州刺史任。作〈童區寄傳〉。

西元 819 年（元和十四年），四十七歲。

十一月八日病死。是年憲宗受尊號，大赦天下，裴度曾請召回柳宗元，詔書未達而柳卒。遺書託劉禹錫照料幼子並整理遺稿。次年七月十日，歸葬萬年（今陝西萬年縣）先人墓側。

（以上文字參照山西大學歷史系《柳宗元》編寫組所撰年譜）

附錄1：柳宗元生平大事紀要

附錄 2：參考書目

《帝國改革往事》（中國青年出版社，2009 年 1 月版）

《柳氏民居與柳宗元》（中國文聯出版社，2004 年 8 月版）

《沁水文史資料 —— 柳氏民居專輯》（香港世界華人藝術出版社，2000 年 8 月版）

《唐宋八大家鑑賞辭典》（北嶽文藝出版社，1989 年 10 月版）

《唐詩鑑賞辭典》（上海辭書出版社，1983 年 12 月版）

章士釗《柳文指要》（上海文匯出版社，2000 年版）

何書置《柳宗元研究》（嶽麓書社，1994 年版）

張俊綸著《柳宗元傳》（湖北人民出版社，2012 年 10 月版）

山西大學歷史系《柳宗元》編寫組《柳宗元》（人民出版社，1976 年 8 月版）

吳文治、謝漢強《柳宗元大辭典》（黃山書社，2004 年版）

孫昌武《柳宗元評傳》（南京大學出版社，2011 年 4 月版）

孫昌武《唐代文學與佛教》（陝西人民出版社，1985 年版）

《柳河東全集》（上海人民出版社，1994 版）

《柳宗元詩文選注》（陝西人民出版社，1985 年 3 月版）

尚永亮《柳宗元詩文選評》（上海古籍出版社，2003 年版）

吳文治《柳宗元資料彙編》上、下冊（中華書局，1964 年 10 月版）

楊竹村先生著《柳宗元詩選注》（灕江出版社，1993 年版）

附錄 2：參考書目

陳寅恪《唐代政治史述論稿》（上海古籍出版社，1982 年版）

陳寅恪《元白詩箋證稿》（三聯書店，2001 年版）

呂國康、楊金磚合編《柳宗元永州詩歌賞析》（湖南文藝出版社，2002 年 1 月版）

《柳宗元集》（萬卷出版公司，2008 年 12 月版）

《韓愈集》（萬卷出版公司，2008 年 12 月版）

劉昫（後晉）等撰《舊唐書》（中華書局點校本，1975 年版）

歐陽修、宋祁（宋）撰《新唐書》（中華書局點校本，1975 年版）

司馬光（宋）等撰《資治通鑑》（中華書局點校本，1956 年版）

杜佑（唐）撰《通典》（中華書局，1988 年版）

王溥（宋）撰《唐會要》（上海古籍出版社，1991 年版）

李林甫（唐）等撰《唐六典》（中華書局，1992 年版）

長孫無忌（唐）等撰《唐律疏議》（中華書局，1983 年版）

宋敏求（宋）編《唐大詔令集》（商務印書館，1959 年版）

段成式（唐）撰《酉陽雜俎》（中華書局，1981 年版）

王定保（五代）《唐摭言》（中華書局，1960 年版）

白居易（唐）《白氏六帖事類集》（文物出版社，1987 年版）

李昉（宋）等編《太平御覽》（中華書局，1960 年版）

王欽若（宋）等《冊府元龜》（中華書局，1960 年版）

王昶（清）撰《金石萃編》（中國書店，1985 年版）

崔瑞德（英）主編《劍橋中國隋唐史》（中國社會科學出版社，1990 年譯本）

程樹德《九朝律考》（中華書局，1963年版）

楊廷福《唐律初探》（天津人民出版社，1982版）

吳麗娛《唐禮摭遺》（商務印書館，2002年版）

劉俊文《唐代法制研究》（臺北文津出版社，1999年版）

程薔、董乃斌《唐帝國的公德心》（中國社會科學出版社，1996年版）

鞠清遠、陶希聖《唐代經濟史》（商務印書館，1935年版）

鞠清遠《唐代財政史》（商務印書館，1940年版）

鄭學檬主編《中國賦役制度史》（修訂本上海人民出版社，2000年版）

張弓《漢唐佛寺文化史》上、下（中國社會科學出版社，1997年版）

湯用彤《隋唐佛教史稿》（中華書局，1982年版）

范文瀾《唐代佛教》（人民出版社，1979年版）

任繼愈《漢唐佛教思想論集》（人民出版社，1987新版）

謝重光《漢唐佛教社會史論》（臺北國際文化事業有限公司，1990年版）

傅璇琮《唐代詩人叢考》（中華書局，1979年版）

陳尚君《唐代文學叢考》（中國社會科學出版社，1997年版）

曹寅待（清）等編《全唐詩》（中華書局，1960年版）

徐松（清）等編《全唐文》（中華書局，1983年版）

柳宗元的懷才不遇，失意中的頓悟與救贖：

從諫議到寓言，走進孤高文人的心靈，探索其掙扎與慰藉

作　　　者：	陳為人
發　行　人：	黃振庭
出　版　者：	崧燁文化事業有限公司
發　行　者：	崧燁文化事業有限公司
E ‑ m a i l：	sonbookservice@gmail.com
粉　絲　頁：	https://www.facebook.com/sonbookss/
網　　　址：	https://sonbook.net/
地　　　址：	台北市中正區重慶南路一段 61 號 8 樓 8F., No.61, Sec. 1, Chongqing S. Rd., Zhongzheng Dist., Taipei City 100, Taiwan
電　　　話：	(02)2370-3310
傳　　　真：	(02)2388-1990
印　　　刷：	京峯數位服務有限公司
律師顧問：	廣華律師事務所 張珮琦律師

版權聲明

本書版權為北嶽文藝所有授權崧博出版事業有限公司獨家發行電子書及繁體書繁體字版。若有其他相關權利及授權需求請與本公司連繫。

未經書面許可，不得複製、發行。

定　　價：399 元
發行日期：2024 年 11 月第一版
◎本書以 POD 印製

國家圖書館出版品預行編目資料

柳宗元的懷才不遇，失意中的頓悟與救贖：從諫議到寓言，走進孤高文人的心靈，探索其掙扎與慰藉 / 陳為人 著 .-- 第一版 .-- 臺北市：崧燁文化事業有限公司 , 2024.11
面；　公分
POD 版
ISBN 978-626-416-128-2(平裝)
1.CST: (唐) 柳宗元 2.CST: 學術思想 3.CST: 傳記
782.8416　　　　113017437

電子書購買

爽讀 APP　　　　臉書